1 MONTH OF
FREE
READING

at

www.ForgottenBooks.com

By purchasing this book you are eligible for one month membership to ForgottenBooks.com, giving you unlimited access to our entire collection of over 1,000,000 titles via our web site and mobile apps.

To claim your free month visit:

www.forgottenbooks.com/free914919

ISBN 978-0-265-95379-2
PIBN 10914919

MÉMOIRES

DES

ONTEMPORAINS,

POUR SERVIR A L'HISTOIRE DE FRANCE,

ET PRINCIPALEMENT A CELLE

DE LA RÉPUBLIQUE ET DE L'EMPIRE.

Cinquième livraison.

TOME IV.

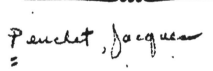

PARIS,

BOSSANGE FRÈRES, LIBRAIRES,

RUE DE SEINE, N° 12.

1824.

MÉMOIRES

UR MIRABEAU,

ET SON ÉPOQUE,

SA VIE LITTÉRAIRE ET PRIVÉE,

SA CONDUITE POLITIQUE A L'ASSEMBLÉE NATIONALE,

ET SES RELATIONS AVEC LES PRINCIPAUX PERSONNAGES

DE SON TEMPS.

LIVRE SIXIÈME.

IV.

MÉMOIRES

SUR LA VIE ET LES ÉCRITS

DE MIRABEAU.

~~~~~~

LIVRE SIXIÈME.

DEPUIS LE COMMENCEMENT DE 1790 JUSQU'A LA MORT DE MIRABEAU.

(Janvier 1790 — 2 avril 1791.)

La révolution avait fait de rapides progrès. Toutes les institutions de l'ancienne monarchie avaient été détruites, ou se trouvaient sans force au milieu des ruines qui les entouraient. Mirabeau avait figuré avec éclat dans ces grands changements, et sa popularité avait repris tout son ascendant au commencement de 1790; il exerçait une véritable puissance. Il semblait être le directeur universel des opinions et des passions qui agitaient la France ; mais il était loin, cependant, d'en partager le délire et les fureurs. Il aurait voulu en modérer le mouvement ; mais il craignait, avec quelque vraisemblance, que les ennemis de la révolution ne profitassent des moindres concessions pour en faire rétrograder la marche et en étouffer le principe. Il fallait ménager le peuple qui avait fait de si grands efforts pour faire triompher l'assemblée ; il fallait aussi prévenir les excès auxquels il se livrait trop souvent. Mirabeau penchait pour les ménagements nécessaires, non seulement par attachement à la cause populaire, mais encore parceque de nombreux faits lui avaient appris que ce qu'on reprochait au peuple, que les violences dont il se rendait coupable, n'étaient souvent que l'effet des manœuvres de ses ennemis, de provocations secrètes, et dont les artisans devenaient quelquefois eux-mêmes les déplorables victimes.

Cependant l'aspect des choses lui présentait peu de motifs de sécurité pour l'avenir. Comme il était persuadé que, sans un concours sincère de la part du monarque, la révolution amènerait de longues et fâcheuses catastrophes, ses premières idées d'offrir au roi ses lumières et son appui lui revinrent à la pensée. Il fit donc part à M. de Montmorin, dans les premiers jours de janvier 1790, d'un nouveau projet en faveur de la monarchie ; il pensait que *Monsieur*, frère du roi, ayant un caractère plus ferme, une volonté plus indépendante, des principes conformes à la révolution, il serait aisé de le mettre à la tête d'un changement où tout se ferait pour le roi et rien par le roi.

Voici comment, dans une note écrite de sa main et qui a été conservée, il explique ce projet assez compliqué, et auquel, cependant, il paraît qu'on s'arrêta un moment.

Il commence par expliquer les causes des divisions qui régnaient dans l'assemblée, jette un coup d'œil sur l'état de la France et continue ainsi :

« Tous les liens de l'opinion sont dissous ; elle » ne sait plus où se rallier ; les excès des ministres » ont travaillé si long-temps à démonarchiser la » France, qu'ils y sont parvenus à pallier tous » les manques de respect, toutes les indécences » de l'indiscipline, toutes les orgies de la licence. » On isole de l'autorité royale l'individu du monarque, et, au moyen de cette fiction, l'autorité royale et la monarchie avec elle, sont en » péril, et le roi lui-même n'est pas en sûreté.

» Mais dans toute société où il y a des restes » d'organisation, on trouve toujours une grande

» ressource, c'est que les gens qui ont quelque
» chose à perdre ou à conserver sont de beau-
» coup les plus nombreux. Cette ressource a chez
» nous un puissant auxiliaire; c'est notre mobi-
» lité prodigieuse, mère de cette impatience cor-
» rosive, qui fait que jusqu'ici il n'y a eu en
» France ni mal ni bien durable, disposition
» toute particulière à notre nation, qui ne chan-
» gera que par l'influence de l'instruction et d'un
» bon système d'éducation publique.

　» Profitons de l'inquiétude des honnêtes gens
» et de l'amour des nouveautés. On se sépare du
» roi, parcequ'on croit qu'il s'abandonne lui-
» même, et que ses ministres ne pensent qu'à
» eux, et à échapper comme ils pourront à l'a-
» gonie générale sans mort violente ; et que l'au-
» torité royale, trop faible pour lutter contre
» l'anarchie, paraît la favoriser pour se ressaisir
» d'une plénitude de prétentions et de préroga-
» tives que l'on sent bien qu'elle ne recouvrera
» pas '.

　» Que le roi s'annonce de bonne foi pour ad-

' Ces paroles de Mirabeau montrent assez qu'il n'eut
jamais l'intention de travailler à rétablir le despotisme,
mais à prévenir l'anarchie, comme il le dit; il voulait
placer la liberté à l'abri d'un trône constitutionnel.

» hérer à la révolution, à la seule condition d'en
» être le chef et le modérateur ; qu'il oppose à
» l'égoïsme de ses ministres un représentant de
» sa famille dispersée qui ne soit pas lui, parce-
» que son métier de roi est et doit être exclusif
» de l'esprit de famille, et, en quelque sorte,
» son otage et l'organe non ministériel de la vo-
» lonté des chefs de la nation. Aussitôt l'on verra
» la confiance ou du moins l'espoir renaître, le
» goût de la monarchie reparaître, et les partis qui
» veulent de bonne foi que l'empire français ne
» se décompose pas, ou ne devienne pas pour un
» demi-siècle l'arène des jeux sanglants de quel-
» ques ambitieux subalternes, ou de quelques
» démagogues insensés, se rallier autour d'un
» Bourbon, devenu le conseil du roi et le chef
» des amis de l'autorité royale, régler l'opinion
» et dompter les factieux. Le choix de ce Bour-
» bon est indiqué, non seulement par la nature,
» mais par la nécessité des choses, puisque tous
» les princes du sang, à l'exception d'un seul,
» sont en conspiration réelle ou présumée, et
» regardés comme les ennemis de la nation, si
» universellement, qu'il est douteux qu'ils puis-
» sent être sauvés par l'avénement de *Monsieur*.

» Pour peu que cet avénement tarde, il ne pa-
» raîtra plus qu'une intrigue, tandis que, lié à

» l'événement où *Monsieur* a eu le courage de
» placer, dans son discours populaire, le roi à la
» tête de là révolution[1], il aurait l'incalculable
» avantage d'être l'adhésion du roi, et en réchauf-
» fant toutes ses ressources dans l'opinion, *les*
» *seules sur lesquelles il puisse compter*, de lui pré-

[1] Toute l'Europe sait aujourd'hui que le marquis de
Favras chercha à emprunter de l'argent, qui devait servir
à délivrer la famille royale, alors prisonnière aux Tuileries. Le projet fut découvert et Favras arrêté. *Monsieur,*
le jour même où la nouvelle en fut répandue dans Paris,
se rendit à l'assemblée des représentants de la commune,
qui avait été convoquée sur la demande qu'en avait faite
le prince par une lettre du même jour, 26 décembre 1789,
adressée au président. Le prince arriva à l'assemblée à
la séance du soir. Une députation alla au-devant de lui;
introduit, il fut placé à la gauche du président sur un
fauteuil qui lui avait été préparé. *Monsieur* n'avait avec
lui aucun de ses gardes, et les postes intérieurs étaient
confiés aux anciens gardes de la ville, qui existaient encore; à peine fut-il assis que la salle retentit d'applaudissements.

Monsieur prononça un discours dont voici les principaux passages. « Messieurs, le désir de repousser une ca-
» lomnie atroce m'amène au milieu de vous. M. de Favras
» a été arrêté avant-hier par l'ordre de votre comité des
» recherches, et l'on répand aujourd'hui avec affectation
» que j'ai de grandes liaisons avec lui... J'ai appris qu'on
» distribuait avec profusion un papier conçu en ces ter-

» parer les moyens de renouveler sans cesse et
» sans difficulté son conseil, qui n'est aujourd'hui
» que le plus embarrassant de ses bagages, et la
» première maladie de l'état. »

Ainsi, d'après ce plan, *Monsieur* aurait été lieutenant-général du royaume, et aurait gouverné
au nom du roi jusqu'à l'achèvement de la con-

» mes : « Le marquis de Favras (Place-Royale) a été
» arrêté avec madame son épouse, la nuit du 24 au 25
» (décembre), pour un plan qu'il avait fait de faire sou-
» lever trente mille hommes pour faire assassiner M. de
» La Fayette et le maire de Paris, et ensuite de nous cou-
» per les vivres. *Monsieur*, frère du roi, était à la tête.
» *Signé* Barauz. »

» Vous n'attendez pas de moi, sans doute, que je m'a-
» baisse jusqu'à me justifier d'un crime aussi bas... Quant
» à mes opinions personnelles, j'en parlerai avec confiance
» à mes concitoyens. Depuis le jour où, dans la seconde
» assemblée des notables, je me déclarai sur la question
» fondamentale qui divisait alors les esprits, je n'ai pas
» cessé de croire qu'une grande révolution était prête ;
» que le roi, par ses intentions, ses vertus et son rang su-
» prême, devait en être le chef, puisqu'elle ne pouvait
» pas être avantageuse à la nation, sans l'être également
» au monarque ; enfin que l'autorité royale devait être le
» rempart de l'autorité nationale, et la liberté nationale la
» base de l'autorité royale. » (*Procès verbal des représen-
tahts de la commune de Paris*, séance du samedi 26 décembre 1789, au soir.)

stitution, qui aurait reçu des bases plus analogues au nouveau système.

Ce projet ne déplut pas d'abord au roi ; il paraît qu'il le goûta ; une note ajoutée et signée de sa main porté : « Le roi donne à M. de Mirabeau » la promesse d'une ambassade ; cette promesse » sera annoncée par *Monsieur* lui-même à M. de » Mirabeau ; 2° le roi fera sur-le-champ, en atten- » dant l'effet de cette promesse, un traitement » particulier à M. de Mirabeau de cinquante mille » livres par mois, lequel traitement durera au » moins quatre mois. M. de Mirabeau s'engage à » aider le roi de ses lumières, de ses forces et de » son éloquence, dans ce que *Monsieur* jugera » utile au bien de l'état et à l'intérêt du roi, » deux choses que les bons citoyens regardent, » sans contredit, comme inséparables ; et dans le » cas où M. de Mirabeau ne serait pas convaincu » de la solidité des raisons qui pourrraient lui » être données, il s'abstiendra de parler sur cet » objet. »

Un pareil traité dut être précédé de nombreuses négociations et explications, cependant il fut sans effet ; il est vraisemblable que le roi fut conseillé de ne pas mettre le gouvernement entre les mains de *Monsieur*.

Cette démarche de Mirabeau ne fut pas telle-

ment secrète qu'il n'en transpira quelque chose ;
pour parer aux inconvénients qui pouvaient en
résulter, il s'appliqua à défendre les intérêts
de la révolution avec un nouveau zèle : c'était un
rôle qui lui convenait, et dont les succès lui
étaient plus faciles à obtenir que ceux de ses relations avec la cour.

¹ Les officiers municipaux de la ville de Béziers avaient refusé leur intervention, et de proclamer la loi martiale ² pour réprimer des violences populaires exercées dans cette ville. Ce fut
l'objet d'un rapport du comité de constitution.
La question paraissait peu importante, et facile
à résoudre. Le comité proposait de punir les officiers municipaux, réfractaires ou négligents,
et ne voyait, dans ce qui venait de se passer,
qu'un événement renfermé dans les limites du
pouvoir municipal.

Mais des membres distingués de l'opposition,
MM. de Cazalès, d'Esprémenil, l'abbé Maury, cru-

---

¹ Séance du 22 février 1790.

² Elle avait été décrétée le 21 octobre de l'année précédente ; mais on y fit quelques changements depuis. La
loi martiale n'existe plus : l'ordre d'un officier de police
qui juge un rassemblement dangereux suffit à la gen-
darmerie pour dissiper l'attroupement par la force, ou
céder si le peuple est en nombre pour résister.

rent que les mesures proposées étaient insuffi-
santes, et que l'impuissance ou la mauvaise volonté des autorités populaires. démontrait la
nécessité de recourir à celle du roi, et qu'il
fallait le revêtir d'un pouvoir absolu: c'est ici que
Mirabeau crut devoir s'expliquer. Convaincu du
besoin de l'autorité royale, son système était de
ne la faire intervenir que lorsque, par des lois
constitutionnelles, on n'aurait plus à craindre
l'abus que les ministres en pourraient faire. Il
pensait aussi que l'assemblée devait craindre de
se dépopulariser et de se montrer trop sévère en
faveur de ses ennemis. Il avait vu la délibération se perdre en vains débats; il la ramena à son
véritable objet.

« Messieurs, dit-il, on nous entraîne loin de
» ce qui doit nous occuper. De quoi s'agit-il? de
» faits mal expliqués, mal éclaircis, mais des-
» quels il résulterait tout au plus qu'une mu-
» nicipalité¹, par imprévoyance ou par crainte, a
» laissé commettre des attentats qu'elle eût dû
» réprimer. En prononçant la loi martiale, vous
» avez créé un grand délit pour le cas où cette
» loi étant nécessaire ne serait pas fidèlement
» exécutée. Un délit a donc été commis; la ques-

¹ Celle de Béziers.

» tion se réduit donc à déterminer la nature de
» ce délit, son étendue, quelle peine doit y être
» attachée, et quel tribunal doit la prononcer ;
» il ne fallait que cela.

» Mais on nous a fait un tableau effrayant, chargé
» des couleurs les plus sombres ; on a généralisé
» des faits particuliers ; on a représenté quelques
» tumultes comme des insurrections, comme des
» brigandages, comme une guerre civile, et l'on
» a dit : La *république est en danger*. Quand je
» parle de *république,* j'entends la chose publique
» qui embrasse tous les intérêts ; pour sauver
» donc la république, on nous propose, comme
» dans l'ancienne Rome, la *dictature*. La dictature !
» c'est-à-dire le pouvoir illimité d'un seul homme
» sur vingt-quatre millions de Français : la dic-
» tature ! dans un pays où tous les pouvoirs vien-
» nent d'être renversés, où il s'agit de les remet-
» tre tous à leur place au nom de la loi ; dans un
» pays dont les représentants assemblés ont be-
» soin de la sécurité la plus parfaite. Voulez-vous
» connaître la dictature militaire, lisez ces lignes
» de sang dans les lettres de Joseph II au général
» d'Alton [1] : *J'aime mieux des villes incendiées que*

---

[1] Ces lettres ont été imprimées sous le titre de *Lettres
originales de l'empereur Joseph II au général d'Alton,
commandant dans les Pays-Bas,* un vol. in-8°.

»*des villes révoltées* [1]. Voilà le code des dicta-
» teurs... On enlumine ces propositions de mots
» pompeux, des vertus de notre monarque; ver-
» tus que j'honore et qui me rassurent, précisé-
» ment parcequ'elles repoussent ce pouvoir dic-
» tatorial, et qu'il a déclaré lui-même ne vouloir
» agir que par les lois.

» Mais cependant il existe des maux, des désor-
» dres: on les attribue à ce que nous avons trop
» tardé à organiser le pouvoir exécutif; je doute
» que ceux qui nous font ce reproche s'enten-
» dent eux-mêmes. Il semble, à les en croire, que
» nous pourrions créer le pouvoir exécutif par un
» décret, par un acte de notre volonté, tandis
» qu'il ne peut être que le résultat de la consti-

---

[1] L'insurrection des Pays-Bas autrichiens, contre l'autorité impériale, éclata à Bruxelles le 11 décembre 1789.
Les états de Flandre et de Brabant se réunirent et publièrent, le 4 janvier suivant, un manifeste dans lequel ils
déclarèrent l'empereur Joseph II déchu de la souveraineté de ce pays. Cette insurrection fut mal conduite;
aucun homme d'un grand mérite n'y figura. Un traité fut
conclu le 9 janvier 1790, entre la Prusse, l'Angleterre
et la Hollande, pour remettre les Pays-Bas sous la do-
mination de Joseph. Avant la fin de l'année courante cette
œuvre fut consommée, malgré le courage que montrèrent
ces peuples à se défendre.

» tution elle-même; tout ce que nous faisons pour
» la constitution, ce sont des ressorts que nous
» ajoutons au pouvoir exécutif. Si jusqu'ici nous
» avons fait ce que nous avons pu, ne nous pro-
» posez pas de renverser les principes de la li-
» berté pour parer à des inconvénients passagers.
» Vous avez fait une loi relative aux désordres pu-
» blics [1], vous en avez confié l'exécution aux of-
» ficiers municipaux; mais il faut la mettre en
» vigueur, et le moyen de le faire, ce n'est point
» de donner aux officiers municipaux des surveil-
» lants, car bientôt il en faudrait à ceux-ci. Et il
» faut bien pourtant que la chaîne des pouvoirs
» s'arrête quelque part : imposez une forte res-
» ponsabilité aux dépositaires de la puissance
» publique, et bornez-vous à cette précaution. »

Ce discours improvisé ramena les débats dans
les limites de la question. Mirabeau proposa une
addition à la loi martiale; une nouvelle discussion s'éleva sur ce point, et comme il arrive dans
toutes les assemblées divisées en deux parties,
celui du côté droit voulut en tirer avantage en
faveur de ses principes et de ses vues; il défendit fortement la puissance absolue du roi, ou
plutôt combattit pour qu'on lui donnât de nou-

---

[1] La loi martiale.

veaux moyens d'assurer le repos de l'état. Cet
agrandissement de pouvoir paraissait dangereux
à Mirabeau, ou tout au moins intempestif ; on
y revint dans la séance du lendemain [1] ; il y
parla avec une nouvelle force en faveur de la
doctrine qu'il avait professée la veille.

« Je demande, dit-il à l'assemblée, si le pou-
» voir exécutif a besoin de moyens qui ne soient
» dans ce moment en sa puissance ; je demande
» comment il en a usé jusqu'à présent ; je de-
» mande si l'assemblée aurait désavoué des pro-
» clamations utiles à la tranquillité publique ; je
» demande davantage, je demande si les muni-
» cipalités sont inutiles dans l'organisation sociale.
» Ceux qui ont hasardé tant d'assertions pour le
» faire penser, croient-ils donc que nous sommes
» au temps des Thesée et des Hercule, où un seul
» homme domptait les nations et les monstres ?
» Avons-nous pu croire que, dans le moment ac-
» tuel, le roi tout seul ferait mouvoir le pouvoir
» exécutif ? Nous aurions fait le sublime du des-
» potisme. Et que sont les municipalités ? les
» agents du pouvoir exécutif. Lorsque nous dé-
» terminons leurs fonctions, ne travaillons-nous
» pas pour le pouvoir exécutif ? A-t-on dit qu'il

[1] 23 février 1790.

» n'était pas temps d'organiser le pouvoir exé-
» cutif? Non; nul de, nous n'a dit cette absurdité.
, » J'ai dit que le pouvoir exécutif est le dernier
» résultat de l'organisation sociale; j'ai dit que
» nous ne faisions rien pour la constitution qui
» ne soit pour le pouvoir exécutif. Vous avez tous
» entendu parler de ces sauvages qui, confon-
» dant dans leurs têtes les idées théologiques avec
» ce qui résulte des lois naturelles, disent lors-
» qu'une montre ne va pas, qu'elle est morte,
» quand elle va, qu'elle a une âme; et cependant
» elle n'est pas morte, et cependant elle n'a pas
» d'âme. Le résultat de l'organisation sociale,
» l'action du pouvoir exécutif ne peut être com-
» plète que quand la constitution sera achevée :
» tous les rouages doivent être disposés, toutes
» les pièces doivent s'engrener, pour que la ma-
» chine puisse être mise en mouvement. Le roi a
» professé lui-même cette théorie; il a dit: En
» achevant votre ouvrage, vous vous occuperez
» sans doute, non pas de la création du pouvoir
» exécutif (il aurait dit une absurdité), mais de
» l'affermissement du pouvoir exécutif.

» Que ce mot *pouvoir exécutif*, qui devrait être
» le symbole de la paix sociale, ne soit donc plus
» le cri de ralliement des mécontents; que ce mot
» ne soit donc plus la base de toutes les défian-

» ces, de tous les reproches : nous ne ferons rien
» de bon dans l'ordre social qui ne tourne au
» profit du pouvoir exécutif. Vouloir que la
» constitution *s'exécute* avant que d'être achevée,
» c'est vouloir que la montre aille avant d'être
» montée ; cette idée ne fait pas beaucoup d'hon-
» neur à la justesse d'esprit de ceux qui l'ont
» conçue, si toutefois elle en a fait à leurs in-
» tentions. »

Il y avait de l'adresse dans ce discours ; il parut satisfaire les deux partis, mais pas à un
égal degré : les royalistes y voyaient quelque
ménagement en faveur de l'autorité royale, qu'on
regardait comme le grand moteur, le soutien de
l'ordre social ; mais ce principe ne leur semblait
pas assez explicitement avoué et reconnu ici ;
les républicains et les constitutionnels y trouvaient une doctrine favorable au régime populaire et au système de représentation nationale:
Mirabeau eut donc pleine victoire dans ce débat ; mais il ne le quitta pas sans manifester sa
vieille haine pour les ministres, au nombre des-
quels se trouvait toujours M. Necker, qui l'avait
si maladroitement dédaigné au mois de juin de
l'année précédente [1].

---

[1] M. Necker ne quitta le ministère que le 4 septembre 1790.

« Des observations sur la responsabilité des
» ministres, ajouta-t-il, appartiennent à cette ma-
» tière, comme à toutes les matières environnantes.
» Avec un peu de candeur, si la candeur pouvait
» exister dans le cœur des ministres, ceux du roi
» n'auraient pas fait un obstacle d'une loi salu-
» taire, comme on l'a vu dans ce qui s'est passé à
» propos de l'affaire de Béziers. Nous hésitons,
» nous marchons à pas lents depuis quelques se-
» maines, parceque ce dogme terrible de la res-
» ponsabilité effraie les ministres. Je ne dirai pas
» toutes les raisons de cet effroi, quoique, si j'étais
» malin, j'eusse quelque plaisir à les développer ;
» j'en dirai une qui, selon moi, est la principale :
» elle est fondée, qu'ils me pardonnent cette ex-
» pression, sur leur ignorance. Ils croient tou-
» jours que nous cherchons à les rendre *responsa-*
» *bles du succès;* il ne s'agit point du tout de cela ;
» nous n'avons jamais voulu ni entendu faire por-
» ter cette responsabilité que sur l'*emploi* ou le *non-*
» *emploi des moyens.* Aucun homme qui se respecte
» n'oserait dire qu'il veut se soustraire à cette
» responsabilité : pourquoi donc, dans tous les ti-
» raillements qui ont eu lieu entre l'assemblée et
» les ministres, ceux-ci ont-ils sans cesse com-
» battu cette *responsabilité du succès,* dont nous
» ne les chargions pas, tandis qu'ils se sont tus

»constamment sur celle qui nous a paru néces-
»saire, et à laquelle ils ne peuvent raisonnable-
»ment refuser de se soumettre? Pensaient-ils se
»disculper de toute négligence ou mauvaise foi,
»à la faveur de cette confusion?... Je conclus à
»rejeter tous les amendements qui portent sur
»cette idée, que le pouvoir exécutif doit avoir
»dans ce moment tous les pouvoirs, que dans ce
»moment on ne peut pas lui donner. Quand
»votre constitution sera faite, messieurs, le pou-
»voir exécutif, par cela même, sera fait: tout
»amendement qui tendrait à donner des moyens
»excentriques, des moyens hors de la constitu-
»tion, doit être absolument écarté.»

Ce fut l'avis de l'assemblée: elle décréta, entre autres dispositions additionnelles à la loi
martiale, rendue le 21 octobre précédent, que
les communes seraient responsables des dom-
mages causés par les attroupements, quand elles
auront pu les empêcher et qu'elles ne l'auront
pas fait.

Les pouvoirs de quelques députés allaient expirer; leurs mandats étaient limités à un an. Le
comité de constitution proposa de décréter:
1° que l'assemblée nationale ne pourrait être
renouvelée avant l'achèvement de la constitution; 2° que les mandats impératifs étaient

annulés, quant à la durée de la session actuelle [1].

Tout le côté droit se souleva à cette proposition; les membres qui le composaient et le parti
de la cour croyaient toujours que de nouveaux
députés seraient plus modérés, plus rapprochés
de leurs principes que ceux qui siégeaient alors;
leur erreur s'est assez fait connaître par la suite.
Il était évident que, dans l'état des esprits et
de l'opinion au mois d'avril 1790, les choix seraient plus démocratiques encore qu'à pareille
époque de l'année précédente. Il y avait également des dangers à courir dans ce renouvellement, si les mandats impératifs, que les royalistes
voulaient qu'on admît, astreignaient les nouveaux
députés à des votes contre le système monarchique. Les intrigues des ministres, et les mouvements de leurs partisans dans les provinces,
n'auraient pas pu balancer la toute-puissance des
opinions dominantes; les choix auraient donc
pu être bien opposés à ce qu'en attendaient
les royalistes et la cour.

L'abbé Maury, organe et chef du parti de
l'opposition, n'en combattit pas moins le projet de décret, soutint le renouvellement des

[1] Séance du 19 avril 1790.

députés, dont les pouvoirs expiraient et l'utilité des mandats impératifs.

Sans s'arrêter à la méprise que commettaient
les adversaires de la révolution dans cette occasion, Mirabeau vít de grands inconvénients à
une pareille doctrine; ce qui surtout excita
son ressentiment, ce fut l'affectation que le côté
droit mettait à opposer la nation à l'assemblée,
à méconnaître la représentation qui résidait dans
ses membres, et à donner à entendre que le
vœu de l'une n'était point celui de l'autre.

« Je ne puis, dit-il, me défendre d'une indi-
» gnation profonde, lorsque j'entends de mal-
» veillants électeurs opposer sans cesse la na-
» tion à l'assemblée nationale, et s'efforcer de
» susciter entre elles une sorte de rivalité, comme
» si ce n'était pas par l'assemblée nationale que
» le peuple français a connu, recouvré, recon-
» quis ses droits ! Comme si ce n'était pas par
» l'assemblée nationale que la nation française,
» jusqu'alors agrégation inconstituée de peu-
» ples désunis, est devenue une nation libre,
» jouissant de ses droits ! Comme si, entourés
» de monuments de nos travaux, de nos dangers,
» de nos services, nous pouvions devenir sus-
» pects au peuple, redoutables aux libertés du
» peuple ! comme si les regards des deux mon-

» des , attachés sur vous, le fanatisme heureux
» d'une grande révolution , le spectacle de votre
» gloire, la reconnaissance de millions d'hommes,
» l'orgueil même d'une conscience généreuse qui
» aurait trop à rougir de se démentir, n'étaient
» pas une caution suffisante de votre fidélité , de
» votre patriotisme et de vos vertus ! »

Le ton solennel et imposant avec lequel Mirabeau prononça ces paroles accrut encore l'enthousiasme qu'elles excitaient dans l'assemblée;
les applaudissements furent universels; le côté
droit seul garda le silence, Mirabeau continua.

« Un des préopinants , en combattant avec in-
» finiment d'art le système du comité, a dit
» qu'une convention était une nation assemblée
» par ses représentants pour se donner un gou-
» vernement. Cette définition n'est ni exacte ni
» complète ; elle ne parle que de la formation
» d'un gouvernement. Mais pourquoi la nation
» qui peut se réunir en convention pour se don-
» ner un gouvernement ne le pourrait-elle pas
» aussi pour le changer, pour le modifier, pour
» le réformer? Sans doute M. l'abbé Maury ne
» niera pas que les Français assemblés en con-
» vention n'eussent, par exemple , le droit d'aug-
» menter la prérogative royale.

» Le même préopinant a demandé comment,

»de simples députés de bailliages, nous nous
»étions tout-à-coup transformés en convention
»nationale. Je répondrai : Le jour où, trouvant
»la salle qui devait nous rassembler, fermée,
»hérissée, souillée de baïonnettes, nous cou-
»rûmes, vers le premier lieu qui put nous réu-
»nir, jurer de périr plutôt que de laisser sub-
»sister un tel ordre de choses, ce jour-là même,
»si nous n'étions pas convention nationale, nous
»le sommes devenus : les députés du peuple ont
»formé une convention lorsque, par un acte de
»démence vraiment inouï, le despotisme a voulu
»les empêcher de remplir leur mission sacrée;
»ils ont formé une convention pour détruire le
»pouvoir arbitraire et défendre de toute violence
»les droits de la nation. Vous le voyez, mes-
»sieurs, je dédaigne les arguties, je méprise les
»subtilités; ce n'est point par des distinctions
»métaphysiques que j'attaque des serments par-
»ticuliers, indiscrets ou téméraires, que l'as-
»semblée nationale ne veut point juger, des
»serments dont elle ne doit pas connaître. Je
»ne profiterai pas même de tous mes avantages,
»et ne demanderai pas si, envoyés pour faire une
»constitution, nous n'avons pas reçu par cela
»même le pouvoir de faire tout ce qui serait né-
»cessaire pour l'achever, pour l'établir, pour

» l'affermir ; si les mandats qui nous chargeaient
» de régénérer la France ne nous conféraient
» pas en même temps des pouvoirs illimités sur
» cet objet ; si le roi lui-même n'avait pas pro-
» noncé ce mot de *régénération*, et reconnu, par
» cela même, toutes ses conséquences ; si, dans
» les circonstances révolutionnaires qui nous ont
» agités, nous pouvions, nous devions interro-
» ger nos commettants, perdre en consultations
» pusillanimes le temps d'agir, et laisser frapper
» de mort la liberté naissante, pour ménager les
» scrupules qu'a toujours toute autorité établie...

» Les attentats du despotisme, les périls que
» nous avons conjurés, la violence que nous
» avons réprimée, voilà nos titres ; nos succès
» les ont consacrés, l'adhésion tant de fois répé-
» tée de toutes les parties de l'empire les a légi-
» timés, les a sanctifiés... Messieurs, vous con-
» naissez tous le trait de ce Romain qui, pour
» sauver sa patrie d'une grande conspiration,
» avait été contraint d'outre-passer les pouvoirs
» que lui donnaient les lois[1] ; un tribun captieux

---

[1] C'est de la conjuration de Catilina qu'il s'agit ici. Un
des grands événements de la vie de Cicéron est de l'a-
voir déjouée et d'avoir sauvé Rome d'une grande calamité. Rien n'est comparable en force d'éloquence à la ha-

» exigea de lui le serment de les avoir respectées.
» Il croyait, par cet interrogatoire insidieux, pla-
» cer le consul dans l'alternative d'un parjure ou
» d'un aveu embarrassant : *Je jure*, dit le grand
» homme, *je jure que j'ai sauvé la république.* —
» Messieurs, je jure que vous avez sauvé la chose
» publique... »

Il est inutile d'ajouter que de longs applaudissements, un assentiment général, furent le résultat de ce discours ; le projet du comité, si bien
soutenu par l'orateur, fut adopté, et les mandats impératifs abolis.

Dois-je ici, dans l'intérêt de la vérité historique,
faire remarquer au lecteur que Mirabeau décria
dans la suite les principes qu'il vient d'établir
sur les droits de l'assemblée nationale ? Nous le

rangue que Salluste fait tenir à ce conspirateur dans l'assemblée de ses complices. Tout ce qui peut émouvoir des
cœurs ulcérés par le besoin, par la haine et l'ambition, y
est habilement mis en œuvre. Les conjurés montrèrent
qu'ils étaient gens de cœur, et que le gouvernement romain avait eu grand tort de mettre de pareils hommes
dans le cas de prendre les armes contre lui.

Cicéron fut accusé d'avoir outre-passé les pouvoirs
d'un consul dans la répression de la conjuration et la pu-
nition des coupables ; il s'en justifia en faisant là réponse
que cite Mirabeau.

verrons, dans le dessein de rendre au roi une latitude de pouvoir dont les limites étaient trop circonscrites, soutenir que la mission des députés avait été d'améliorer le gouvernement, mais non de le changer; de supprimer les abus, et non de ruiner l'autorité royale; en un mot, d'être les réparateurs et non les restaurateurs de la France. Il voulait, dans ce plan concerté avec la cour, comme nous le verrons plus bas, qu'après que le roi se serait échappé de la capitale et retiré au milieu d'une armée, on déclarât l'assemblée nationale incompétente pour changer l'ancien gouvernement; que les mandats ne lui avaient donné que la mission d'y apporter des améliorations et non de le détruire; que le plus grand nombre des cahiers étaient positifs à cet égard; qu'ainsi tout ce que l'assemblée avait fait de contraire au vœu qu'ils expriment était hors du cercle de ses pouvoirs et devait être annulé, pour que de nouvelles élections appelassent des députés dont la mission serait déterminée d'une manière positive et limitée.

On verra que cette espèce de contradiction dans la conduite du célèbre député a excité contre lui de nombreux reproches, qu'elle a été regardée comme le résultat de l'intrigue et de la corruption, et traitée de trahison.

Mais si c'était ici le lieu de traiter cette question, dont nous ne parlons que pour donner à
l'avance la clef de plusieurs traits de la conduite
future de Mirabeau, nous dirions qu'il commença, vers la fin de l'année où nous sommes,
à s'effrayer des progrès de l'anarchie; qu'il craignait qu'à force d'affaiblir l'autorité du trône, et
d'élever les autorités rivales, on ne finît par
établir une république de fait, gouvernement
qu'il croyait ne pouvoir convenir à la France. Il
avait dit qu'il aimerait mieux vivre à Constantinople que dans un état où le roi ne pourrait
refuser son consentement aux lois qu'on proposerait à sa sanction; les mêmes idées gui-
dèrent les *réviseurs* de la constitution de 91.
Mirabeau, qui prévoyait de loin, qui d'ailleurs
avait ses vues et une ambition en permanence,
crut qu'il était encore temps à l'époque de ses
engagements avec le roi, c'est-à-dire aux derniers
mois de 90, d'empêcher que l'exaltation des
idées et le choc des factions ne produisissent
l'incendie qui a dévoré la France, et fait de la
révolution une époque si terrible.

Peut-être avait-il trop promis à la cour; mais
de la même puissance qui lui devait servir à relever le trône et former un gouvernement constitutionnel, il pouvait mettre des limites à l'arbi-

traire, empêcher le despotisme de se rétablir, et donner aux libertés publiques des garanties dont les ministres ne pussent pas se jouer.

Tels furent, on ne peut en douter, les motifs et les vues de Mirabeau; telle doit être l'explication à donner à une apparence de changement, qui annonce plutôt une force de caractère sur laquelle il comptait, qu'une versatilité de conduite si peu d'accord avec des succès et une puissance qui lui permettaient de tout espérer.

On ne voyait en quelque sorte que lui dans l'assemblée, et son appui ou sa protection semblait une autorité dont rien n'arrêtait l'effet. On s'adressait à lui dans les demandes personnelles comme dans celles d'un intérêt public. C'est ainsi que la veuve de Jean-Jacques lui adressa la sienne pour la pension qu'elle réclamait.

Dans la séance du 21 décembre précédent, l'assemblée avait décrété qu'il serait élevé une statue à ce philosophe, et que sa veuve jouirait d'une pension de douze cents francs, qui fut ensuite portée à quinze.

L'exécution de cette disposition tardait à s'effectuer; la veuve prit le parti de s'adresser à Mirabeau, et ce ne fut pas en vain. Elle en reçut la lettre suivante [1] :

[1] 12 mars 1790.

« C'est avec un saint respect , madame, que
» j'ai vu au bas de votre lettre le nom du grand
» homme qui a le plus éclairé la France sur les
» saines notions de la liberté. Je vois avec peine,
» madame, que votre position n'est pas heureuse.
» Je vénère trop la mémoire de l'homme dont vous
» portez le nom, pour me charger de l'hommage
» que vous doit la nation. Veuillez présenter un
» mémoire à l'assemblée nationale : les représen-
» tants du peuple français ont seuls le droit de
» traiter d'une manière convenable la veuve de
» l'homme immortel qu'ils regrettent sans cesse
» de ne pas voir parmi eux. J'ai l'honneur d'être
» avec des sentiments respectueux, madame, etc.

» Le comte de Mirabeau. »

On pourrait s'étonner de deux choses ici : du
style qu'emploie Mirabeau en parlant à une
femme aussi peu estimable que Thérèse Levas-
seur, et de la mesquinerie de l'assemblée nationale, qui croit donner à la veuve de Rousseau
une preuve de munificence nationale, en lui ac-
cordant quinze cents francs de pension; on n'y
voit qu'un secours accordé à la pitié que pouvait inspirer la misère de cette femme, et non
un acte de générosité digne d'une grande nation.

Une des plus importantes discussions va occuper l'assemblée; nous y verrons Mirabeau développer avec un succès partagé les grands talents
qu'il avait pour l'éloquence délibérative [1].

A qui l'exercice du droit de faire la paix et
déclarer la guerre doit-il appartenir? Est-ce au
roi seul qu'il doit être délégué, ou au corps législatif, ou enfin à tous les deux collectivement?
Voici l'occasion qui fit naître ce débat.

Une lettre du ministre des affaires étrangères,
le comte de Montmorin, lue à la séance du 14 mai,
annonçait que des armements venaient d'avoir
lieu en Angleterre, et qu'ils avaient déterminé le
roi à donner des ordres pour armer quinze vaisseaux de ligne; que ces dispositions exigeaient
que de nouveaux fonds fussent mis à la disposition du ministre de la marine, et que sa majesté
ne doutait pas que l'assemblée ne s'empressât de
décréter ce secours.

Cette demande inopinée laissa penser à plusieurs députés qu'il y avait quelque dessein ca-
ché sous ces préparatifs. Une partie du public
partageait la même inquiétude; on craignait
quelque intrigue combinée avec le ministère
anglais pour favoriser les projets des ennemis

[1] Séances des 14, 20, 21 mai 1790.

de la révolution, et préparer quelque moyen d'évasion au roi; ce fait n'a pas été bien éclairci, mais l'on a su néanmoins que les prétendus armements de l'Angleterre, ou plutôt les bruits qui s'en étaient répandus, étaient destinés à tout autre objet que celui qu'ils annonçaient ostensiblement.

Quel que fût au reste le dessein de la cour dans ce moment, l'assemblée ne s'empara pas moins de la question législative que la lettre du ministre faisait naître. Quelques députés, entre autres Duquesnoy[1], voulaient qu'avant de passer outre on examinât la question de savoir si le roi avait pu et dû prendre la mesure qu'annonçait le ministre, c'est-à-dire l'armement de quinze vaisseaux de ligne. M. Alexandre de Lameth de son côté,

---

[1] C'est de Duquesnoy, député du tiers-état du bailliage de Bar-le-Duc aux états-généraux, qu'il s'agit ici, et non de Duquesnoy, député du Pas-de-Calais à l'*assemblée législative*. Ce dernier fut un des plus forcenés agents de la terreur; il servit à merveille, et sûrement sans le savoir, ceux qui prétendaient qu'à force d'excès on dégoûterait la France de la révolution. Ce scélérat périt sur l'échafaud le 28 prairial an 3 (16 juin 1795).

L'autre Duquesnoy, constitutionnel mitigé, était d'une fausseté insigne, qui se peignait sur sa figure et dans ses regards détournés; il était bas et rampant auprès des puissants du jour. Pour se faire remarquer il fit l'*Ami*

soutenait qu'il y avait une question préliminaire à résoudre, savoir à qui, de la nation ou du roi, appartenait le droit de faire la paix ou la guerre?

Malgré tous les efforts des royalistes, cette grande question aurait été décidée entièrement contre le roi, si Mirabeau, s'écartant de la route sur laquelle on l'avait vu marcher, n'avait pas déployé contre les orateurs populaires toute la force de sa logique et de son talent oratoire. Jamais peut-être il n'en montra davantage, et s'il ne remporta pas une victoire complète, au moins conserva-t-il au trône quelques uns des droits dont il jouissait; il eut les honneurs et les dangers du triomphe.

Peu de personnes s'attendaient à le voir se ranger ainsi du parti de la cour; aussi à peine

---

des patriotes, vrai journal des niais, qui paraissait tous les huit jours. Nous l'avons vu, sous le gouvernement impérial, tout à la fois maire du 10ᵉ arrondissement, directeur des salines de l'est, chef de division au ministère de l'intérieur, etc. Il avait des manufactures de coton dans le département de la Seine-Inférieure. Faux philanthrope, il fit imprimer un recueil de *Mémoires concernant les établissements d'humanité*, afin de le paraître; il a fini, à cause du dérangement de ses affaires, par se jeter, dit-on, dans la Seine à Rouen: digne fin d'un pareil homme.

eut-il pris la parole qu'on cria *à la trahison! à la corruption!* Mais il brava ces menaces, auxquelles il s'attendait vraisemblablement, et conserva au milieu d'une des plus orageuses délibérations son sang-froid et son aplomb ordinaires.

Il me sera impossible de rapporter en entier le discours et la réplique qu'il prononça; j'en ferai connaître cependant les principaux passages, ceux qui ont fait le plus d'impression et entraîné les suffrages en sa faveur.

De longs débats préliminaires s'élevèrent sur la manière de poser la question. C'est un point essentiel dans les délibérations de cette espèce; d'elle dépend souvent le succès d'un parti sur un autre. Celle-ci fut ainsi posée [1]: « La nation » doit-elle déléguer au roi l'exercice du droit de » la paix et de la guerre? » Mirabeau parut à la tribune et dit [2]:

« Messieurs, si je prends la parole sur une ma-
» tière soumise depuis cinq jours à de longs dé-

---

[1] Séance du 20 mai 1790.

[2] Je prie le lecteur de ne pas perdre de vue ce que j'ai dit au commencement de cet ouvrage, qu'en écrivant sur Mirabeau j'ai voulu aussi offrir au lecteur l'instruction qui résulte de ses discours prononcés à l'assemblée; le seul énoncé de l'objet et du résultat n'aurait point atteint ce but utile et désirable.

» bats, c'est seulement pour établir l'état de la
» question, laquelle, à mon avis, n'a pas été
» posée ainsi qu'elle devait l'être.

» Faut-il déléguer au roi l'exercice du droit de
» faire la paix et la guerre, ou doit-on l'attribuer
» au corps législatif ? C'est ainsi, c'est avec cette
» alternative qu'on a jusqu'à présent énoncé la
» question, et j'avoue que cette manière de la
» poser la rendrait insoluble pour moi. Je ne
» vois pas qu'on puisse, sans anéantir la consti-
» tution, déléguer au roi l'exercice du droit de
» faire la paix ou la guerre. Je ne crois pas non
» plus qu'on puisse attribuer exclusivement ce
» droit au corps législatif, sans nous préparer
» des dangers d'une autre nature et non moins
» redoutables ; mais sommes-nous forcés de faire
» un choix exclusif ? Ne peut-on pas, pour une des
» fonctions du gouvernement qui tient tout à la
» fois de l'action et de la volonté, de l'exécution
» et de la délibération, faire concourir au même
» but, sans les exclure l'un par l'autre, les deux
» pouvoirs qui constituent la force de la na-
» tion et qui représentent sa sagesse ? Ne peut-
» on pas restreindre les droits, ou plutôt, les
» abus de l'ancienne royauté, sans paralyser la
» force publique ? Ne peut-on pas, d'un autre
» côté, connaître le vœu national sur la guerre

3.

» et sur la paix par l'organe suprême d'une as

» semblée représentative, sans transporter parm

» nous les inconvénients que nous découvron

» dans cette partie du droit public des républi

» ques anciennes et de quelques états de l'Eu

» rope ? En un mot, car c'est ainsi que je me

» suis proposé à moi-même la question général

» que j'avais à répondre, ne doit-on pas attri-

» buer concurremment le droit de faire la paix e

» la guerre aux deux pouvoirs que notre con-

» stitution a consacrés?

» Avant de nous décider sur ce nouveau point

» de vue, je vais d'abord examiner avec vous si,

» dans la pratique de la guerre et de la paix, la

» nature des choses, leur marche invincible, ne

» nous indiquent pas les époques où chacun des

» deux pouvoirs peut agir séparément, les points

» où leur concours se rencontre, les fonctions

» qui leur sont communes et celles qui leur

» sont propres; le moment où il faut délibérer

» et celui où il faut agir. Croyez, messieurs, qu'un

» tel examen nous conduira bien plus facilement

» à la vérité, que si nous nous bornions à une

» simple théorie. Et d'abord, est-ce au roi ou au

» corps législatif à entretenir des relations exté-

» rieures, à veiller à la sûreté de l'empire¹, à

¹ Mirabeau ne se traîne-t-il pas ici un peu sur les

»faire, à ordonner les préparatifs nécessaires
» pour le défendre ?

» Si vous décidez cette première question en
» faveur du roi, et je ne sais comment vous pour-
» riez la décider autrement sans créer dans le
» même royaume deux pouvoirs exécutifs, vous
» êtes contraints de reconnaître, par cela seul,
» que souvent une première hostilité sera re-
» poussée avant que le corps législatif ait le temps

vieilles habitudes ? Et la sûreté de l'empire dépend-elle
bien du prétendu secret dans les relations extérieures ?
Ce secret est presque toujours su de ceux qui peuvent
vous nuire ; y aurait-il grand mal qu'il le fût aussi de ceux
qui peuvent et doivent repousser les hostilités ? La convention nationale se moquait de l'Europe entière et entendait dans ses séances les rapports des agents diploma-
tiques. Perdit-elle une bataille ? recula-t-elle devant
l'ennemi ? Ce n'est pas à cette conduite qu'elle doit le
blâme horrible dont elle s'est couverte ; c'est à la rage
des partis, à la démoralisation de quelques scélérats, qui,
entre les mains d'odieux traîtres et d'ennemis extérieurs,
furent les instruments des excès dont nous avons été
témoins.

Le prétendu secret des relations extérieures était donc,
ce semble, un bien faible argument pour l'objet que se
proposait Mirabeau ; mais l'habitude lui donnait du poids,
et il ne servit pas peu à l'éloquent et adroit orateur pour
parvenir à son but.

»de manifester aucun vœu ni d'approbation ni
»d'improbation; or, qu'est-ce qu'une première
»hostilité reçue et repoussée, si ce n'est un état
»de guerre, non dans la volonté, mais dans le
»fait ?

» Je m'arrête à cette première hypothèse pour
»vous en faire sentir la vérité et les consé-
»quences.

» Des vaisseaux sont envoyés pour garantir nos
»colonies; des soldats sont placés sur nos fron-
»tières; vous convenez que ces préparatifs, que
»ces moyens de défense appartiennent au roi; or,
»si ces vaisseaux sont attaqués, si ces soldats
»sont menacés, attendront-ils pour se défendre
»que le corps législatif ait approuvé ou improu-
»vé la guerre? Non, sans doute : eh bien ! j'en
»conclus que, par cela seul, la guerre existe, et
» que la nécessité en a donné le signal. De là il ré-
»sulte que, dans presque tous les cas, il ne peut
»y avoir de délibération à prendre que pour sa-
»voir si on donnera suite à une première hosti-
»lité; c'est-à-dire si l'état de guerre devra être
»continué. Je dis presque dans tous les cas :
»en effet, messieurs, il ne sera jamais question
»pour des Français, dont la constitution vient
»d'épurer les idées de justice, de faire ou de
»concerter une guerre offensive, c'est-à-dire

» d'attaquer les peuples voisins lorsqu'ils ne nous
» attaquent point. Dans cette supposition, sans
» doute, la délibération devrait précéder même
» les préparatifs; mais une telle guerre doit être
» regardée comme un crime, et j'en ferai l'objet
» d'un article de décret.

» Ne s'agit-il que d'une guerre défensive où
» l'ennemi a commis des hostilités, nous voici
» dans un état passif de guerre; ou, sans qu'il y
» ait encore des hostilités, les préparatifs de l'en-
» nemi en annoncent-ils le dessein, déjà, par
» cela seul, la paix est troublée; la paix étant
» troublée, nos préparatifs de défense deviennent
» indispensables [1].

» Il est un troisième cas, c'est lorsqu'il faut
» décider si un droit contesté ou usurpé sera re-
» pris ou maintenu par la force des armes, ce
» qui rentre dans la guerre défensive. Il semble
» d'abord que, dans une telle hypothèse, le corps
» législatif aurait à délibérer même sur les pré-
» paratifs; mais tâchez d'appliquer, mais réalisez
» ce cas hypothétique. Un droit est-il usurpé ou
» contesté, le pouvoir exécutif, chargé des rela-

[1] Dans ce cas toujours l'action doit précéder la délibération, et c'est au roi qu'appartient l'initiative, conséquence qu'a en vue l'orateur.

» tions extérieures, tente d'abord de le recouvrer
» par la négociation [1]. Si ce premier moyen est
» sans succès, et que le droit soit important,
» laissez encore au pouvoir exécutif le droit des
» préparatifs de défense; mais forcez-le à noti-
» fier aux représentants de la nation l'usurpation
» dont il se plaint, le droit qu'il réclame, tout
» comme il sera forcé de notifier un état de guer-
» re imminent ou commencé. Vous établirez par
» ce moyen une marche uniforme dans tous les
» cas, et je vais démontrer qu'il suffit que le con-
» cours du pouvoir législatif commence à l'épo-

[1] Mirabeau ne fait-il pas ici une pétition de principe,
c'est-à-dire ne suppose-t-il pas prouvé ce qu'il s'agit
d'établir ? « Un droit est contesté, dit-il, le pouvoir exé-
» cutif chargé des relations extérieures *tente d'abord de*
» *le recouvrer par la négociation.* » Pourquoi cette tentative, pourquoi n'instruit-il pas immédiatement le corps
législatif des dispositions de l'agresseur ? Par la maladresse ou la mauvaise volonté de ses ministres, ne peut-
il pas envenimer une simple prétention et la changer en
motif inévitable de guerre ? Il ne peut y avoir, dans ce
cas, en s'adressant au corps législatif, aucune crainte
de divulguer le *secret de l'état,* et d'épouvanter les esprits faibles... Telles seraient et telles ont été les objections faites à la théorie de Mirabeau, et auxquelles il
ne paraîtra peut-être pas à tous les lecteurs qu'il ait
pleinement répondu.

»que de la notification dont je viens de parler,
»pour concilier parfaitement l'intérêt national
»avec le maintien de la force publique.

» Les hostilités sont donc ou commencées ou
»imminentes; quels sont alors les devoirs du
»pouvoir exécutif? quels sont les devoirs du
»pouvoir législatif?

» Je viens de le dire, le pouvoir exécutif doit
»notifier, sans aucun délai, l'état de guerre, ou
»comme existant, ou comme prochain, ou
»comme nécessaire; en faire connaître les causes,
»demander les fonds, requérir la réunion du
»corps législatif, s'il n'est pas assemblé.

» Le corps législatif, à son tour, a quatre sor-
»tes de mesures à prendre. La première est
»d'examiner si, les hostilités étant commencées,
»l'agression coupable n'est pas venue de nos
»ministres ou de quelque agent du pouvoir exé-
»cutif. Dans un tel cas, l'auteur de l'agression
»doit être poursuivi comme criminel de lèse-na-
»tion. Faites une telle loi, et vous bornerez vos
»guerres au seul exercice du droit d'une juste
»défense, et vous aurez plus fait pour la liberté
»publique, que si, pour attribuer exclusivement
»le droit de la guerre au corps législatif, vous
»perdiez les avantages que l'on peut retirer de
»la royauté.

» Je m'arrête un instant sur ces deux derniers
» moyens , parcequ'ils font connaître parfaite-
» ment le système que je propose.

» De ce qu'il peut y avoir du danger à faire
» délibérer la guerre directement et exclusive-
» ment par le corps législatif, quelques person-
» nes soutiennent que le droit de guerre et de
» paix n'appartient qu'au monarque ; elles attes-
» tent même le doute que la nation puisse légi-
» timement disposer de ce droit, tandis qu'elle a
» pu déléguer la royauté : Eh ! qu'importe en
» effet à ces hommes de placer à côté de notre
» constitution une autorité sans bornes, tou-
» jours capable de la renverser...

» D'un autre côté, de ce que le concours du
» monarque dans l'exercice du droit de faire la
» paix ou la guerre peut présenter des dangers
» (et il en présente en effet) , d'autres concluent
» qu'il faut le priver même du droit d'y concou-
» rir. Or, en cela ne veulent-ils pas une chose
» impossible, à moins d'ôter au roi les préparatifs
» de la paix et de la guerre ? Ne veulent-ils pas
» une chose inconstitutionnelle ; puisque vos dé-
» crets ont accordé au roi une sorte de concours
» même dans les actes purement législatifs ?
» Pour moi, j'établis le contre-poids des dangers
» qui peuvent naître du pouvoir royal dans la

» constitution même, dans le balancement du
» pouvoir, dans le concours des deux délégués
» de la nation, dans les forces intérieures que
» donnera cette garde nationale, seul équilibre
» propre au gouvernement représentatif [1], contre
» une armée placée à la frontière, et félicitez-
» vous, messieurs, de cette découverte; si votre
» constitution est immuable, c'est de là que naî-
» tra sa stabilité.

» Si j'attribue au corps législatif, même après
» avoir approuvé la guerre, le droit de requérir
» le pouvoir exécutif de négocier la paix, remar-
» quez que par cela je n'entends pas donner ex-
» clusivement au corps législatif le droit de déli-
» bérer la paix, ce serait retomber dans tous les
» inconvénients dont j'ai déjà parlé. Qui connaîtra
» le moment de faire la paix, si ce n'est celui qui
» tient le fil de toutes les relations politiques [2]?

---

[1] Nous permettra-t-on de signaler ici une erreur de Mirabeau? La garde nationale, et l'expérience l'a prouvé, ne peut-être qu'un moyen de police locale; sa dissémination sur ce grand territoire, l'aversion que les citoyens ont pour un service assujettissant, la désuétude qui se met dans ce service, la difficulté de faire mouvoir ce vaste corps, en font une faible garantie de la liberté contre les projets et les empiètements du pouvoir.

[2] Qu'est-ce que *le fil des relations politiques?* mot dont

» Déciderez-vous aussi que les agents employés
» pour cela ne correspondront qu'avec vous ?
» leur donnerez - vous aussi des instructions ?
» répondrez-vous à leurs dépêches ? les rempla-
» cerez-vous, s'ils ne remplissent pas toute votre
» attente ? découvrirez-vous dans des discussions
» solennelles, provoquées par un membre du corps
» législatif, les motifs secrets qui vous porteront
» à faire la paix, ce qui souvent serait le moyen
» le plus assuré de ne pas l'obtenir ? Et lors même
» que nos ennemis désireront la paix comme
» nous, votre loyauté vous fit-elle une loi de ne
» rien dissimuler, forcerez-vous aussi les envoyés
» des puissances ennemies à l'éclat d'une discus-
» sion publique ?

» Je distingue donc le droit de requérir le pou-
» voir exécutif de faire la paix, d'un ordre donné
» pour la conclure, et de l'exercice exclusif de
» faire la paix. Car est-il une autre manière de
» remplir l'intérêt national, que celle que je pro-
» pose ? Lorsque la guerre est commencée, il n'est

on se sert pour en imposer. Le ministre sait-il que si la
guerre continue une autre puissance nous la déclarera ?
Quel mystère, quel danger y a-t-il à ce que le corps
législatif le sache ? Il y a ce semble, au contraire, de
l'avantage.

»plus au pouvoir d'une nation de faire la paix ;
» l'ordre même de faire retirer les troupes arrê-
» tera-t-il l'ennemi? Fût-on disposé à des sacri-
» fices, sait-on si les conditions ne seront pas
» tellement onéreuses que l'honneur ne permet-
» tra pas de les accepter[1]? La paix même étant
» entamée, la guerre cesse-t-elle pour cela? C'est
» donc au pouvoir exécutif à choisir le moment
» convenable pour une négociation; à la préparer
» en silence; à la conduire avc habileté[2] : c'est au
» pouvoir législatif à le requérir de s'occuper sans
» relâche de cet objet important; c'est à lui à faire
» punir le ministre ou l'agent coupable, qui, dans
» une telle fonction ne remplirait pas ses devoirs;
» c'est encore à lui à ratifier le traité de paix,
» lorsque les conditions en seront arrêtées. Voilà

---

[1] Ceux qui voulaient donner au corps législatif la décision de la guerre et de la paix ne niaient pas les inconvénients de ce système; mais ils le trouvaient moins
dangereux pour la liberté publique que le système contraire. Au surplus, dans les circonstances, il s'agissait
moins pour les ministres et la cour d'établir un droit
constitutionnel, que de se réserver un moyen, une ressource favorable à leurs vues.

[2] Comme de gagner une maîtresse, sans doute, acheter
un ministre, corrompre un général; voilà une terrible
habileté !

»les limites que l'intérêt public ne permet pas
»d'outre - passer , et que la nature même des
»choses a posées.

»Enfin la quatrième mesure du corps légis-
»latif est de redoubler d'attention pour remettre
»sur-le-champ la force publique dans son. état
»permanent quand la guerre vient à cesser.
»Ordonnez alors sur-le-champ de congédier les
»troupes extraordinaires¹, fixez un court délai
»pour leur séparation, bornez la continuation
»de leur solde jusqu'à ce moment, et rendez le
»ministre responsable ; poursuivez - le comme
»coupable, si des ordres aussi importants ne
»sont pas exécutés ; voilà ce que prescrit encore
»l'intérêt public. . . . .

»Pour vous montrer que je ne me suis dissi-
»mulé aucune objection, voici ma profession de
»foi sur la théorie de la question considérée in-
»dépendamment de ses rapports politiques. Sans
»doute la paix et la guerre sont des actes de
»souveraineté qui n'appartiennent qu'à la nation;

¹ Et si le monarque vainqueur, idolâtré des peuples
dont il aura éloigné et battu l'ennemi, ne le veut pas,
que ferez-vous ? La garde nationale viendra-t-elle à votre
secours ? Ce péril a été développé avec une grande force
d'évidence dans le discours de Barnave , en réponse à
Mirabeau.

» et peut-on nier le principe, à moins de suppo-
» ser que les nations sont des esclaves? Mais il
» ne s'agit point du droit en lui-même, il s'agit
» de la délégation.

» Cependant, quoique tous les préparatifs et
» toute la direction de la guerre et de la paix
» tiennent à l'action du pouvoir exécutif, on ne
» peut pas se dissimuler que la déclaration de la
» guerre et de la paix ne soit un acte de pure
» volonté; que toute hostilité, que tout traité de
» paix ne soit en quelque sorte traductible par
» ces mots, *moi, nation, je fais la guerre, je fais*
» *la paix ;* et dès lors comment un seul homme,
» comment un roi, un ministre, pourra-t-il être
» l'organe de la volonté de tous? comment l'exé-
» cuteur de la volonté générale pourra-t-il être
» en même temps l'organe de cette volonté?

» Je ne me suis pas dissimulé non plus tous les
» dangers qu'il peut y avoir de confier à un seul
» homme le droit ou plutôt le moyen de ruiner
» l'état, de disposer des citoyens, de compromet-
» tre la sûreté de l'empire, d'attirer sur nos têtes
» comme un génie malfaisant tous les fléaux de
» la guerre [1].

[1] Un des caractères de l'art oratoire de Mirabeau était
d'énumérer les plus fortes et souvent les plus solides

» Mais je le demande à vous-mêmes, sera-t-on
» mieux assuré de n'avoir que des guerres justes,
» équitables, si l'on délègue exclusivement à une
» assemblée de sept cents personnes l'exercice du
» droit de faire la guerre ? Avez-vous prevu jus-
» qu'où les mouvements passionnés, jusqu'où
» l'exaltation du courage ou d'une fausse dignité,
» pourraient porter et justifier l'imprudence ?
» Nous avons entendu un de nos orateurs vous
» proposer, si l'Angleterre faisait à l'Espagne une
» guerre injuste, de franchir sur-le-champ les
» mers, de renverser une nation sur l'autre, de
» jouer dans Londres même, avec ces fiers Anglais,
» au dernier écu, au dernier homme : et nous
» avons tous applaudi ; et je me suis surpris moi-
» même applaudissant ; et un mouvement oratoire
» a suffi pour tromper un instant votre sagesse.
» Croyez-vous que de pareils mouvements, si
» jamais le corps législatif délibère directement
» et exclusivement, ne vous porteront pas à des
» guerres désastreuses, et que vous ne confon-
» drez pas le conseil du courage avec celui de
» l'expérience ? Pendant qu'un des membres pro-

objections contre son opinion, et de n'en pas moins
passer outre et en venir à ses moyens de preuve, comme
si ces objections étaient réfutées ou reconnues sans valeur
dans la question qui l'occupait.

» posera de délibérer, on demandera la guerre à
» grands cris; vous verrez autour de vous une
» armée de citoyens : vous ne serez pas trompés
» par des ministres, ne le serez-vous jamais par
» vous-mêmes [1] ?

» Il est un autre genre de danger, qui n'est
» propre qu'au corps législatif dans l'exercice du
» droit exclusif de la paix et de la guerre, c'est
» qu'un tel corps ne peut être soumis à aucune
» espèce de responsabilité. Je sais bien qu'une
» victime est un faible dédommagement d'une
» guerre injuste; mais quand je parle de respon-
» sabilité, je ne parle pas de vengeance. Ce mi-
» nistre que vous supposez ne devoir se conduire
» que d'après son caprice, un jugement l'attend,
» sa tête sera le prix de son imprudence. Vous
» avez eu des Louvois sous le despotisme, en
» aurez-vous encore sous le régime de la liberté?

---

[1] Dans notre système politique actuel, point de doute
qu'il faille abandonner à la couronne le droit de paix et
de guerre. Mais *l'expérience* n'a-t-elle pas prouvé que
des *guerres désastreuses* sont sorties bien souvent des
cabinets des princes et de leurs intérêts particuliers ou
de famille. Est-il sûr que le même droit confié à une
assemblée en eût produit plus, ou même autant ? La
chose est possible en théorie, mais l'expérience n'a pas
encore décidé.

» On parle de frein de l'opinion publique pour
» les représentants de la nation. Mais l'opinion
» publique, souvent égarée, ne va pas atteindre
» séparément chaque membre de l'assemblée...
» Voici des considérations plus importantes.
» Comment ne redoutez-vous pas, messieurs, les
» dissensions intérieures , qu'une délibération
» inopinée sur la guerre, prise sans le concours
» du roi par le corps législatif, pourra faire naître,
» et dans son sein, et dans tout le royaume?
» Souvent, entre deux partis qui embrasseront
» violemment des opinions contraires, la délibé-
» ration sera le fruit d'une lutte opiniâtre, déci-
» dée seulement par quelques suffrages; et en
» pareil cas, si la même division s'établit dans
» l'opinion publique, quel succès espérez-vous
» d'une guerre qu'une grande partie de la nation
» désapprouve? Nous allons donc mettre un
» germe de dissensions civiles dans notre con-
» stitution, si nous faisons exercer exclusivement
» le droit de guerre par le corps législatif; et
» comme le *veto* suspensif que vous avez accordé
» au roi ne pourrait pas s'appliquer à de telles
» délibérations, les dissensions dont je parle
» n'en seront que plus redoutables.
» Ne croyez pas que j'aie été séduit par l'exem-
» ple de l'Angleterre, qui laisse au roi l'entier

» exercice du droit de la paix et de la guerre : je
» le condamne moi-même cet exemple.

» Là, le roi ne se borne pas à repousser les
» hostilités, il les commence, il les ordonne ; et
» je vous proposé au contraire de poursuivre
» comme coupables les ministres ou les agents
» qui auront fait une guerre offensive [1].

» Là, le roi déclare la guerre par une seule
» proclamation en son nom ; et une telle pro-
» clamation étant un acte véritablement national,

---

[1] Nos écrivains citent bien mal adroitement l'Angleterre dans les discussions politiques. Cette nation n'a
presque rien de commun dans les usages et les penchants
avec les Français. Le goût de la liberté est naturel chez
elle comme chez nous celui de l'obédience : les lois sont
pour tout le monde, et le peuple est libre dans ses
actions. Quelle ressemblance y a-t-il entre elle et une
nation où vingt-deux personnes ne peuvent se réunir habituellement sans être regardées comme assemblée sédi-
tieuse ? où l'habitant de Versailles ne pourrait rester huit
jours à Paris sans la permission du ministre ou du préfet,
qui peut la lui refuser ; où le plus riche bourgeois ne
pourrait recevoir son père chez lui s'il ne demeurait pas
dans la même ville, sans en faire sa déclaration à la police ; où la liberté des routes est soumise à la volonté
des autorités locales ; où le beau monde imite les sot-
tises de ses voisins, et rien de ce qui en honore le caractère ; où, etc., etc.

» je suis bien éloigné de croire, ni qu'elle doive
» être faite au nom du roi chez un nation li-
» bre, ni qu'il puisse y avoir une déclaration de
» guerre sans le concours du corps législatif.,.

» Le roi, dit-on, pourra donc faire des guer-
» res injustes, des guerres antinationales? Mais
» une telle objection ne saurait s'adresser à moi,
» qui ne veux accorder au roi qu'un seul concours
» dans l'exercice du droit de la guerre. Et com-
» ment dans mon système pourrait-il y avoir des
» guerres antinationales? je vous le demande à
» vous-mêmes. Est-ce de bonne foi qu'on dissi-
» mule l'influence d'un corps législatif, toujours
» présent, toujours surveillant, qui pourra non
» seulement refuser des fonds, mais approuver
» ou improuver la guerre, mais requérir la né-
» gociation de la paix? Ne comptez-vous encore
» pour rien l'influence d'une nation organisée
» dans toutes ses parties, qui exercera constam-
» ment le droit de pétition dans les formes léga-
» les? Un roi despote serait arrêté dans des pro-
» jets, un roi citoyen, un roi placé au milieu
» d'un peuple armé, ne le sera-t-il pas ?

» Enfin, dit-on encore, n'a-t-on rien à craindre
» d'un roi qui, couvrant les complots du despo-
» tisme sous l'apparence d'une guerre nécessaire,
» rentrerait dans le royaume avec une armée vic-

» torieuse, non pour reprendre son poste de roi
» citoyen, mais pour reconquérir celui des ty-
» rans ?

» Hé bien, qu'arriverait-il ? Je suppose qu'un
» roi conquérant et guerrier, réunissant aux
» talents militaires les vices qui corrompent les
» hommes et les qualités aimables qui les capti-
» vent, ne soit pas un prodige, et qu'il faille faire
» des lois pour des prodiges.

» Je suppose qu'aucun corps d'une armée na-
» tionale n'eût pas assez de patriotisme et de vertu
» pour résister à un tyran, et qu'un tel roi con-
» duisît des Français contre des Français, aussi
» facilement que César, qui n'était pas né sur le
» trône, fit passer le Rubicon à des Gaulois.

» Je vous le demande, cette objection n'est-elle
» pas commune à tous les systèmes ? n'aurons-
» nous jamais à armer une grande force publique
» parceque ce sera au corps législatif à exercer
» exclusivement le droit de faire la guerre ? Je
» vous demande si, par une telle obligation, vous
» ne transportez pas précisément aux monarchies
» l'inconvénient des républiques ? Car c'est sur-
» tout dans les états populaires que de tels excès
» sont à craindre ; c'est parmi les nations qui
» n'avaient point de rois, que ces excès ont fait
» des rois ; c'est pour Carthage, c'est pour Rome

» que des citoyens tels qu'Annibal et César étaient
» dangereux. Tarissez l'ambition, faites qu'un
» roi n'ait à regretter que ce que la loi ne peut
» accorder; faites de la magistrature du monar-
» que ce qu'elle doit être, et ne craignez plus
» qu'un roi rebelle, abdiquant lui-même sa cou-
» ronne, s'expose de courir de la victoire à l'é-
» chafaud. »

Ici de violents murmures s'élevèrent contre
l'orateur ; M. d'Esprémenil l'accusa de mauvaise
foi et de feindre d'ignorer que la personne du
roi avait été déclarée inviolable.

Mirabeau, sans paraître ému des apostrophes
qu'on lui adresse, reprend au milieu du bruit.

« Je me garderai bien de répondre à l'incul-
» pation de mauvaise foi qui m'est faite ; vous
» avez tous entendu ma supposition d'un roi
» despote et révolté, qui vient avec une armée
» de Français conquérir la place des tyrans :
» or un roi, dans ce cas, n'est plus un roi. » (La
salle retentit d'applaudissements.)

« Il serait difficile et inutile, reprend l'ora-
» teur, de continuer une discussion déjà bien
» longue, au milieu d'applaudissements et d'im-
» probations également exagérés, également injus-
» tes. J'ai parlé parceque je n'ai pas cru pouvoir
» m'en dispenser dans une occasion aussi impor-

» tante ; j'ai parlé d'après ma conscience et ma
» pensée ; je ne dois à cette assemblée que ce qui
» me paraît la vérité, et je l'ai dite. Je l'ai dite
» assez fortement, peut-être, quand je luttais
» contre les puissances : je serais indigne des
» fonctions qui me sont imposées, je serais indi-
» gne d'être compté parmi les amis de la liberté,
» si je dissimulais ma pensée, quand je penche
» pour un parti mitoyen, entre ceux que j'aime
» et que j'honore, et l'avis des hommes qui ont
» montré le plus de dissentiment avec moi, de-
» puis le commencement de cette assemblée.

» Vous avez saisi mon système : il consiste à
» attribuer concurremment le droit de faire la
» paix et la guerre aux deux pouvoirs que la con-
» stitution a consacrés. Je crois avoir combattu
» avec avantage les arguments qu'on allègue sur
» cette question, en faveur de tous les systèmes
» exclusifs. Il est une question insoluble qui se
» trouve dans tous comme dans le mien, et qui
» embrassera toujours les diverses questions voi-
» sines de la confusion des pouvoirs, c'est celle
» de déterminer le moyen de remédier au der-
» nier degré de l'abus. Je n'en connais qu'un,
» on n'en trouvera qu'un ; je l'indiquerai par cette
» locution triviale, et peut-être de mauvais goût,
» que je me suis permise dans cette tribune, mais

» qui prouve nettement ma pensée : c'est le *toc-*
» *sin de la nécessité* , qui seul peut donner le si-
» gnal quand le moment est venu de remplir l'im-
» prescriptible devoir de la résistance ; devoir
» toujours impérieux , lorsque la constitution est
» violée , toujours triomphant lorsque la résis-
» tance est juste et nationale. »

Le décret que proposa Mirabeau se ressentait
de la difficulté de la question et du dessein de
ménager tous les partis , surtout celui des patriotes. Il portait , 1° que le roi pourrait déclarer la guerre, mais ne pourrait la continuer
que du consentement du corps législatif ; 2° que
le roi pourrait stipuler avec les puissances étrangères toutes les conventions qu'il jugerait nécessaires au bien de l'état ; mais que les traités de
paix , d'alliance , de commerce, ne seraient exécutés qu'autant qu'ils auraient été ratifiés par le
corps législatif.

C'était trop réduire la prérogative du trône auprès des royalistes , et lui en laisser assez pour
alarmer le parti contraire. Aussi Mirabeau fut-
il bientôt dénoncé par celui-ci , comme un dé-
serteur, un traître , tandis que les applaudissements, les honneurs du triomphe, étaient prodi-
gués aux orateurs du côté gauche.

Barnave fut choisi par les patriotes pour répondre à Mirabeau. Le discours qu'il prononça dans la séance du 21 fut remarquable par un grand talent, une logique serrée, un examen approfondi des cas où les concessions qu'on proposait de faire au pouvoir exécutif pouvaient devenir funestes à la liberté. Barnave se montra éloquent, juste dans ses conséquences, et de la plus rigoureuse logique dans les attaques qu'il porta à son adversaire; Mirabeau lui-même fut obligé de lui rendre cette justice, et il fallut tout l'ascendant et le crédit dont il jouissait encore, réunis aux moyens auxiliaires que les ministres employèrent, pour que ses efforts fussent couronnés du succès.

Les propositions de Barnave étaient ainsi conçues : « Au roi, dépositaire du pouvoir exécutif, » appartient le droit d'assurer la défense des » frontières, de protéger les propriétés nationa- » les, de faire à cet effet les préparatifs néces- » saires, de diriger les forces de terre et de mer, » de commencer les négociations, de nommer » les ambassadeurs, de signer les traités, de faire » au corps législatif, sur la paix et sur la guerre, » les propositions qui lui paraîtront convenables; » mais le corps législatif exercera exclusivement » le droit de déclarer la guerre et la paix et de » conclure les traités. »

Lorsqu'à la suite de son éloquent discours,
Barnave eut lu ces propositions rédigées en forme
de décret, tout le côté gauche se leva pour aller aux voix, et les royalistes virent le moment
où la partie était perdue pour eux; mais le marquis de Cazalès, un des membres de l'assemblée qui avaient le plus de ressources dans l'esprit, demanda et obtint qu'une décision aussi
importante fût renvoyée au lendemain, afin
qu'on pût avoir le temps de l'examiner. L'assemblée le décida ainsi.

Cependant les ennemis de Mirabeau ne perdaient pas de temps pour le décrier, pendant
que les agents des ministres, de leur côté, travaillaient en sens contraire, et recrutaient des
hommes destinés à applaudir les repliques qu'on
préparait au discours de Barnave, et surtout celle
de Mirabeau, sur laquelle on comptait pour le
succès de la cause.

Mirabeau, exposé aux menaces des agitateurs
et des chauds patriotes, faisait tête à l'orage; il
était signalé comme le plus dangereux ennemi
du peuple. Le discours de Barnave, répandu avec
une immense prodigalité, échauffait encore les
esprits : plus conséquent que Mirabeau dans les
principes de la révolution, il montrait les dangers du système de son adversaire. Quoique Mira-

beau n'eût demandé que le concours du roi avec
le corps législatif dans l'exercice du droit de paix
et de guerre, on colporta dans les rues un imprimé, sous le titre de *La grande conspiration
de Mirabeau découverte.* Au moment où il entrait dans la salle, cet écrit lui fut mis sous les
yeux; il en lut le titre: *J'en sais assez,* répondit-
il, *on m'emportera de l'assemblée ou triomphant
ou en lambeaux.* C'était le jour où il devait répliquer à Barnave, 22 mai 1790.

« Messieurs, dit-il, on répand depuis huit jours
» que la section de l'assemblée nationale qui veut
» le concours de la volonté royale dans l'exercice
» du droit de la paix et de la guerre est parri-
» cide de la liberté publique; on répand des
» bruits de perfidie, de corruption; on invoque
» les vengeances populaires pour soutenir la ty-
» rannie des opinions. On dirait qu'on ne peut
» sans crime avoir deux avis dans une des ques-
» tions les plus délicates et les plus difficiles de
» l'organisation sociale. C'est une étrange manie,
» c'est un déplorable aveuglement, que celui qui
» anime ainsi les uns contre les autres des hom-
» mes qu'un même but, un sentiment indestruc-
» tible, devraient, au milieu des débats les plus
» acharnés, toujours rapprocher, toujours réunir,
» des hommes qui substituent ainsi l'irritabilité

» de l'amour-propre au culte de la patrie, et se
» livrent les uns les autres aux préventions po-
» pulaires.

» Et moi aussi, on voulait, il y a peu de jours,
» me porter en triomphe, et maintenant on crie
» dans les rues, *La grande trahison du comte de*
» *Mirabeau.* Je n'avais pas besoin de cette leçon
» pour savoir qu'il est peu de distance du Capitole
» à la roche Tarpéienne. Mais l'homme qui combat
» pour la raison, pour la patrie, ne se tient pas
» si aisément pour vaincu. Que ceux qui prophé-
» tisaient depuis huit jours mon opinion sans la
» connaître, qui calomnient en ce moment mon
» discours sans l'avoir compris, m'accusent d'en-
» censer des idoles impuissantes au moment où
» elles sont renversées, ou d'être le vil stipendié
» d'hommes que je n'ai point cesssé de com-
» battre; qu'ils dénoncent comme un ennemi de
» la révolution celui qui peut-être n'y a pas été
» inutile, et qui, cette révolution étant inutile
» à sa gloire, pourrait là seulement trouver sa
» sûreté; qu'ils livrent aux fureurs du peuple
» trompé celui qui depuis vingt ans combat tou-
» tes les oppressions, qui parlait aux Français de
» constitution, de liberté, de résistance, lorsque
» ses vils calomniateurs suçaient le lait des cours,
» et vivaient de tous les préjugés dominants; que

» ces hommes me calomnient et me poursuivent,
» peu m'importe : ces coups de bas en haut ne
» m'arrêteront pas dans ma carrière. »

Mirabeau prononça ces paroles avec le ton absolu d'autorité qui lui avait toujours si bien réussi ; des applaudissements nombreux dans les tribunes couvrirent quelques murmures que le parti opposé faisait entendre. Il reprit son discours au milieu d'un silence général : on était avide d'entendre ce qu'il allait dire de nouveau sur cette grande question.

« Messieurs, dit-il, je rentre dans la lice armé
» de mes seuls principes et de la fermeté de ma
» conscience; je vais poser à mon tour le véri-
» table point de la difficulté avec toute la netteté
» dont je suis capable, et je prie tous ceux de
» mes adversaires qui ne m'entendront pas de
» m'arrêter, afin que je m'exprime plus claire-
» ment : car je suis décidé à déjouer les reproches
» tant répétés d'évasion, de subtilité, d'entor-
» tillage; et, s'il ne tient qu'à moi, cette journée
» dévoilera le secret de nos loyautés respectives.
» M. Barnave m'a fait l'honneur de ne répondre
» qu'à moi ; j'aurai pour son talent le même
» égard, et je vais à mon tour essayer de le
» réfuter. »

Mirabeau possédait par excellence l'art de la

réplique; il y était constamment éloquent et nerveux : aussi le discours qu'il prononça ici est-il
de beaucoup supérieur au premier dans la même
question. D'ailleurs il s'agissait pour lui de vaincre ou mourir, c'est-à-dire de triompher ou
d'être dépopularisé sans compensation. Ses efforts redoublèrent donc, et pour mieux vaincre des résistances opiniâtres, il fit à son adversaire des concessions qui ne diminuèrent que
faiblement les avantages qu'il remporta.

Je me bornerai à faire connaître les principaux traits de cette brillante réplique; on y
apercevra une nouvelle preuve du talent qui distingue Mirabeau dans de semblables discussions,
c'est-à-dire celui de manier le sophisme avec une
adresse admirable; de présenter le point de la
dispute sous les rapports qui lui sont favorables,
et d'entraîner la conviction par le développement des conséquences dangereuses attachées
aux opinions contraires à la sienne.

«...... M. Barnave a dit, c'est Mirabeau
» qui parle, nous avons institué deux pouvoirs
» distincts, le pouvoir législatif, et le pouvoir
» exécutif: l'un est chargé d'exprimer la volonté
» nationale, et l'autre de l'exécuter; ces deux
» pouvoirs ne doivent jamais se confondre.

» Vous avez appliqué ces principes à la ques-

» tion sur laquelle nous délibérons, c'est-à-dire à
» l'exercice du droit de la paix et de la guerre.

» Vous avez dit : il faut distinguer l'action de
» la volonté ; l'action appartiendra au roi, la vo-
» lonté au corps législatif. Ainsi, lorsqu'il s'agira
» de déclarer la guerre, cette déclaration étant
» un acte de volonté, ce sera au corps législatif
» à la faire.

» Après avoir exposé ce principe, vous l'avez
» appliqué à chaque article de mon décret : je
» suivrai la même marche ; je discuterai d'abord
» le principe général ; j'examinerai ensuite l'appli-
» cation que vous en avez faite à l'exercice du droit
» de la paix et de la guerre, enfin je vous sui-
» vrai pas à pas dans la critique de mon décret [1].

» Vous dites que vous avez deux délégués dis-
» tincts, l'un pour l'action, l'autre pour la vo-
» lonté ; je le nie.

» Le pouvoir exécutif, dans tout ce qui tient
» à l'action, est certainement très distinct du pou-
» voir législatif ; mais il n'est pas vrai que le corps
» législatif soit entièrement indépendant du pou-
» voir exécutif, même dans l'expression de la
» volonté générale.

» En effet, quel est l'organe de cette volonté

[1] Pendant toute la discussion et la lecture de sa réplique, Mirabeau adresse la parole à M. Barnave.

» d'après notre constitution? c'est toút à la foi
» l'assemblée des représentants de la nation, o
» le corps législatif et le représentant du pouvoi
» exécutif, ce qui a lieu de cette manière: le corp
» législatif délibère et déclare la volonté générale
» le représentant du pouvoir exécutif a le doubl
» droit, ou de sanctionner la résolution du corp
» législatif, et cette sanction consomme la loi
» ou d'exercer le *veto* qui lui est accordé pou
» un certain espace de temps; et la constitutio
» a voulu que dans cet espace de temps la r´
» solution ne fût pas une loi[1]. Il n'est donc p
» exact de dire que notre constitution a établ
» deux délégués, entièrement distincts, mêm
» lorsqu'il s'agit d'exprimer la volonté générale
» Nous avons au contraire deux représentant

[1] Lors de la discussion sur la sanction royale, on agit
diverses questions sur la nature de cet acte de l'autorit
du roi. Les uns la regardaient comme une émanation d
la royauté, qui résulte de deux facultés inséparables
celle de concourir à faire la loi et celle d'en poursuivr
et maintenir l'exécution : dans cette opinion le roi es
co-législateur né ; il l'est tout seul, lorsqu'il n'y a pa
de corps législatif constitué. D'autres ne regardaient l
sanction et le *veto*, qui en est l'exercice d'opposition,
que comme une condition de l'exercice du pouvoir e
du devoir d'exécuter la loi présentée, attendu qu'on n
peut exiger d'un chef de gouvernement qu'il s'oblige

»qui concourent ensemble dans la formation de
»la loi, dont l'un fournit une espèce de vœu
»secondaire, exerce sur l'autre une sorte de con-
»trôle, met dans la loi sa portion d'influence et
»d'autorité; ainsi la volonté générale ne résulte
»pas de la simple volonté du corps législatif[1].

»Suivons maintenant l'application de votre
»principe à l'exercice du droit de paix et de
»guerre. Vous avez dit : Tout ce qui n'est pas la
»volonté générale, et ceci, comme dans tout le
»reste retourne à son principe naturel, et ne peut
»être énoncé que par le pouvoir législatif. Ici je
»vous arrête, et je découvre votre sophisme en
»un seul mot que vous-même vous prononcez,
»ainsi vous ne m'échapperez pas.

»Dans votre discours vous attribuez exclusi-

---

mettre à exécution des lois qu'il croirait inutiles ou
dangereuses à l'état, connaissance qu'il possède éminemment par la nature même de ses fonctions exécu-
tives. Mirabeau voyait dans le roi le pouvoir d'exécuter,
et une autorité royale co-législative, avec l'assemblée
de la nation.

[1] Mirabeau n'aurait-il pas dû dire ainsi : *La loi ne résulte pas de la simple volonté du corps législatif ?* Car
le corps législatif pourrait, d'après la constitution, prononcer un vœu qui ne serait loi que par la sanction du
roi, ou resterait sans effet, quoique positif, par l'usage
du *veto*.

5.

» vement l'énoncé de la volonté générale, à qui ?
» au *pouvoir législatif ;* dans votre projet de dé-
» cret, à qui l'attribuez-vous ? au *corps législatif* [1].
» Sur cela je vous rappelle à l'ordre. Vous avez
» *forfait* la constitution. Si vous entendez que le
» corps législatif est le pouvoir législatif, vous ren-
» versez par cela seul toutes les lois que vous avez
» faites ; si, lorsqu'il s'agit d'exprimer la volonté
» générale, en fait de guerre, le corps législatif
» suffit, par cela seul le roi n'ayant ni partici-
» pation, ni influence, ni contrôle, ni rien de
» tout ce que nous avons accordé au pouvoir exé-
» cutif par notre système social, vous auriez en
» législation deux principes différents : l'un pour
» la législation ordinaire, l'autre pour la législa-
» tion en fait de guerre, c'est-à-dire pour la crise
» la plus terrible qui puisse agiter le corps poli-
» tique ; tantôt vous auriez besoin, et tantôt vous
» n'auriez pas besoin pour l'expression de la vo-

---

[1] Il est évident que Barnave, voyant le *pouvoir* législatif complet dans le *corps* législatif seul, a dû confondre
le *pouvoir* avec le *corps* législatif. Suivant Mirabeau ; au
contraire, le *pouvoir* législatif est dans le roi et le *corps*
législatif. La constitution l'avait ainsi reconnu ; Barnave
la méconnaît donc : mais, dans plus d'une occasion, l'un
est nommé pour l'autre, comme le roi et le pouvoir
exécutif.

» lonté générale, de l'adhésion du monarque...
» Et c'est vous qui parlez d'homogénéité, d'unité,
» d'ensemble dans la constitution [1] ! Ne dites pas
» que cette distinction est vaine; elle l'est si peu,
» elle est tellement importante à mes yeux et à
» ceux de tous les bons citoyens, qui soutiennent
» ma doctrine, que si vous voulez substituer dans
» votre décret à ces mots le *corps législatif*, ceux-
» ci, le *pouvoir législatif*, et définir cette ex-
» pression en l'appelant un acte de l'assemblée
» nationale, sanctionné par le roi, nous serons,
» par cela seul, d'accord sur les principes ; mais
» vous reviendrez alors à mon décret, parcequ'il
» accorde moins au roi... Vous ne me répondez
» pas... Je continue.

» Cette contradiction devient encore plus frap-
» pante dans l'application que vous avez faite
» vous-même de votre principe au cas d'une dé-
» claration de guerre.

» Vous avez dit : une déclaration de guerre
» n'est qu'un acte de volonté, donc c'est au corps
» législatif à l'exprimer.

---

[1] Le lecteur ne doit pas perdre de vue que Mirabeau
étant mort en avril 1791, lorsqu'il parle ici de constitution, il n'entend que les bases et les lois fondamentales
promulguées avant le 3 septembre 1791, époque de
celle qu'on nomme la *constitution de* 1791.

» J'ai sur cela deux questions à vous faire, dont
» chacune embrasse deux cas différents.

» Premièrement : entendez-vous que la décla-
» ration de guerre soit tellement propre au corps
» législatif que le roi n'ait pas l'initiative, ou en-
» tendez-vous qu'il ait l'initiative ?

» Dans le premier cas, s'il n'a pas l'initiative,
» entendez-vous qu'il n'ait pas aussi le *veto* ? Dès
» lors voilà le roi sans concours dans l'acte le plus
» important de la volonté nationale. Comment
» conciliez-vous cela avec les droits que la con-
» stitution a donnés au monarque ? comment le
» conciliez-vous avec l'intérêt public ? Vous aurez
» autant de provocateurs de la guerre que d'hom-
» mes passionnés.

» Y a-t-il ou non de grands inconvénients à
» cette disposition ? vous ne niez pas qu'il y
» en ait.

» Y en a-t-il, au contraire, à accorder l'initia-
» tive au roi ? J'entends par l'iniative une noti-
» fication, un message quelconque : vous ne
» sauriez y trouver aucun inconvénient ; vous ac-
» cordez donc l'initiative au roi.

» Passons au second cas : Si vous accordez au
» roi l'initiative, ou vous supposez qu'elle con-
» sistera dans une simple notification, ou vous
» supposez que le roi déclarera le parti qu'il veut

» prendre. Si l'initiative du roi doit se borner à
» une simple notification, le roi, par le fait,
» n'aura aucun concours à une déclaration de
» guerre. Si l'initiative du roi consiste, au con-
» traire, dans la déclaration du parti qu'il croit
» devoir être pris, voici la double hypothèse sur
» laquelle je vous prie de raisonner avec moi :

» Entendez-vous que le roi se décidant pour
» la guerre, le corps législatif puisse délibérer la
» paix ? Je ne trouve à cela aucun inconvénient.
» Entendez-vous, au contraire, que le roi vou-
» lant la paix, le corps législatif puisse ordonner
» la guerre et la faire soutenir malgré lui ? je ne
» puis adopter votre système, parcequ'ici nais-
» sent des inconvénients auxquels il est impos-
» sible de remédier.

» De cette guerre, délibérée malgré le roi, ré-
» sulterait bientôt une guerre d'opinion contre
» le monarque, contre tous ses agents : la sur-
» veillance la plus inquiète présiderait à toutes
» les opérations : le désir de les seconder, la dé-
» fiance contre les ministres, porteraient le corps
» législatif à sortir de ses propres limites : on
» proposerait des comités d'exécution militaire,
» comme on vous a proposé naguère des comi-
» tés d'exécution politique ; le roi ne serait plus
» que l'agent de ces comités : nous aurions deux

»pouvoirs exécutifs, ou plutôt le corps législatif
»règnerait.

» Ainsi, par la tendance d'un pouvoir l'un sur
»l'autre, notre constitution se dénaturerait entiè-
»rement; de monarchique qu'elle doit être, elle
»deviendrait purement aristocratique. Vous n'a-
»vez pas répondu à cette objection, et vous n'y
»répondrez jamais. Vous ne parlez que de ré-
»primer les abus ministériels, et moi je vous
»parle des moyens de réprimer les abus d'une
»assemblée représentative; je vous parle d'arrê-
»ter la pente insensible de tout gouvernement
»vers la forme dominante qu'on lui imprime.

» Si, au contraire, le roi voulait la guerre,
»vous bornez les délibérations du corps législatif
»à consentir la guerre, ou à déclarer qu'elle ne
»doit pas être faite, et à forcer le pouvoir exé-
»cutif de négocier la paix : vous évitez tous les
»inconvénients; et remarquez bien, car c'est
»ici que se distingue éminemment mon système,
»que vous restez parfaitement dans les principes
»de la constitution.

» Il est plus que temps de terminer ces longs
»débats. Désormais, j'espère qu'on ne dissimu-
»lera plus le vrai point de la difficulté. Je veux
»le concours du pouvoir exécutif à l'expression
»de la volonté générale en fait de paix et de

» guerre, comme la constitution le lui a attribué
» dans toutes les parties déjà fixées de notre sys-
» tème social ;... mes adversaires ne le veulent
» pas. Je veux que la surveillance des délégués
» du peuple ne l'abandonne pas dans les opéra-
» tions les plus importantes de la politique ; et
» mes adversaires veulent que l'un des délé-
» gués possède exclusivement la faculté du droit
» de la guerre, comme si, lors même que le pou-
» voir exécutif serait étranger à la confection de
» la volonté générale, nous avions à délibérer sur
» le seul fait de la déclaration de guerre, et que
» l'exercice du droit n'entraînât pas une série
» d'opérations mixtes, où l'action et la volonté se
» pressent et se confondent. »

Mirabeau en descendant de la tribune fut accueilli par de nombreux et presque unanimes
applaudissements ; son discours fit la plus vive
sensation. Voici les articles fondamentaux du décret proposé par lui et adopté par l'assemblée :

« Le droit de la paix et de la guerre appartient
» à la nation. La guerre ne pourra être décidée
» que par un décret de l'assemblée nationale,
» qui sera rendu sur la proposition formelle et
» nécessaire du roi et qui sera sanctionné par lui.

» Le soin de veiller à la sûreté extérieure du
» royaume, de maintenir ses droits et ses pos-

» sessions, est délégué par la constitution au roi.
» Lui seul peut entretenir des relations politiques
» au dehors, conduire les négociations, en choi-
» sir les agents, faire des préparatifs de guerre
» proportionnés à ceux des états voisins, distri-
» buer les forces de terre et de mer, ainsi qu'il le
» jugera convenable, et en régler la direction en
» cas de guerre. »

J'ai pensé qu'on verrait avec intérêt ici ce long
développement que Mirabeau donna au principe
qu'il avait établi pour résoudre la question proposée. C'est une des plus importantes délibérations où il montra ses talents et les ressources
de son élocution mâle et assurée. Sa vie ne doit
pas être un simple objet de curiosité; elle doit
en même temps offrir à toutes les classes de lecteurs une instruction pratique sur les sujets qu'il
a traités dans sa carrière législative; or celui-ci
est, sans hésiter, un des plus dignes d'attention,
et qui a produit le plus d'éclat et donné l'idée la
plus avantageuse de l'étendue de ses moyens.

S'il fallait en croire certaines révélations, Mirabeau aurait reçu deux cent mille francs du roi,
par les mains de M. de Montmorin, pour lui témoigner combien S. M. était satisfaite de son
zèle et du succès qu'il avait obtenu dans cette
lutte difficile. Plus d'un rapprochement donne

une grande probabilité à ce soupçon; M. de Montmorin a toujours eu des fonds pour ce genre de service, qui lui était particulièrement confié, et il en usait avec une très grande latitude. On peut assurer aussi que dans l'intervalle du 20 au 22 que Mirabeau répliqua à Barnave, il fut pris, par l'ordre de ce ministre et par Mirabeau lui-même, des mesures pour que les tribunes fussent au moins en partie garnies de spectateurs disposés à applaudir ce qui leur était recommandé; mais ces applaudissements furent souvent partagés entre lui et ses adversaires.

Cette victoire, quoique incomplète, n'en releva pas moins le courage de la cour et de ses partisans; on vit avec plaisir que la cause royale comptait parmi ses serviteurs un des plus ardents apôtres de la révolution. Dès lors le roi ne perdit plus de vue Mirabeau, et nous verrons à quel point il porta sa confiance en lui, pour un des plus hardis projets conçus en sa faveur.

Mais si d'un côté tel fut le résultat de ce qui venait de se passer, d'un autre la popularité de Mirabeau en fut fortement ébranlée. Les journaux, qui jusque là l'avaient loué et exalté, mirent en doute ses intentions secrètes; ils le signalèrent comme vendu à la cour. C'était trop dire; Mirabeau n'a jamais été vendu, mai ils prenait des engagements de soutenir des intérêts qui pouvaient être en opposition avec sa conduite connue et ses principes de liberté ; il s'engageait même à poursuivre l'exécution d'un projet dans ce sens, et ne refusait point des secours d'argent qui, dans de pareilles circonstances, lui devenaient indispensables. Il a peut-être mis un très haut prix à ses services, mais encore une fois l'état de sa fortune personnelle l'obligeait à de pareilles transactions.

Il ne s'aveugla point sur sa position politique, désormais plus embarrassante que jamais ; il sentait tout le besoin de sa popularité dans l'intérêt même de ses nouveaux projets. Aussi redoubla-t-il de soins et de précautions pour la reconquérir , et évita-t-il avec attention tout ce qui pourrait, sans une grande nécessité, l'exposer à de nouveaux soupçons.

Il fit réimprimer et tirer à un très grand nombre d'exemplaires les deux discours qu'il avait prononcés dans la question de la guerre et de la paix; il se plaignait que ses ennemis les avaient tronqués et dénaturés : ce fut le prétexte ou le motif de l'envoi qu'il en fit aux administrateurs des départements, en l'accompagnant d'une lettre apologétique que voici :

« Messieurs, tant qu'on n'a que calomnié ma

» vie privée, je me suis tu, soit parcequ'un ri-
» goureux silence est une juste expiation des fautes
» personnelles, quelque excusables qu'elles puis-
» sent être, et que je ne voulais attendre que
» du temps et de mes services l'estime des gens
» de bien, soit encore parceque la verge de la
» censure publique m'a toujours paru infiniment
» respectable, même placée dans des mains en-
» nemies, soit surtout parceque je n'ai jamais vu
» qu'un étroit égoïsme et une ridicule inconve-
» nance dans la prétention d'occuper ses conci-
» toyens de tout autre chose que de ce qui les
» intéresse.

» Mais aujourd'hui qu'on attaque mes principes
» d'homme public, aujourd'hui qu'on menace la
» société entière dans l'opinion que je défends,
» je ne pourrais me tenir à l'écart sans déserter
» un poste d'honneur, sans violer, pour ainsi dire,
» le précieux dépôt qui m'a été confié, et je crois
» devoir un compte spécial de mon opinion tra-
» vestie, à cette même nation dont on m'a accusé
» d'avoir trahi les intérêts. Il ne me suffit pas que
» l'assemblée nationale m'ait lavé de cette odieuse
» imputation, en adoptant mon système presque
» à l'unanimité, il faut encore que je sois jugé
» par ce tribunal dont le législateur lui-même
» n'est que le sujet et l'organe. Ce jugement est

» d'autant plus important, que, placé jusqu'ici
» parmi les utiles tribuns du peuple, je lui dois
» un compte plus rigoureux de mes opinions; ce
» jugement est d'autant plus nécessaire qu'il s'agit
» de prononcer sur des principes qui distinguent
» la vraie théorie de la liberté de la fausse ; ses
» vrais apôtres, les amis du peuple de ses cor-
» rupteurs. Car le peuple, dans une constitution
» libre, a aussi ses hommes de cour, ses parasites,
» ses flatteurs, ses courtisans, ses esclaves.

» Au milieu d'une discussion solennelle sur
» l'exercice du droit de la paix et de la guerre,
» tandis qu'une section de l'assemblée voulait
» conserver ce droit en entier à la royauté, et
» qu'une autre l'accordait exclusivement au corps
» législatif, sans le concours du monarque, j'ai
» proposé d'attribuer concurremment ce droit
» redoutable aux deux parties de la délégation
» souveraine de la nation.

» L'examen réunit bientôt les membres du
» parti populaire qui ne s'étaient trouvés divisés
» sur cette question que par un malentendu.
» Mais ceux qui, voulant à tout prix être chefs de
» faction, plutôt que professeurs d'opinions,
» avaient fondé leurs succès sur l'intrigue et la
» calomnie; ceux qui avant de m'entendre avaient
» rendu périlleuse la prononciation même de mon

» discours ; ceux qui faisaient d'un principe con-
» stitutionnel une question d'amour-propre, une
» affaire de parti, ceux-là même, après avoir été
» vaincus évidemment sur les principes, devaient
» refuser d'en convenir : ils reçurent pourtant des
» tribunes et de la foule qui entourait l'assemblée
» les applaudissements qui leur avaient été pré-
» parés ; mais leur système, en apparence plus
» populaire et plus capable d'émouvoir la multi-
» tude ignorante et non avisée, ne put leur obte-
» nir cinquante suffrages au sein de l'assemblée,
» qui opposa son courage ordinaire aux menaces
» et à la séduction.

   » C'est maintenant à vous, messieurs, que je
» soumets mon projet de décret et mon discours ;
» vous serez sans doute affligés de voir combien
» l'esprit de parti peut altérer les questions les
» plus importantes, et diviser les auxiliaires les
» plus nécessaires de la liberté. Mais devais-je,
» pour un misérable succès d'un moment, aban-
» donner le principe qui a fait de la participation
» du roi dans la confection de la volonté géné-
» rale, une des bases de notre constitution ? De-
» vais-je élever des autels à la popularité, comme
» les anciens à la terreur, et, lui immolant mes
» opinions et mes devoirs, l'apaiser par de cou-
» pables sacrifices ?

»Ceux-là, messieurs (déjà tous les citoyens
»éclairés le sentent), ceux-là seuls seront
»les vrais amis du peuple qui lui apprendront
»qu'aux vérités qui nous ont été nécessaires pour
»sortir du néant doivent succéder les concep-
»tions propres à nous organiser pour le temps;
»qu'après nous être assez méfiés, qu'après avoir
»surtout assez déblayé de misérables décombres,
»il faut le concours de toutes les volontés à re-
»construire; qu'il est temps enfin de passer d'un
»état d'insurrection légitime à la paix durable
»d'un véritable état social, et qu'on ne conserve
»pas la liberté par les seuls moyens qui l'ont
»conquise.

»Je suis avec respect, messieurs, votre très
»humble et obéissant serviteur,

»MIRABEAU, l'aîné.

»Paris, ce 1ᵉʳ juillet 1790. »

Un événement arrivé à son frère dans le mois
de juin de cette année mériterait peu d'occuper
l'attention du lecteur, s'il n'avait donné à Mirabeau l'occasion d'exposer ses principes sur l'inviolabilité des députés et leur indépendance du
pouvoir exécutif dans la manière de les traduire
en justice.

Des divisions s'étaient élevées entre les soldats

et les officiers du régiment de Touraine en garnison à Perpignan, dont le vicomte de Mirabeau était colonel. Lui-même avait eu des différents avec les soldats, dont il cherchait peut-être avec trop de rigueur à réprimer quelques actes d'insubordination. Il logeait chez le maire de Perpignan, où le régiment avait déposé sa caisse et ses drapeaux. Mais comme il n'avait pu réussir à rétablir l'ordre et la discipline dans ce corps, il quitta Perpignan inopinément, et emporta les cravates des drapeaux déposés chez le maire. Le régiment rendit celui-ci responsable de cet enlèvement et le fit garder à vue. Les officiers municipaux se hâtèrent d'envoyer un courrier avec invitation aux municipalités de la route d'arrêter le vicomte de Mirabeau; il fut atteint à Castelnaudari, et ses malles visitées; on y trouva les cravates enlevées; on l'y retint en arrestation.

L'assemblée ne tarda pas à en être instruite. Après quelques débats, elle décréta que le président se retirerait vers le roi, pour prier sa majesté de donner les ordres nécessaires pour procurer la sûreté de M. Mirabeau le jeune.

Dans la séance du lendemain [1], Mirabeau, qui

---

[1] 18 juin 1790.

s'était trouvé absent la veille, appela la sollicitude de l'assemblée sur la sûreté de ses membres.

« Je demande, dit-il, la permission d'établir,
» soit par la tradition de cette assemblée, soit par
» le vice de cette rédaction, que le décret relatif
» à M. le vicomte de Mirabeau n'a pu être rendu
» tel qu'il vient d'être lu. Il n'est pas possible
» que l'assemblée ait oublié que l'un de ses plus
» célèbres décrets, dans les circonstances qui ont
» ouvert l'assemblée nationale, est celui qui éta
» blit l'inviolabilité de ses membres; il n'est pas
» possible que l'assemblée ait oublié qu'indépen
» damment de la sauvegarde de la loi, les députés
» de l'assemblée nationale ont encore la sauve
» garde de leur caractère. L'assemblée n'a pas
» pu charger le pouvoir exécutif de la sûreté d'un
» de ses membres; elle n'a pas pu placer le vi
» comte de Mirabeau entre le double danger
» d'une escorte et de son délaissement; elle n'a
» pu vouloir que déclarer que son décret sur
» l'inviolabilité de ses membres était une égide
» sacrée, et ordonner au vicomte de Mirabeau de
» venir rendre compte de sa conduite. Je dis le
» *vicomte de Mirabeau,* parceque je ne parle pas
» pour mon frère; je ne réclame pour lui que ce
» que je réclamerai pour tout membre de l'assem
» blée nationale. Un de vos membres ne peut être

» traduit devant aucune juridiction que vous
» ne l'ayez jugé ou déclaré jugeable. Ce n'est pas
» à l'aurore de la liberté que vous pourriez crain-
» dre qu'un de vos décrets fût méconnu. Je de-
» mande donc que l'assemblée nationale dise sim-
» plement qu'elle rappelle aux municipalités le
» décret qui prononce l'inviolabilité de ses mem-
» bres, et qu'elle décrète que le vicomte de
» Mirabeau viendra immédiatement lui rendre
» compte de sa conduite. »

Le vicomte parut en effet à la barre de l'assemblée pour se justifier, et quelque temps
après il émigra.

C'était l'opposé de son frère par ses principes
politiques et sa conduite dans l'assemblée. Il fut
un des plus ardents défenseurs de la prérogative
royale et vota constamment avec le côté droit.
On cite de lui mille traits qui annoncent autant d'esprit que de bravoure : il avait les défauts
et les qualités de l'ancienne chevalerie, mérite que
son goût insurmontable pour le vin déparait en
lui, et qui lui fit commettre des inconséquences
au sein même de l'assemblée; son frère lui en faisait un jour reproche : « Que voulez-vous que j'y
» fasse? lui répondit le vicomte: de tous les vices
» de la famille, c'est le seul que vous m'ayez laissé. »

On sut gré à Mirabeau de la défense qu'il prit

de son frère; il parla encore pour lui lorsqu'aux
mois d'août et de septembre suivants, il fut question, sur le rapport de son affaire, de le renvoyer
à un conseil de guerre pour être jugé : malgré tout
ce que le comte put dire, le décret n'en passa
pas moins, et le vicomte fut renvoyé à ce conseil;
mais, comme on l'a dit, il était hors de France[1].

L'affaire de l'abbé de Barmond offrit une
nouvelle occasion à Mirabeau de faire l'applica-

---

[1] Boniface de Riquetti, vicomte de Mirabeau, colonel
du régiment de Touraine, chevalier de Malte, de Saint-
Louis et de Cincinnatus, avait servi avec distinction et
courage dans la guerre d'Amérique. En 1789, il fut
nommé député aux états-généraux par l'ordre de la noblesse du Limosin. Dans une des premières séances des
états à Versailles, la chambre de la noblesse ayant résolu, d'après l'invitation du roi, de se rendre dans la
salle commune, le vicomte de Mirabeau brisa son épée
avant de sortir avec les autres, annonçant par cette
action qu'il regardait la monarchie comme détruite.
Pendant son émigration il leva une légion, aussi inutile
que toutes les autres, pour servir dans l'*armée de Condé*
contre la France. Le vicomte de Mirabeau est mort vers
la fin de l'année 1792, à Fribourg en Brisgaw. Il est
auteur de plusieurs pamphlets spirituels, insérés dans
les *Actes des apôtres*, et entre autres de *la Lanterne ma-
gique*. Son immense grosseur l'avait fait nommer *Mirabeau tonneau*. Il disait lui-même qu'on le prenait pour
un *rassemblement*.

tion des principes constitutionnels à un cas particulier. Cet estimable ecclésiastique, membre du
côté droit, avait favorisé l'évasion d'un accusé de
conspiration, M. Bonne-Savardin [1]. On dénonça
un pareil fait à l'assemblée. La conduite de M. de
Barmond y fut blâmée, et lui-même mis en état
d'arrestation. Mais ce ne fut pas sans de violents débats qu'on en vint à cette résolution; de
nombreux discours furent prononcés de part et
d'autre; l'esprit de parti s'y mêla et aigrit encore
les passions, que chaque jour exaltait de plus en
plus le choc des intérêts.

[1] Le chevalier de Bonne-Savardin, dont il est question
ici, était un officier sarde, un de ces hommes qui, dès
l'origine de la révolution, crurent l'arrêter par des intrigues et des coopérations étrangères. Il était accusé de
s'être chargé de porter à Turin un plan de contre-révolution; le comité des recherches de l'assemblée nationale le fit arrêter et mettre dans la prison de l'Abbaye.
On trouva dans ses papiers des preuves d'une de ces mille
conspirations qui firent tant de mal, en égarant la cour et
le roi sur le véritable état des choses. M. Bonne-Savardin fut décrété d'accusation. Il s'échappa de l'Abbaye, et
M. l'abbé de Barmond, qui avait un congé pour s'absenter de l'assemblée, en profita pour donner une place
au chevalier dans sa voiture; mais ils furent arrêtés à
Châlons, et ramenés à Paris.

[1] Le côté droit se plaignait avec amertume
qu'on n'eût pas observé les formes dans l'affaire
de M. de Barmond, et que la haine plutôt que
la justice eût présidé à la décision de l'assemblée.

« Je n'examinerai pas, dit Mirabeau, si en effet
» les formes ont été blessées dans l'affaire de M. de
» Barmond ; il importe plutôt de recevoir la lu-
» mière au moment où elle jaillit, que d'attendre
» l'instant précis que les formalités trouvent conve-
» nable. Tous les arguments de vos adversaires ont
» porté sur des sophismes ; ils ont supposé qu'il
» n'y a de légal que les formes judiciaires ; cette
» erreur est facile à démêler. Les juges n'ont le
» pouvoir de juger que parceque ce pouvoir leur
» a été délégué par le souverain[2]. Les comités
» des recherches , institution détestable si elle
» était permanente, si elle entrait dans l'organi-
» sation sociale comme pièce durable[3], mais in-

---

[1] Séance du 23 août 1790.

[2] Est-ce bien là la raison? Il semble que tel juge ne
l'est en effet que par l'ordre du souverain ; mais l'existence des juges pour appliquer les lois tient à un motif
supérieur, à celui-ci, savoir que celui qui fait la loi
ne peut l'appliquer, parcequ'il pourrait la changer au
gré de ses intérêts dans les cas particuliers.

[3] Ce qu'on appelle la *haute police* n'est cependant
autre chose qu'un *comité de recherches* en permanence. Ce

» stitution souverainement nécessaire au milieu
» d'une révolution (et dans les débats précédents
» nos adversaires en sont convenus), les comités
» des recherches, dis-je, font des informations
» très légales, puisqu'ils ont reçu du souve-
» rain le pouvoir d'informer : premier sophisme
» écarté [1].

» Le second sophisme roule sur cette fausse
» supposition, que le délit imputé à l'abbé de
» Barmond n'a pas de dénonciateur ; un membre
» a dit que l'acte dont il s'agit est une bonne ac-
» tion. Ce sera, si l'on veut, en flagrante bonne ac-
» tion que M. l'abbé de Barmond a été saisi, mais
» il est toujours vrai que c'est un acte quelcon-
» que, un acte flagrant qui vous a été dénoncé

que Mirabeau dit des services rendus par le comité
est étrangement exagéré ; il tourmenta quelques indi-
vidus, fit du mal, mais n'arrêta, comme il arrive à
toutes les institutions de cette espèce, aucun des crimes,
aucun des complots qui ont ensanglanté la révolution et
préparé l'affreux régime de la terreur.

[1] La logique de Mirabeau se ressent de l'état des choses ; elle est faible en proportion que la force se trouve
du côté qu'il défend : c'est le propre des orateurs qui
parlent dans les intérêts des plus forts. Le souverain,
au reste, n'a pas le droit de méconnaître et de violer
les immunités individuelles, et c'est ce qu'ont toujours
fait les comités de recherches et les hautes polices.

» par le propre aveu de l'acusé. M. de Barmond
» n'a certainement pas le droit de juger du carac-
» tère de sa propre action sur le fait de l'éva-
» sion de M. Bonne-Savardin ; quand il s'agit
» d'un de vos membres, vous avez seuls le pou-
» voir de déclarer s'il y a lieu ou non à accusa-
» tion. L'acte qu'il a commis est-il répréhensi-
» ble, vous en renvoyez la connaissance au tri-
» bunal ; déclarez vous qu'il ne l'est pas, il n'y a
» plus ni procès ni jugement ultérieur à atten-
» dre, tout est fini.

» Ceux qui ont dit que la sainte amitié peut
» produire des fruits aussi empoisonnés que le
» désir ou le devoir de favoriser l'évasion d'un
» accusé d'attentat a la liberté publique, récla-
» ment aussi en leur faveur la sainte humanité [1] :

[1] N'est-il pas juste de distinguer les délits qu'on appelle *politiques*, qui, aujourd'hui sont crimes, et seront peut-être demain vertus, de ceux qui sont en tout
temps et sous tous les régimes des attentats à la vie,
à l'honneur des hommes, à la sûreté des familles. Ici
la poursuite est commandée louablement. Il n'en est
pas de même d'un délit politique, dont le mobile est
changeant et qui n'offre point le caractère du crime privé.
Refuser à ceux qui ont le malheur de s'y trouver compromis les secours de l'amitié, c'est changer la société en
agence servile de l'autorité, en ministre de ses passions
et de ses intérêts ; c'est jouer le rôle des muets du sérail.

» certes il sera permis à l'assemblée nationale,
» conservatrice et distributrice des lois, institu-
» trice et protectrice de la liberté publique, de
» croire qu'il n'est pas innocent celui auprès du-
» quel on a trouvé, sous l'abri d'un faux passe-
» port, un homme qu'il voulait conduire hors
» du domaine de la nation.

» Je demande à ajouter un seul mot, il sera
» court. Et moi aussi je suis accusé, ou plutôt on
» voudrait bien que je le fusse ¹ ; il m'est donc
» au moins aussi permis d'être sincère que de
» me montrer sensible ; il m'est permis de vous
» demander, et je vous demande, que vous don-
» niez, dans cette occasion et dans toute autre,
» l'exemple de l'inflexible justice envers les mem-
» bres de cette assemblée. Il ne suffit pas pour
» les représentants de la nation d'être hors des
» formes judiciaires; aussi long-temps que vous
» ne les restituez pas à la juridiction ordinaire
» des tribunaux, il faut que le plus léger soupçon
» ne ternisse pas leur réputation ; ou bien ils ne
» peuvent être déclarés innocents par vous. J'in-
» voquerai donc, pour mes collègues et pour moi,

¹ Il fait allusion à la procédure du Châtelet, sur les
attentats du 6 octobre, dans lesquels il paraissait impliqué.

» l'inflexible sévérité des principes. J'y joindrai
» un vœu particulier, mais qui intéresse essen-
» tiellement et l'ordre public et l'honneur et la
» police de cette assemblée. Je supplie, je con-
» jure le comité des rapports de hâter son travail
» sur la procédure du 6 octobre[1]; je conjure le
» comité des rapports de hâter son travail et de
» rendre publiques ces terribles procédures du
» Châtelet, dont le secret divulgué lèvera une
» barrière qui mettra un terme à tant d'inso-
» lences. »

Ces dernières paroles se rapportent aux cris,
aux murmures, aux apostrophes qui partaient
de la partie droite de l'assemblée au moment
où Mirabeau parla du 6 octobre, et de la procédure qu'avait commencée le Châtelet sur cette
terrible journée, où on l'en regardait généralement comme un complice, et l'on soupçonnait que le rapport du comité tendrait à le disculper.

Au reste, il ne se montra sévère dans l'affaire

---

[1] Les pièces relatives aux événements du 6 octobre
1789 avaient été renvoyées au comité pour faire son
rapport; il y avait près d'un an qu'on l'attendait. De
nombreuses intrigues l'avaient suspendu; mais Mirabeau
voulait en finir.

de l'abbé de Barmond que pour ménager sa
popularité ; il avait trop d'esprit et de bon sens
pour ne pas être convaincu que cet honnête
homme n'avait fait que céder à un sentiment
très estimable en cherchant à sauver un ami
d'une accusation politique de complot, dont il
fut même acquitté : mais de l'indulgence pour
un aristocrate eût été suspecte au peuple et
aux patriotes; Mirabeau se montra inexorable
par intérêt et par circonspection [1].

Vers le même temps [2], soit que le danger fût
réel, soit que ce fût seulement le résultat d'une
intrigue dirigée par des vues secrètes en faveur de la cour de France, comme on eut lieu
de le croire, celle d'Espagne fit part au gouvernement français des inquiétudes que lui causaient
certains armements dans les ports d'Angleterre,
ajoutant qu'ils avaient pour objet des hostilités
contre elle.

Nous nous éloignerions trop de notre objet en
nous engageant ici à rechercher ce que pouvait
cacher d'arrière-pensée cette révélation du cabi-

---

[1] M. de Barmond fut décrété d'accusation , mais acquitté par le Châtelet, ainsi que son ami Bonne-Savardin.

[2] 25 août 1790.

net de Madrid; c'est à ce qui s'est passé dans l'assemblée, et au rôle qu'y a joué Mirabeau, que doivent se borner toutes nos recherches.

M. de Montmorin prévint l'assemblée des craintes que l'Espagne faisait paraître; il ajouta que les liens qui attachaient la France à cette puissance ne nous permettaient pas de rester indifférents sur ce qui touchait à ses intérêts. Les pièces furent envoyées au comité diplomatique, et Mirabeau, qui en était membre, fut chargé d'en faire le rapport à la séance du 25 août. On ne trouvera point déplacé que nous donnions quelque étendue à cette discussion; c'est une de celles où Mirabeau s'est le plus distingué, et qui était le plus de son goût.

« Si nous n'avions à considérer, dit-il dans » son rapport, que l'objet de la contestation » qui s'est élevée entre les cours de Londres et » de Madrid, nous ne devrions pas même suppo- » ser que la paix pût être troublée. Le territoire » que se disputent les deux puissances n'appar- » tient ni à l'une ni à l'autre[1]; il est incontestable-

___

[1] Il s'agissait du territoire de l'*île de Vancouver*, découverte par ce navigateur: elle est située à la côte nord-ouest de l'Amérique septentrionale, par 49 degrés 36 minutes de latitude; son port, nommé Nootka, donne son nom

» ment aux peuples indépendants que la nature
» y a fait naître. Cette ligne de démarcation vaut
» bien celle que le pape s'est permis de tracer :
• et ces peuples, s'ils sont opprimés, sont aussi
» nos alliés. Nous ne ferons donc point cette in-
» jure à deux nations éclairées, de penser qu'elles
» veuillent prodiguer leurs trésors et leur sang
» pour une acquisition aussi éloignée, pour des
» richesses aussi incertaines. Ces vérités simples,
» notre impartialité ne cessera de les rappeler,
• s'il en est besoin; mais ce premier point de
» vue ne décide pas la question.

» Si, d'un autre côté, nous devions uniquement
» nous déterminer par la nécessité que les circon-
» stances nous imposent non seulement d'éloi-
» gner la guerre, mais d'en éviter les formidables
» apprêts, pourrions-nous nous dissimuler l'état
» de nos finances non encore régénérées, et celui
• de notre marine armée et non encore orga-
» nisée? pourrions-nous vous cacher que, dans
» les innombrables malheurs d'une guerre même
» injuste, le plus grand pour nous serait de dé-

à la baie sur laquelle il est situé. Cette île a plus de cent
quinze lieues d'étendue, et n'est séparée de la terre ferme
que par des passages étroits. C'est une possession importante à la disposition des Anglais.

» tourner de la constitution les regards des ci-
» toyens, de la distraire du seul objet qui doive
» concentrer leurs vœux et leurs espérances, de
» diviser le cours de cette opinion publique, dont
» toutes les forces suffisent à peine pour vaincre
» les obstacles qui nous restent à surmonter.
» Mais les malheurs de la guerre, mais les incon-
» vénients de notre position actuelle, ne suffisent
» pas encore pour décider la question des al-
» liances. Enfin, si nous devions nous conduire
» aujourd'hui d'après ce que nous serons un jour,
» si, franchissant l'espace qui sépare l'Europe
» de la destinée qui l'attend, nous pouvions don-
» ner dès ce moment le signal de cette bienveil-
» lance universelle que prépare la reconnaissance
» des droits des nations, nous n'aurions pas
» même à délibérer sur les alliances et sur la
» guerre. L'Europe aura-t-elle besoin de politi-
» que lorsqu'il n'y aura plus ni despote ni es-
» claves? La France aura-t-elle besoin d'alliés
» lorsqu'elle n'aura plus d'ennemis? Il n'est pas
» loin de nous, peut-être, ce moment où la li-
» berté, régnant sans rivale sur les deux mondes,
» réalisera le vœu de la philosophie, et absoudra
» l'espèce humaine du crime de la guerre, et
» proclamera la paix universelle... Mais avouons-
» le avec regret, ces considérations, toutes puis-

» santes qu'elles soient, ne peuvent pas seules,
» dans ce moment, déterminer notre conduite.
» Tant que nous aurons des rivaux, la prudence
» nous commandera de mettre hors de toute at-
» teinte les propriétés particulières et la fortune
» nationale, de surveiller l'ambition étrangère,
» puisqu'il faut encore parler d'ambition, et de
» régler notre force publique d'après celles qui
» pourraient menacer nos domaines. Tant que nos
» voisins n'adopteront pas entièrement nos prin-
» cipes, nous serons contraints, même en sui-
» vant une politique plus franche, de ne pas re-
» noncer aux précautions que réclame la pru-
» dence...

» Telles sont, messieurs, les considérations les
» plus importantes qui ont frappé votre comité;
» elles l'ont d'abord conduit à deux principes
» qu'il a adoptés, et que je dois vous soumettre
» avant d'entrer dans de plus grands détails sur
» l'affaire particulière de l'Espagne. »

Ici Mirabeau présente les deux résolutions du
comité; par la première il propose de décréter,
1° que tous les traités précédemment conclus
par le roi soient observés par la France, jusqu'à ce qu'elle les ait annulés, changés ou mo-
difiés; 2° que dès ce moment le roi soit prié de
faire connaître à toutes les puissances avec les-

quelles nous avons des relations, que le désir
de la paix et la renonciation à toutes conquêtes
étant la base de notre conduite, la nation française ne regarde comme obligatoire dans les traités que les stipulations purement défensives.

« Les deux principes que je viens d'énoncer,
» reprend Mirabeau, indiquent déjà la réponse
» qu'il semble que le roi doive faire à la cour
» d'Espagne ; mais je vais entrer dans quelques
» détails ultérieurs : nous avons à examiner notre
» alliance avec l'Espagne, son utilité, sa forme,
» nos moyens, la position actuelle de cette puis-
» sance, et les vues apparentes de l'Angleterre. »

Ici l'orateur s'attache particulièrement au
pacte de famille ¹, qui liait les intérêts de l'Espagne
à la France, et conclut à ce que nous en conser-
vions toutes les stipulations qui ne dérogent
point aux principes énoncés sur l'abandon de
toute agression, de toute conquête de la part de
la France. A ces conditions, il propose au nom
du comité diplomatique, dont il est l'organe, que

¹ Le *pacte de famille* est un traité négocié par M. de
Choiseul avec la cour d'Espagne sous le règne de
Charles III, pour garantir réciproquement aux membres de la famille de Bourbon leurs possessions et
leurs droits respectifs. Il fut signé à Paris le 15 août
1761.

le pacte de famille soit maintenu, puis il ajoute :

« Ce traité porte le nom de *pacte de famille ;*
» et il n'est aucun de nos décrets qui n'ait an-
» noncé à l'Europe que nous ne reconnaîtrions
» désormais que des *pactes de nation.* Ce même
» traité, préparé par un ministre français dont
» l'ambition brûlait de réparer les humiliations
» d'une guerre malheureuse, renferme plusieurs
» articles propres à lier l'Espagne à ses vues, et
» à nous secourir dans le cas même où nous au-
» rions été agresseurs. Or, puisque nous renon-
» çons à observer de pareilles clauses envers les
» autres, ne les réclamons pas pour nous-mêmes.

» Il est des articles qui doivent être ratifiés :
» ceux qui sont relatifs à la garantie réciproque
» des possessions, aux secours mutuels que les
» deux nations doivent se donner, aux avantages
» de commerce qu'elles s'assurent ; d'autres ont
» besoin d'être éclaircis, car vous ne pouvez pas
» souffrir même l'apparence des clauses offen-
» sives, auxquelles, les premiers dans l'Europe,
» vous avez donné l'exemple de renoncer. »

Il propose ensuite de charger le comité diplomatique d'examiner les divers articles du
pacte de famille, pour en faire un acte national.
« Ici, ajoute Mirabeau, l'intérêt de l'Espagne sera
» d'accord avec le vôtre.

» Qu'est-ce en effet qu'un pacte de cabinet à
» cabinet? Un ministre l'a fait, un ministre peut
» le détruire; l'ambition l'a conçu, la rivalité
» peut l'anéantir; souvent l'intérêt personnel d'un
» monarque l'a seul dicté, et la nation qui en est
» l'unique garant n'y prend aucune part. Il n'en
» serait pas ainsi d'un pacte vraiment national,
» qui assermenterait en quelque sorte deux pays
» l'un à l'autre, et qui réunirait à la fois de grands
» intérêts et de puissants efforts. Ce pacte seul
» lie chaque individu par la volonté générale,
» produit une alliance indissoluble, et a pour
» base inébranlable la foi publique.»

De nombreux applaudissements vinrent agréablement frapper les oreilles de Mirabeau. La doctrine philanthropique qu'il professait était tout-
à-fait dans les principes de ceux qui l'écoutaient,
surtout des patriotes qui attendaient de la révolution des résultats bien différents de ceux qu'elle
a eus.

Les propositions de Mirabeau furent renvoyées
au comité diplomatique; elles n'en sortirent plus;
un traité de paix, signé le 28 septembre de la
même année, entre l'Espagne et l'Angleterre,
c'est-à-dire moins d'un mois après l'ouverture de
ce débat, en rendit la continuation inutile. On
ne douta pas que l'espoir d'amener quelque

chance favorable aux projets conçus en faveur du roi de France n'ait été le premier mobile des hostilités dont ces deux puissances eurent l'air de se menacer. Mirabeau était déjà trop avant dans les intrigues des royalistes pour l'ignorer entièrement; mais le biais qu'il prit satisfit également les deux partis, et lui offrit une occasion de développer des principes raisonnables en matière diplomatique, et des théories politiques qui ne pouvaient que servir à relever son crédit.

Une circonstance bien plus importante vint encore à son secours; elle lui offrit un moyen de se montrer plus que jamais ami de la révolution, en concourant à la fonder sur la plus solide base, celle de la fortune publique, par la vente des domaines nationaux.

Il s'agissait de savoir si les effets donnés en remboursement aux créanciers de l'état seraient en quittances de finance, comme le proposait M. l'abbé de Montesquiou au nom du comité, dont il était rapporteur, ou en assignats à la volonté des créanciers, ou seulement dans cette dernière monnaie [1].

Mirabeau sentit tout de suite les avantages qu'offrait à la révolution ce dernier mode de

---

[1] Séance du 27 août 1790.

paiement; il le soutint avec force et avec toute la subtilité de sa dialectique. Il avait l'avantage de parler dans son opinion et dans le sens de la révolution; mais quelque intéressants qu'aient été les discours qu'il prononça, nous en ferons le sacrifice en partie, nous bornant aux passages qui offrent le plus d'intérêt et d'instruction aujourd'hui.

« Étonné d'abord, effrayé même, je l'avoue, de » la mesure des assignats-monnaie', et néanmoins, » ne voyant guère comment nous en passer au » milieu de tant d'embarras et avec si peu de » choix dans les ressources, je m'étais réduit au » silence sur cette matière, abandonnant cette dé-» cision hasardeuse à des esprits plus exercés ou » plus confiants que moi, mais n'en suivant pas » moins avec l'inquiétude des doutes et de l'intérêt » du patriotisme tous les mouvements que la nou-» velle création des assignats devait imprimer

---

' Ils avaient été décrétés dans la séance du 19 décembre 1789; on en avait créé pour quatre cents millions. Depuis lors l'émission des assignats s'est élevée successivement, en sorte qu'au 21 fructidor an IV, il y en avait eu pour 45,578,810,040 francs de mis en circulation; on mit en outre depuis germinal jusqu'au 24 fructidor de la même année pour 2,400,000,000 de mandats en circulation.

» aux affaires ; aujourd'hui , muni de l'expérience
» et de réflexions nouvelles, voyant la crise où
» nous nous trouvons, et les menaces de l'avenir,
» pressé d'ailleurs par les projets qui vous ont été
» soumis, je me suis décidé sur toutes ces cir-
» constances réunies, et je ne balance pas à vous
» exposer mon opinion actuelle sur le seul parti
» sage et conséquent que ces circonstances solli-
» citent. . . . .

» Qu'avez-vous pensé quand vous avez créé
» des assignats-monnaie ? qu'avez-vous dit à ceux
» dans les mains de qui vous faisiez passer ce
» gage de fidélité ? Vous avez pensé que la vente
» des biens sur lesquels ce gage est assis s'effec-
» tuerait incontestablement , quel qu'en fût le
» terme ; vous avez dit aux porteurs d'assignats:
» Voici des fonds territoriaux ; la nation engage
» son honneur et sa bonne foi à les échanger en
» nature, ou à échanger le produit de leur vente
» contre ces assignats qui les représentent; et si
» l'argent lui-même n'est qu'une représentation
» des biens de la vie, vous avez pu donner et
» l'on a dû recevoir comme de l'argent cette re-
» présentation de propriétés territoriales qui sont
» la première des richesses. . . . .

» Je pense donc, messieurs , après l'heureux
» essai que nous avons fait, et en partant des

» lumières répandues sur cette matière, je pense
» que nous ne devons point changer de marche
» et de système; que nous pouvons, que nous
» devons accomplir ce que nous avons com-
» mencé; que nous devons faire pour la libération
» de la dette nationale une opération qui n'ad-
» mette d'autre intermédiaire entre la nation dé-
» bitrice et ses créanciers que la même espèce
» de papier actuellement en circulation, que ces
» mêmes assignats-monnaie dont les fonds natio-
» naux et la nation entière garantissent le paie-
» ment.

» Je propose d'acquitter dès à présent la dette
» exigible, la dette arriérée, et la finance des
» charges supprimées. C'est à cette partie de la
» dette publique que je borne le remboursement
» actuel que nous devons faire, et je propose
» pour cela une émission suffisante d'assignats-
» monnaie; car les émissions partielles pourraient
» bien apporter quelques facilités momentanées
» au trésor public, mais, tout en affaiblissant le
» gage national, elles ne changeraient pas l'état
» de la nation. . . . .

» Osons, messieurs, fixer le mal dans son
» étendue, ou plutôt pénétrons-nous de cette
» espérance, tout se ranimera: les affaires mar-
» cheront vers un rétablissement général; les es-

» prits, agités par le besoin et par la crainte,
» reprendront leur calme quand l'industrie sera
» réveillée, quand les bras trouveront de l'occu-
» pation, quand un ressort énergique sera em-
» ployé à un mouvement nécessaire, quand enfin
» la circulation des espèces, par des moyens
» sages et faciles, atteindra les classes moins ai-
» sées de la société. . . . .

» Eh! messieurs, si vous aviez dans les mains
» un moyen simple et déjà éprouvé de multiplier
» les défenseurs de la révolution, de les réunir
» par l'intérêt aux progrès de vos travaux; si vous
» pouviez réchauffer par quelque moyen, en fa-
» veur de la constitution, ces âmes froides, qui,
» n'apercevant dans les révolutions des gouver-
» nements que des révolutions de fortunes, se de-
» mandent. Que perdrai-je? que gagnerai-je? si
» vous pouviez même changer en amis et en sou-
» tiens de la constitution ses détracteurs et ses
» ennemis, cette multitude de personnes souf-
» frantes qui voient leur fortune comme ense-
» velie sous les ruines de l'ancien gouvernement,
» et qui accusent le nouveau de leur détresse;
» si, dis-je, il existait un moyen de réparer tant
» de brèches, de concilier tant d'intérêts, de rece-
» voir tant de vœux, ne trouveriez-vous pas que
» ce moyen joindrait de grands avantages à celui

»de faire face à nos besoins, et que la saine po-
»litique devrait s'empresser·de l'accueillir?

»Or considérez, je vous supplie, les assignats-
»monnaie sous ce point de vue, ne remplissent-
»ils pas éminemment cette condition? Vous hé-
»siteriez à les adopter comme une mesure de
»finance, que vous les embrasseriez comme un
»moyen sûr et actif de la révolution. Partout où
»se placera un assignat-monnaie, là sûrement
»reposera avec lui un vœu secret pour le crédit
»des assignats, un désir de leur solidité; par-
»tout où quelque partie de ce gage public sera
»répandue, là se trouveront des hommes qui
»voudront que la conversion de ce gage soit ef-
»fectuée, que les assignats soient échangés contre
»des biens nationaux; et comme enfin le sort de
»la constitution tient à la sûreté de cette res-
»source, partout où se trouvera un porteur d'as-
»signats, vous compterez un défenseur néces-
»saire de vos mesures, un créancier intéressé à
»vos succès.»

Mirabeau s'attache à faire voir la contradiction
qui règne dans les vues de certaines personnes.
Elles veulent vendre les domaines nationaux, et
elles n'offrent rien qui remplace le numéraire
pour en faire l'acquisition. «Certes, dit-il, ce
»serait là le chef-d'œuvre de l'invention et la

» pierre philosophale des finances, si sans argent
» et sans rien qui le remplace, au sein d'une
» inertie qui nous tue, nous trouvions le moyen
» de vivifier tout-à-coup, et de ressusciter comme
» par miracle, travail, industrie, commerce,
» abondance! »

Mais, lui-disait-on, l'immense émission de ce
signe monétaire en produira l'avilissement, et
par conséquent la ruine de ceux qui y auront
placé leur confiance.

« Je ne crois pas, répondait-il, que ce soit sé-
» rieusement qu'on craigne une espèce de submer-
» sion des assignats, si on les accroît en quan-
» tité suffisante et proportionnée au paiement
» de cette partie de la dette que j'ai indiquée.
» Je dis que la société est dissoute, ou que nos
» assignats valent des écus, et doivent être re-
» gardés comme des écus. . . . .

» Vous craignez la trop grande abondance du
» numéraire, dites-vous; mais est-il quelqu'un
» qui puisse nous dire quelles bornes on doit
» mettre à son émission, pour qu'il n'excède pas,
» dans un royaume comme la France, les besoins
» de l'industrie agricole, de manufacture et du
» commerce?

» Est-il quelqu'un qui ait pu faire ce calcul,
» même dans l'ancien régime, où tout était gêné,

» étranglé, par les priviléges et les prohibitions? à
» plus forte raison dans ce nouveau système de
» la liberté, où le commerce, les arts, l'agri-
» culture, doivent prendre un nouvel essor, et
» demanderont, sans doute, pour s'alimenter de
» nouveaux moyens dont le calcul ne peut fixer
» l'étendue : je pense donc, et j'ai mille raisons
» de penser que nous aurons à l'avenir plus be-
» soin de numéraire que jamais, et que la plus
» haute quantité que nous en ayons jamais eue
» pouvait être plus que doublée sans que nous
» éprouvassions cet engorgement que l'on pour-
» rait craindre... »

Un débat de cette importance ne pouvait se
terminer en une seule séance. Dans la dernière[1],
où la question fut décidée en faveur des assignats
par un décret, Mirabeau fit de nouveaux efforts
pour répondre aux nombreuses objections que
présentait son opinion ; mais elle était aussi celle
de la majorité de l'assemblée, qui, comme lui,
voyait dans ce papier une garantie et une sûreté pour la révolution.

La majeure partie du discours qu'il prononça
perdrait de son intérêt aujourd'hui; les talents
oratoires qu'il y développa ne s'appliquaient

[1] 27 septembre 1790.

qu'au moment, et ils furent d'autant plus remarquables, qu'en tout ce sont toujours les circonstances qui influent le plus sur l'esprit des
hommes, et qu'elles offrent d'autant plus d'obstacles à la persuasion, qu'elles se trouvent plus
opposées aux principes que l'orateur établit. Le
triomphe de celui-ci en est plus grand, et ce
fut celui de Mirabeau.

Il ne se borna pas à éclaircir la matière et à
faire prévaloir sa doctrine sur celle de ses adversaires par le raisonnement, il dénonça en même
temps à l'assemblée les menées employées contre
la grande mesure pour laquelle il se déclarait.

« Comment souffrir, dans l'affaire importante
» qui nous occupe, messieurs, qu'on emploie plus
» de mouvements pour diviser les opinions des
» citoyens, qu'il n'en faudrait pour les éclairer
» et les réunir? Ignore-t-on les menées, les insti-
» gations, les instances que l'on s'est permises ?
» Ignore-t-on qu'après avoir fait parler l'aveugle
» intérêt et soufflé son rôle à l'ignorance, on vient
» ensuite nous donner ce résultat comme le ju-
» gement libre et réfléchi de l'expérience et des
» lumières, comme le vœu respectable des ma-
» nufactures et du commerce? Est-ce là cet ora-
» cle pur de l'opinion publique qui devait nous
» servir de guide? N'est-ce pas plutôt la voix dé-

»guisée d'un égoïsme astucieux qu'il nous suffit
» de connaître pour le repousser ?...

» Il n'est pas dans la nature des choses, dans
» les conjonctures calamiteuses où nous sommes,
» d'user d'un moyen qui n'offre aucune difficul-
» té; celui des assignats-monnaie, sans doute,
» n'en est pas exempt. Ce n'est point ici l'objet
» d'un choix spéculatif et libre en tout point;
» c'est une mesure indiquée par la nécessité;
» celle qui nous semble le mieux répondre à tous
» les besoins, qui entre dans tous les projets qui
» vous ont été offerts, et qui nous donne au
» moins quelque empire sur les événements et sur
» les choses.

» Ainsi, messieurs, tout doit fortifier votre
» courage. Si vous aviez prêté l'oreille jusqu'à ce
» jour à toutes les instances des préjugés, des
» vues particulières et des folles craintes, votre
» constitution serait à refaire; aujourd'hui, si
» vous défériez à tous ces intérêts privés qui se
» croisent et se combattent les uns les autres,
» vous finiriez par composer avec le besoin, vous
» concilieriez mal les opinions, et la chose publi-
» que resterait en souffrance. C'est d'une hauteur
» d'esprit qui embrasse les idées générales que
» doivent partir les lois des empires. Un adminis-
» trateur qui viendrait nous vanter l'art de mé-

» nager tous les détails, commé formant le vé-
» ritable génie de l'administration, vous donne-
» rait sa mesure : il vous apprendrait bien le se-
» cret de tous les embarras qui ont fatigué sa
» marche, mais il ne vous apprendrait pas celui
» d'assurer la vôtre : oser être grand, savoir être
» juste, on n'est législateur qu'à ce prix. »

L'assemblée était restée, en quelque sorte, in-
certaine sur la détermination qu'elle devait prendre, jusqu'à ce qu'elle eût entendu une seconde
fois Mirabeau. Le succès de l'orateur fut complet ; il répondit victorieusement aux difficultés
qu'on opposait à l'émission d'une aussi grande
quantité d'assignats, et surtout à l'obligation
de les recevoir comme monnaie courante. Son
discours entraîna la conviction du plus grand
nombre des députés ; et, après avoir entendu
encore quelques uns d'eux sur des amendements proposés, l'assemblée décréta, à la majorité de cinq cent cinquante-deux voix contre
quatre cent vingt-trois, une émission de huit
cents millions d'assignats forcés et sans intérêt,
lesquels seraient employés à l'acquit de la dette
non constituée. Il ne pouvait en être fait de
nouveaux que par un décret du corps législatif,
et toujours sous la condition qu'ils ne puissent excéder la valeur des biens nationaux, ni

se trouver au-dessus de douze cent millions en circulation.

L'assemblée nationale marchait rapidement vers le but qu'elle s'était proposé; aussi chaque jour le cours de ses opérations offrait-il à Mirabeau de nouvelles occasions de se signaler parmi les partisans du pouvoir immense qu'elle exerçait.

Au nombre des travaux qui en occupaient les séances, on peut mettre l'importante question de savoir si les électeurs pourraient choisir parmi eux les fonctionnaires publics qu'ils auraient à nommer. Mirabeau pensait que non : l'assemblée n'adopta pas son opinion. Je n'en rapporterai pas moins les principaux motifs développés dans le discours qu'il prononça pour la faire prévaloir [1]; ils méritent d'autant plus d'attention, qu'il s'agit de principes, et qu'en pareille matière Mirabeau montra toujours une perspicacité qui doit faire rechercher tout ce qu'il a dit pour les soutenir.

« Messieurs, dit-il, vous avez décidé qu'il y » aurait des corps électoraux, c'est-à-dire que » les électeurs, une fois nommés dans les as- » semblées de cantons , exerceront pendant

[1] Séance du 7 septembre 1790.

»deux ans le pouvoir qui leur aura été confié.
» Le désir de simplifier l'administration, de ren-
»dre les assemblées populaires moins fréquen-
»tes, et d'épargner au peuple le seul impôt
»qu'aucun avantage ne compense, celui de la
»perte du travail, vous a inspiré cette mesure;
»elle m'a fourni aussi l'idée d'un article addi-
»tionnel que j'en crois inséparable, et sur lequel
»je demande l'attention de l'assemblée.

»Comme le despotisme est la mort du gou-
»vernement purement monarchique, les factions,
»les brigues, les cabales, sont le poison du gou-
»vernement représentatif. On intrigue d'abord
»parceque l'on croit servir la chose publique,
»on finit par intriguer par corruption. Tel qui
»ne recueille des suffrages que pour son ami,
»les donnerait bientôt à l'homme puissant qui
»les échangerait pour des services, au despote
»qui les achèterait avec de l'or. Lorsqu'une in-
»fluence quelconque s'exerce sur des suffrages,
»les choix populaires paraissent être libres; mais
»ils ne sont ni purs ni libres, ils ne sont plus le
»fruit de ce premier mouvement de l'âme qui
»ne se porte que sur le mérite et la vertu. Cette
»influence étrangère qui ravirait ainsi au peuple
»sa propre souveraineté serait bien plus dange-
»reuse pour celui dont les institutions n'ont

» point encore pu changer le caractère, et dont
» le caractère, même sous le despotisme, c'est-à-
» dire dans un temps où la moitié de nos défauts
» était cachée, a paru toujours très susceptible
» de cet esprit de parti qui se nourrit de petites
» intrigues, de cet esprit de rivalité qui inspire
» les cabales, de cet esprit de présomption am-
» bitieuse qui porte à rechercher toutes les pla-
» ces sans les mériter. Partout où ce genre des-
» tructeur infecte et vicie les élections publiques,
» le peuple, dégoûté de ses propres choix parce-
» qu'ils ne sont plus son ouvrage, ou se décou-
» rage, ou méprise les lois. Alors naissent les fac-
» tions, et les officiers publics ne sont plus que
» les hommes d'un parti; alors s'introduit la plus
» dangereuse des aristocraties, celle des hommes
» ardents contre les citoyens paisibles, et la car-
» rière de l'administration n'est plus qu'une arène
» périlleuse; alors le droit d'être flatté, de se lais-
» ser acheter et corrompre une fois chaque
» année, est le seul fruit, le fruit perfide que le
» peuple retire de sa liberté.

» Un seul moyen est propre à prévenir le
» danger des élections populaires; il est sévère,
» mais conforme aux règles; il est surtout indis-
» pensable depuis que vous avez changé les ras-
» semblements d'électeurs en corps permanents

» Le citoyen chargé d'une fonction publique ne
» peut déserter son poste pour en prendre un
» autre. Appliquez ce principe aux électeurs: si
» leurs fonctions doivent durer deux années, ils
» ne peuvent remplir aucune autre place, ni sur-
» tout se la donner à eux-mêmes. Par là, vous
» allez tarir la source de la plupart des intrigues
» qui agiteraient les corps électoraux[1]; par là, le
» nombre des citoyens éligibles ne sera plus borné
» aux seuls nominateurs; par là, l'estimable ci-
» toyen qui, par les préventions populaires de
» son canton, n'aura pu devenir élécteur, ne sera
» point exclu par le fait de toutes les places; par
» là surtout, et par ce seul moyen, vous parerez
» à l'inconvénient des fréquentes assemblées de

---

[1] Je ne vois pas cela. Les candidats extérieurs feront intriguer dans l'assemblée, à commencer par les partisans du ministère. Et puis, pourquoi exclure des fonctions supérieures, des hommes qui ont déjà reçu une preuve de confiance dans le choix qu'on en a fait comme électeurs? Ajoutez que l'espoir d'être nommés par l'assemblée entretient dans les électeurs le zèle de s'y trouver. Chez un peuple léger, il faut surtout soutenir ce zèle. Ces observations au reste supposent que les droits politiques ne sont point attachés au *système propriétaire*, le moins généreux comme le plus illibéral de tous; c'est une véritable *féodalité*, aussi fâcheuse que l'ancienne.

» canton : car si les électeurs s'élisent eux-mêmes,
» bientôt à la seconde, à la troisième élection, le
» corps électoral ne sera plus complet, à moins
» que vous ne décidiez que l'administrateur et le
» magistrat sortis y rentreront par les nouvelles
» élections, en y portant, ou au moins en pou-
» vant y porter la plus redoutable influence.

» Je n'ignore pas que le moyen que j'indique
» ne fera pas cesser toutes les brigues ; je sais que
» l'on cabalera pour autrui lorsqu'on ne pourra
» plus intriguer pour soi-même ; et la permanence
» du corps électoral fournira un moyen de plus
» aux cabaleurs, en leur permettant de connaître
» parfaitement le clavier sur lequel ils pourront
» s'exercer pendant deux années. Parcequ'il n'est
» pas au pouvoir du législateur de prévenir de
» coupables manœuvres, s'ensuit-il qu'il ne doive
» pas en diminuer le nombre ? La cabale aura
» bien moins d'activité, elle sera bien moins
» scandaleuse, lorsqu'elle n'aura plus pour objet
» un des membres de l'assemblée électorale, c'est-
» à-dire un citoyen prêt à combattre ou à com-
» poser avec son parti, prêt à se venger s'il
» échoue, ou à se donner lui et les siens, si on
» veut le seconder à ce prix. »

Mirabeau conclut donc par proposer qu'à
compter des élections prochaines, les fonctions

d'électeurs soient déclarées incompatibles avec toute autre fonction publique. Sa proposition, renvoyée à l'examen du comité de constitution, ne fut point adoptée par l'assemblée ; elle parut trop peu favorable au système démocratique, qui prévalait alors, et dont le but était de réunir le plus possible de pouvoir entre les mains du peuple et d'attributions à ses délégués immédiats.

Une accusation intentée contre Mirabeau vers la même époque [1], et dont il se défendit avec beaucoup de succès, semble se rattacher aux démarches qu'il faisait déjà pour s'assurer d'un appui conforme à ses vues et aux plans qu'il avait déjà proposés à la cour : ses dénégations et ses sarcasmes contre son accusateur ne détruisent pas la vraisemblance du fait d'une manière assez victorieuse pour qu'on ne puisse y apercevoir un fonds de réalité que dévoila depuis la connaissance de sa conduite secrète.

Un certain M. Trouard de Riolles, qui se donnait comme employé par la cour dans des projets de contre-révolution, fut arrêté à Bourgoin en Dauphiné, allant en Savoie. On trouva sur lui divers papiers, une lettre entre autres, dont les premières lignes étaient : *Mirabeau l'aîné est un*

---

[1] 11 septembre 1790.

scélérat. A la lecture qu'en fit le rapporteur de l'affaire, Mirabeau s'adressant à lui: « Monsieur » le rapporteur, dit-il, vous avez eu la bonté de » me communiquer les pièces, et je crois avoir lu, » *Mirabeau l'aîné est un infâme scélérat.* Il est » bon de montrer, sous ses véritables couleurs » le portrait que mon fidèle agent fait de moi. »

Cette observation était adroite et dans le caractère de Mirabeau, mais elle ne détruisait pas le bruit accrédité que ce M. Trouard était un de ses confidents, ou plutôt de ses agents secrets. On avait trouvé sur lui une lettre du comte, et, quoiqu'elle ne fût pas de son écriture, on la présentait comme une preuve de coupables menées et d'intrigues avec les contre-révolutionnaires. L'accusation paraissait si absurde contre un député aussi populaire, qu'on fut étonné de le voir se défendre sérieusement, quoique d'une manière indirecte, des faits qu'on lui attribuait. Il prit la parole et dit :

« Je ne monte point à cette tribune, messieurs, » pour éclaircir les confabulations qu'on vient de » vous présenter; je viens seulement vous apprendre comment j'ai connu M. de Riolles. Je » l'ai vu comme cinq ou six cents de nous à Versailles, à Paris, partout et en tout lieu; je l'ai » connu comme un homme qui exploitait plus ou

» moins froidement tous les hommes qui se mê-
» laient des affaires publiques : mais je n'ai ja-
» mais eu avec lui de relations particulières. C'est
» un homme comme il y en avait au temps où
» l'on s'amusait à voir des fous dans les cours ;
» tantôt aristocrate, tantôt démocrate, aujour-
» d'hui enragé dans un sens, demain dans un
» autre : jugez si tout cela pouvait me donner
» beaucoup de confiance en lui. Il prétend m'a-
» voir adressé des mémoires; je ne dirai ni oui
» ni non. Je reçois à peu près cent lettres par
» jour, il m'est aussi parvenu des milliers de mé-
» moires ; j'en ai lu quelques uns, il y en a beau-
» coup que je n'ai pas lus, et que probablement
» je ne lirai pas. Il est très possible que les mé-
» moires de M. de Riolles se trouvent parmi ceux-
» là ; ce que je puis dire, c'est qu'il ne m'a rien
» envoyé à ma provocation. Depuis long-temps
» mes torts et mes services, mes malheurs et mes
» succès, m'ont également appelé à la cause de
» la liberté; depuis le donjon de Vincennes et les
» différents forts du royaume, où je n'avais pas
» élu domicile, mais où j'ai été arrêté par diffé-
» rents motifs, il serait difficile de citer un fait,
» un écrit, un discours de moi, qui ne montrât
» pas un grand et énergique amour de la liberté.
» J'ai vu cinquante-quatre lettres de cachet dans

» ma famille ; oui, messieurs, cinquante-quatre,
» et j'en ai eu dix-sept pour ma part : ainsi vous
» voyez que j'ai été partagé en aîné de Norman-
» die. Si cet amour de la liberté m'a procuré de
» grandes jouissances, il m'a donné aussi de
» grandes peines et de grands tourments. Quoi
» qu'il en soit, ma position est assez singulière.
» La semaine prochaine, à ce que le comité me
» fait espérer, on fera le rapport d'une affaire où
» je joue le rôle d'un conspirateur factieux[1] ;
» aujourd'hui on m'accuse comme un conspira-
» teur révolutionnaire. Permettez que je demande
» la division. Conspirateur pour conspirateur,
» procédure pour procédure, s'il faut même,
» supplice pour supplice, permettez que je sois
» un martyr révolutionnaire. »

L'accusation n'eut pas d'autres suites ; Mirabeau fut applaudi, et M. de Riolles, envoyé devant le tribunal du Châtelet, chargé de prononcer
sur les crimes de haute trahison, fut mis en liberté au mois de janvier suivant.

Il y avait près d'un an que ce tribunal avait
été saisi de la procédure concernant les attentats commis à Versailles dans les journées
des 5 et 6 octobre. De nombreuses enquêtes

[1] L'affaire des journées des 5 et 6 octobre 1789.

avaient été faites, des informations, des dépositions de toute espèce entendues ; ces opérations avaient exigé beaucoup de temps sans doute, mais ce long délai semblait annoncer des intrigues secrètes, et des vues étrangères à la marche des tribunaux.

Parmi les divers sujets d'inquiétude qu'avait la cour sur les suites des projets conçus en sa faveur, l'arrestation de M. Bonne-Savardin et sa mise en jugement l'avaient occupée fortement. Elle avait craint qu'il n'eût ni la retenue ni la résignation du marquis de Favras, et qu'il ne donnât des détails sur ce qu'on appelait la *Conspiration de Maillebois*, une des plus insensées de toutes celles qu'enfantèrent les imprudents et aveugles amis de la cour.

Le comte de Saint-Priest[1], qui partagea tou-

[1] J'ai déjà dit un mot de M. de Saint-Priest ; j'achèverai de le faire connaître ici.

M. Guignard, comte de Saint-Priest, ministre de la maison du roi en 1789, avait été ambassadeur à Constantinople ; renvoyé avec M. Necker au 11 juillet de la même année, avec M. Necker il partagea un moment la faveur populaire que cette disgrâce apparente lui procura. Le comité des recherches de la commune de Paris l'impliqua dans l'affaire de M. Bonne-Savardin. Il avait été précédemment dénoncé par Mirabeau et s'était jus-

jours la confiance du roi, et qui se trouvait impliqué dans la dénonciation contre M. de Savardin, persuada à la reine et au roi qu'on pouvait opposer procédure à procédure, et contenir les ennemis de la cour par la crainte des suites que

tifié de cette accusation. Il quitta la France sur la fin de 1790, devint un des membres du conseil que le roi aujourd'hui régnant assembla à Vérone en 1795.

Bonaparte ayant ouvert les portes de la France aux émigrés, M. de Saint-Priest en profita pour y rentrer en 1800.

« C'était, dit le marquis de Ferrières, celui de tous » les ministres du roi que les révolutionnaires haïssaient » le plus. Il était très dévoué au roi et ennemi de l'as- » semblée nationale ; il avait de la fermeté et des con- » naissances, mais manquait de la capacité nécessaire » pour conduire les affaires dans un moment aussi diffi- » cile. Il écoutait tous les faiseurs de projets, tous les » charlatans politiques : un homme lui proposait des plans » ridicules ; sans examiner les temps, l'influence de l'opi- » nion publique, M. de Saint-Priest leur donnait son » assentiment et des récompenses à leurs auteurs. Il se » jetait perpétuellement dans des entreprises mal com- » binées, mais il évitait de se compromettre, et agissait » par des intermédiaires qu'il pouvait désavouer. »

M. de Saint-Priest, né à Grenoble en 1735, est mort à Paris le 26 février 1821. Il a laissé un fils, gentilhomme d'honneur et aide-de-camp de S. A. R. le duc d'Angoulême, au moment où j'écris ceci.

pouvait avoir contre deux députés populaires
(le duc d'Orléans et Mirabeau) celle qui s'in-
struisait sur l'affaire d'octobre.

Ce fut le 7 août 1790 que le Châtelet vint
rendre compte à l'assemblée du résultat de ses
opérations. « Nous allons, dit avec une emphase
» ridicule M. Boucher d'Argis ¹, déchirer le voile
» qui couvrait une procédure malheureusement
» trop célèbre; *ils vont être connus ces secrets pleins*
» *d'horreur;* ils vont être révélés ces forfaits qui
» ont souillé le palais de nos rois. Devions-nous
» le prévoir, lorsque vous nous avez confié la

¹ M. Boucher d'Argis était lieutenant particulier au
Châtelet; il avait refusé la place de lieutenant civil, où
le roi l'avait nommé en remplacement de M. Talon, si
connu par les richesses qu'il amassa dans la manutention
des dépenses secrètes de la cour. M. Boucher était un
homme honnête, tenant de toutes ses forces à l'ancien
ordre des choses; instruit, mais qu'égarèrent les impres-
sions qu'il recevait des intrigants des Tuileries. Il mourut
sur l'échafaud de la terreur le 23 juillet 1794, digne
d'une plus heureuse destinée.

Le fanatisme oratoire de son discours à l'assemblée
lui nuisit beaucoup dans l'esprit des gens sages, et causa
sa perte plus tard. Il a laissé quelques écrits estimables
sur les lois criminelles et sur la morale, entre autres,
parmi ces derniers, un très inutile traité de l'*éducation
des souverains.*

»fonction de poursuivre les crimes qui atta-
»quaient la liberté naissante, que nous serions
»l'objet des plus atroces calomnies? Nous les
»braverons, nous ne cesserons de remplir nos
»devoirs. Tant d'efforts annoncent assez ce que
»les ennemis du bien public ont craint d'une
»procédure qui doit tout éclairer. Ont-ils pu
»penser qu'ils intimideraient, par tant de mena-
»ces violentes et répétées, des magistrats qui
»ont su résister au despotisme ministériel[1]? Plus
»forts aujourd'hui de toute l'énergie que donne
»aux citoyens la liberté que nous avons recou-
»vrée, ils ne craindront aucun danger pour l'af-
»fermir et la séparer de la licence. Nous devons
»distinguer dans cette procédure les citoyens qui
»ont été guidés par l'enthousiasme de la liberté,
»des hommes coupables qui, sous le masque du
»civisme, ont égaré la multitude pour la rendre
»complice de leurs crimes. Mais quelle a été
»notre douleur lorsque nous avons reconnu
»parmi les accusés deux membres de cette au-
»guste assemblée! Ah! sans doute ils s'empres-

[1] Boucher d'Argis fait allusion à l'opposition que mit
le Châtelet, ainsi que le parlement, à l'établissement
des grands bailliages et de la *cour plénière*, avec lesquels
Louis XVI permit que l'archevêque de Toulouse essayât
de bouleverser le royaume, ce qu'il fit.

» seront de descendre dans l'arène, et de sollici-
» ter la poursuite d'une procédure dont le com-
» plément, nous devons l'espérer, mettra au jour
» leur innocence. »

Mirabeau savait d'avance qu'il était un des
principaux accusés, et comme il n'ignorait aucune des intrigues pratiquées entre. les juges et
ses ennemis à la cour, son étonnement fut moins
grand de l'attaque du Châtelet : ce qui le frap-
pait de surprise, c'est qu'ayant fait de nouvelles
ouvertures au ministre pour présenter un grand
plan au roi, et étant en négociations pour proposer les moyens de le mettre à exécution, il
ne concevait rien au contre-sens de ces hostilités
inattendues contre lui. Il les attribua à la versatilité du monarque, aux menées des faiseurs de
projets, jaloux de son crédit, dont ils craignaient
l'asservissement; il y voyait la cour et ses fausses
démarches; il ne doutait nullement qu'elle n'eût
cru par ce moyen l'effrayer lui-même, et le
rendre obséquieux dans tout ce qu'elle voudrait
faire, heureux qu'il se croirait d'avoir échappé
à un aussi grand danger.

Telles sont les pensées qui durent occuper
l'esprit de Mirabeau dans ce moment, et dont
mille antécédents le mettaient à même d'apprécier
la justesse.

Cependant la vue de cette énorme procédure, étalée aux yeux de l'assemblée, y excita deux mouvements opposés. Les royalistes et tout le côté droit triomphèrent en voyant leur vengeance assurée. Les modérés, et ceux qui ignoraient les intrigues que l'on faisait jouer, parurent étonnés : ils pensaient qu'après un an écoulé dans un état de choses qui demandait que, loin d'irriter les esprits, on cherchât à les calmer, on aurait dû laisser tomber dans l'oubli la procédure et les dénonciations des 5 et 6 octobre. Ceux qu'on appelait orléanistes, les députés patriotes et les ardents démocrates, ne dissimulèrent point leur colère et leur animosité contre la cour et le Châtelet, qui s'en était rendu l'instrument docile. Quoique les députés accusés dans le discours de Boucher d'Argis n'eussent point été nommés, personne n'ignorait qu'ils ne fussent le duc d'Orléans et Mirabeau. L'agitation était extrême dans l'assemblée, et il était visible, pour tout œil exercé, que la majorité était opposée à toute espèce d'atteinte portée à la dignité et à l'inviolabilité de ses membres.

Mirabeau sut profiter habilement de ce mouvement favorable, et montant à la tribune d'un grand sang-froid : « Messieurs, dit-il, notre » marche est tracée ; les principes sont posés,

» reconnus, consacrés; l'assemblée n'est ni accu-
» sateur ni juge; une seule chose la concerne,
» c'est de connaître les charges qui, après dix mois,
» conduisent à inculper deux de ses membres.
» Tel est l'esprit de la loi de l'inviolabilité;
» l'assemblée nationale a voulu qu'aucun de ses
» membres ne fût mis en cause sans qu'elle n'eût
» elle-même jugé s'il y avait lieu à action et à
» accusation. Je ne sais sous quel rapport on parle
» de décrets de prise de corps qu'il faudrait te-
» nir secrets, ni pourquoi on insinue la propo-
» sition du renvoi à un autre tribunal.

» Certes, il serait commode qu'après dix mois
» d'une procédure secrète, qu'après avoir em-
» ployé dix mois à multiplier, à répandre les
» soupçons, les inquiétudes, les alarmes, les ter-
» reurs contre de bons et de mauvais citoyens,
» le tribunal du Châtelet, dont l'histoire sera
» peut-être nécessaire à la parfaite instruction
» de cette affaire, cessât d'être en cause et ren-
» trât dans une modeste obscurité. Je propose
» de décréter que le comité des recherches de
» l'assemblée nationale lui fera le rapport des
» charges qui concernent quelques uns des re-
» présentants de la nation, s'il en existe dans la
» procédure remise par le Châtelet de Paris sur
» les événements des 5 et 6 octobre, à l'effet

»qu'il soit décrété s'il y a lieu à accusation; voi-
»là le seul décret qui soit vraiment dans vos
»principes. »

Mirabeau n'invoquait ici qu'une mesure qui
avait été adoptée dans l'affaire de M. de Lautrect[1] : ses ennemis ne voulaient pas reconnaître
que les circonstances étaient les mêmes; ils s'o-
piniâtrèrent à proposer un décret qui satisfît
mieux leur vengeance. Néanmoins, malgré le

---

[1] M. de Lautrect, député de la noblesse de Bigorre,
se trouvant dans le château d'un de ses amis à quelques
lieues de Toulouse, reçut la visite de deux soldats de son
régiment, envoyés par la municipalité de Toulouse,
inquiète de voir si près d'elle un officier-général membre
du côté droit; elle leur avait ordonné de savoir ce qu'il
était venu faire et quelles pouvaient être ses intentions.
Les deux soldats s'y prirent adroitement. M. de Lautrect
loua leur zèle pour le roi, leur donna quelque argent et les
renvoya. Ces deux soldats accusèrent le député d'avoir
voulu les séduire par des promesses et offre d'argent,
afin de faire soulever Toulouse, et, à l'aide de la noblesse,
d'opérer une contre-révolution dans le pays.
Que M. de Lautrect ait eu ou n'ait pas eu des intentions contraires à la révolution, la municipalité de Toulouse n'en envoya pas moins un détachement de garde
nationale l'arrêter; on le conduisit à Toulouse, où on
l'interrogea : il déclara qu'il était député, et protesta contre
cette violence ; mais sa déclaration n'empêcha pas la

discours éloquent du marquis de Cazalès, soutenu de l'abbé Maury, l'assemblée, après avoir
entendu un discours de M. Chapelier, reconnut
l'identité de circonstances entre celles qui avaient
motivé le décret sur le député de la noblesse de
Bigorre, et celles où se trouvaient le duc d'Orléans
et Mirabeau dans la procédure du Châtelet. En
conséquence, après de longs et violents débats,
il fut décrété que le comité des rapports rendrait
compte des charges produites contre les deux

municipalité de le mettre en prison et de commencer
contre lui une procédure criminelle.

Cette affaire fut portée à l'assemblée nationale : on y
blâma généralement la conduite des patriotes de Toulouse ; on ajouta que, pour prévenir de pareilles entreprises, il était nécessaire qu'une loi constitutionnelle pro-
tégeât à l'avenir l'inviolabilité des députés. Les évêques
et les nobles, qui depuis voulurent refuser aux deux députés accusés par le Châtelet le bénéfice de cette inviolabilité, se joignirent au côté gauche pour faire passer le
décret : c'était le renouvellement de celui du mois de
juin 1789, mais plus développé ; il statua que nul député
accusé par les tribunaux ne pourrait être arrêté ni mis
en jugement avant que l'assemblée, sur la vue des
pièces, eût prononcé s'il y avait ou s'il n'y avait pas lieu à
accusation. La municipalité eut ordre de mettre le dé-
tenu en liberté, et l'affaire fut renvoyée au comité des
rapports, où elle resta.

députés, et qu'alors l'assemblée prononcerait s'il
y avait lieu à accusation.

« Dès lors on prévit l'issue de cet imprudent
» procès, dit le marquis de Ferrières, contempo-
» rain et témoin des événements. La cour re-
» connut avec quelle légèreté on l'avait engagée
» à le poursuivre ; les ministres, qui, à l'aide de
» ce moyen, avaient cru parer les coups que les
» jacobins et les orléanistes voulaient leur por-
» ter, s'aperçurent qu'ils n'avaient fait que hâter
» l'instant de leur propre chute. »

Le bruit que le Châtelet n'était qu'un instrument de la cour prit plus de consistance, et le
public n'en douta plus. On répandait qu'il faisait
le procès à la révolution, et qu'une fois les deux
députés mis en jugement, les vengeances des
nobles et des ministres n'auraient plus de terme.
Les districts de Paris s'en occupèrent ; ils déclarèrent que le comité des recherches de la commune n'avait ni pu ni voulu dénoncer les deux
journées ; qu'il ne s'agissait que des attentats du
6 octobre matin, commis dans le château de Versailles ; que ce qui avait eu lieu la veille n'était que
le résultat du désordre involontaire qu'un aussi
grand mouvement avait dû occasioner ; que le
peuple avait pu se méprendre dans ce qu'il avait
fait pour remédier à la disette, et empêcher l'en-

lèvement du roi qu'on lui annonçait comme projeté, mais qu'il était contre toute justice de rejeter sur lui les crimes de quelques brigands entraînés ou payés, peut-être même par les ennemis de la révolution ; que c'était contre ceux-ci qu'il fallait diriger les recherches et la procédure, et non contre tous ceux qui avaient pris part aux événements du 5 octobre, comme le Châtelet le faisait. Le comité des recherches de la commune déclara qu'il n'avait jamais dénoncé ni entendu dénoncer d'autres faits que ceux qui s'étaient passés le matin du 6 octobre au château de Versailles [1].

---

[1] Le *comité des recherches de la municipalité* avait été établi pour rechercher les menées et complots contre-révolutionnaires ; il avait en conséquence, le 23 novembre 1789, dénoncé les événements d'octobre, et, par la manière dont il s'exprimait, il paraissait évident qu'il n'entendait parler que de ceux du 6 matin. « Ce forfait exécrable, dit-»il, qui a souillé le château de Versailles dans la matinée »du 6 *octobre*, n'a eu pour instruments que des brigands »qui, poussés par des manœuvres clandestines, se sont »mêlés et confondus parmi les citoyens... Tout paraissait »paisible, grâce au zèle des gardes nationales et aux dis-»positions de leur commandant ; la confraternité et l'har-»monie régnaient partout ; on ne parlait que de re-»connaissance et d'union, lorsqu'entre cinq et six heures »du matin, le mardi, une troupe de ces bandits armés

Les partisans de la révolution conçurent une grande joie de ce qui venait de se passer à l'assemblée, ils ne la dissimulèrent point ; et tout ce que les journaux et les clubs en publièrent, fit connaître rapidement au roi et aux ministres que la popularité et la puissance de Mirabeau allaient en recevoir un accroissement considérable ; ils en conclurent qu'on ne saurait trop s'empresser d'accueillir les propositions qu'il pourrait faire.

»accompagnés de quelques femmes et d'hommes dé-
»guisés en femmes, fit, par des passages intérieurs du
»jardin, une irruption dans le château, força les gardes
»du corps en sentinelle dans l'intérieur (on sait que le
»roi refusa à M. de La Fayette d'en confier les postes
»aux grenadiers de la garde nationale parisienne), en-
»fonça les portes, se précipita vers l'appartement de la
»reine, massacra quelques uns des gardes qui veillaient
»à sa sûreté, et pénétra dans cet appartement, que sa
»majesté avait à peine eu le temps de quitter pour se
»réfugier chez le roi... Le comité estime que M. le pro-
»cureur du roi doit, en vertu de la mission qui lui a été
»donnée par les représentants de la commune, dénoncer
»les attentats ci-dessus mentionnés, ainsi que les auteurs,
»fauteurs, et complices, et tous ceux qui, par promesse
»d'argent ou par d'autres manœuvres, les ont excités et
»provoqués. Fait audit comité le 23 novembre 1789. *Si-*
»*gné* Agier, Perron, Oudan, Garran de Coulon, et
»Brissot de Warville. »

et qu'on avait peut-être trop négligées jusqu'à présent : nous verrons bientôt l'effet de ces dispositions réciproques : je reviens à la procédure et au discours que Mirabeau prononça pour sa défense à la séance du 9 octobre 1790.

Six semaines s'étaient passées depuis le 11 août, que la discussion avait eu lieu sur ce sujet, et qu'un décret avait chargé le comité de faire son rapport. Les inquiétudes et l'impatience cessèrent lorsqu'on vit le rapporteur Chabroud monter à la tribune et lire un discours très étendu, très adroit, où il conclut par déclarer qu'il n'y avait pas lieu à accusation contre MM. d'Orléans et Mirabeau.

A peine le rapporteur avait-il cessé de parler que Mirabeau prenant sa place,

« Ce n'est pas pour me défendre, dit-il, que » je monte à cette tribune, objet d'inculpations » ridicules, dont aucune n'est prouvée, et qui » n'établiraient rien contre moi. Lorsque chacune » d'elles le serait, je ne me regarde point comme » accusé, car si je croyais qu'un seul homme de » sens, j'excepte le petit nombre d'ennemis dont » je tiens à honneur les outrages, pût me croire » accusable, je ne me défendrais pas dans cette » assemblée; je voudrais être jugé, et votre juridiction se bornant à décider si je dois ou ne

» dois pas être soumis à un jugement, il ne me
» resterait qu'une demande à faire à votre jus-
» tice, et qu'une grâce à solliciter de votre bien-
. » veillance [1] : ce serait un tribunal.

» Mais je ne puis pas douter de votre opinion,
» et si je me présente ici, c'est pour ne pas man-
» quer une occasion solennelle d'éclaircir des faits
» que mon profond mépris pour les libelles, et
» mon insouciance, trop grande peut-être, pour
» les bruits calomnieux, ne m'ont jamais permis
» d'attaquer hors de cette enceinte, et qui ce-
» pendant, accrédités par la malveillance, pour-
» raient faire rejaillir sur ceux qui croiront devoir
» m'absoudre je ne sais quels soupçons de par-
» tialité. Ce que j'ai dédaigné quand il ne s'agis-
» sait que de moi, je dois le scruter de près
» quand on m'attaque au sein de l'assemblée na-
» tionale, et comme en faisant partie.

» Les éclaircissements que je vais vous donner,
» tout simples qu'ils vous paraîtront sans doute,

---

[1] Les assemblées n'ont point de bienveillance : l'esprit
de parti animant ces grands corps, la majorité abuse
presque toujours de sa force, de là les injustices qu'elle
commet et leurs suites. Mirabeau avait pour lui cette
majorité qui l'écouta avec bienveillance, parcequ'elle
voyait, avec raison, sa cause liée à la sienne dans cette
procédure.

»puisque mes témoins sont dans cette assem-
»blée, et mes arguments dans la série des com-
»binaisons les plus communes, offrent pour-
»tant à mon esprit, je dois le dire, une assez
»grande difficulté.

» Ce n'est pas de réprimer le juste ressentiment
»qui oppresse mon cœur depuis une année, et
» que l'on force enfin à s'exhaler. Dans cette af-
»faire, le mépris est à côté de la haine; il l'é-
'» mousse, il l'amortit; et quelle âme assez abjecte
» pour que l'occasion de pardonner ne lui semble
»pas une jouissance !

» Ce n'est pas même la difficulté de parler des
»tempêtes d'une juste révolution : sans rappeler
» que si le trône a des torts à excuser, la clémen-
»ce nationale a eu des complots à mettre en ou-
»bli; car, puisqu'au sein de l'assemblée, le roi
»est venu adopter notre orageuse révolution,
»cette volonté magnanime, en faisant disparaî-
»tre à jamais les apparences déplorables que
»des conseillers pervers avaient donné jusqu'à-
».lors au premier citoyen de l'empire, n'a-t-elle
»pas également effacé les apparences plus faus-
»ses que les ennemis du bien public voulaient
»trouver dans les mouvements populaires, et
»que la procédure du Châtelet semble avoir eu
»pour premier objet de raviver ?

» Non, la véritable difficulté du sujet est tout
» entière dans l'histoire même de la procédure ;
» elle est profondément odieuse cette histoire.
» Les fastes du crime offrent peu d'exemples d'une
» scélératesse tout à la fois si déhontée et si malha-
» bile. Le temps le saura ; mais ce secret hideux
» ne peut être révélé aujourd'hui sans produire de
» grands troubles. Ceux qui ont suscité la procé-
» dure du Châtelet ont fait cette horrible combi-
» naison, que si le succès leur échappait, ils trou-
» veraient dans le patriotisme même de celui qu'ils
» voulaient immoler, le garant de leur impunité ;
» ils ont senti que l'esprit public de l'offensé se
» tournerait à sa ruine ou sauverait l'offenseur...
» Il est bien dur de laisser ainsi aux machinateurs
» une partie du salaire sur lequel ils ont compté !
» Mais la patrie commande ce sacrifice, et certes
» elle a droit encore à de plus grands.

» Je ne vous parlerai donc que des faits qui me
» sont purement personnels ; je les isolerai de tout
» ce qui les environne, je renonce à les éclaircir
» autrement qu'en eux-mêmes et par eux-mêmes.
» Je renonce, aujourd'hui du moins, à examiner
» les contradictions de la procédure et ses varian-
» tes ; ses épisodes, ses obscurités, ses superfluités
» et ses réticences ; les craintes qu'elle a données
» aux amis de la liberté, et les espérances qu'elle a

» prodiguées à ses ennemis ; son but secret et sa
» marche apparente, ses succès d'un moment et
» ses succès dans l'avenir ; les frayeurs que l'on a
» inspirées au trône, et peut-être la reconnais-
» sance qu'on en a voulu obtenir. Je n'examinerai
» pas la conduite, les discours, le silence, les
» mouvements, le repos d'aucun acteur de cette
» grande et tragique scène¹ ; je me contenterai de
» discuter les trois principales imputations qui me
» sont faites, et de donner le mot d'une énigme
» dont votre comité a cru devoir garder le secret,
» mais qu'il est de mon honneur de divulguer.

   » Si j'étais forcé de saisir l'ensemble de la pro-
» cédure, lorsqu'il me suffit d'en déchirer quel-
» ques lambeaux ; s'il me fallait organiser un grand
» travail pour une facile défense, j'établirais d'a-
» bord que, s'agissant contre moi d'une accusa-
» tion de complicité, et cette prétendue complicité
» n'étant point relative aux excès individuels
» qu'on a pu commettre, mais à la cause de ces
» excès, on doit prouver contre moi qu'il existe
» un premier moteur dans cette affaire ; que le

---

¹ Mirabeau veut ici, et dans les mots précédents, faire
soupçonner M. de La Fayette ; il avait trop d'esprit pour
s'y méprendre ; c'est une insinuation perfide et volontaire : ce général lui faisait ombrage partout.

» moteur est celui contre lequel la procédure est
» principalement dirigée, et que je suis son com-
» plice. Mais comme on n'a point employé con-
» tre moi cette marche dans l'accusation, je ne
» suis pas non plus obligé de la suivre pour me
» défendre. Il me suffira d'examiner les témoins
» tels qu'ils sont, les charges telles qu'on me les
» oppose; et j'aurai tout dit lorsque j'aurai discuté
» trois faits principaux, puisque la triple malignité
» des accusateurs, des témoins et des juges, n'a
» pu ni en fournir ni en recueillir davantage.

　» On m'accuse d'avoir parcouru les rangs du
» régiment de Flandre le sabre à la main, c'est-
» à-dire qu'on m'accuse d'un grand ridicule. Les
» témoins auraient pu le rendre d'autant plus pi-
» quant, que, né parmi les patriciens, et cependant
» député par ceux qu'on appelait alors le *tiers-*
» *état,* je m'étais toujours fait un devoir religieux
» de porter le costume qui me rappelait l'hon-
» neur d'un tel choix. Or, certainement, l'allure
» d'un député en habit noir, en chapeau rond,
» en cravate et en manteau, se promenant à
» cinq heures du soir, un sabre nu à la main,
» dans un régiment, méritait de trouver une
» place parmi les caricatures d'une telle procé-
» dure. J'observe néanmoins qu'on peut bien être
» ridicule sans cesser d'être innocent, J'observe

» que l'action de porter un sabre à la main ne se-
» rait ni un crime de lèse-majesté, ni un crime
» de lèse-nation. Ainsi, tout pesé, tout examiné,
» la déposition de M. Valfond n'a rien de vrai-
» ment fâcheux que pour M. Gamaches, qui se
» trouve légalement et véhémentement soupçon-
» né d'être fort laid, puisqu'il me ressemble.

» Mais voici une preuve plus positive que
» M. Valfond à au moins la vue basse. J'ai
» dans cette assemblée un ami intime, et que,
» malgré cette amitié même, personne n'osera
» taxer de déloyauté ni de mensonge, M. de la
» Marck. J'ai passé l'après-midi tout entière du
» 5 octobre chez lui, en tête-à-tête avec lui,
» les yeux fixés sur des cartes géographiques, à
» reconnaître des positions alors très intéressan-
» tes des provinces belgiques. Ce travail, qui ab-
» sorbait toute son attention et qui attirait toute
» la mienne, nous occupa jusqu'au moment où
» M. de la Marck me conduisit à l'assemblée na-
» tionale, d'où il me ramena chez moi.

» Mais dans cette soirée il est un fait remar-
» quable, sur lequel j'atteste M. de la Marck; c'est
» qu'ayant à peine employé trois minutes à dire
» quelques mots sur les circonstances du mo-
» ment, sur le siége de Versailles, qui devait être
» fait par les amazones redoutables dont parle

» le Châtelet, et considérant là funeste probabi-
» lité que des conseillers pervers contraindraient
» le roi à se rendre à Metz, je lui dis : *La dynas-*
» *tie est perdue si* Monsieur *ne reste pas et ne prend*
» *pas les rênes du gouvernement.* Nous convînmes
» sur-le-champ d'avoir une audience du prince,
» si le départ du roi s'exécutait. C'est ainsi que
» je commençais mon rôle de complice, et que
» je me préparais à faire M. d'Orléans lieutenant-
» général du royaume. Vous trouverez peut-être
» ces faits plus probants et plus certains que mon
» costume de Charles XII.

» On me reproche d'avoir tenu à Mounier ce
» propos : *Eh ! qui vous dit que nous ne voulons*
» *pas un roi? Mais qu'importe que ce soit Louis XVI*
» *ou Louis XVII ?*

» Ici j'observerai que le rapporteur, dont on
» vous a dénoncé la partialité pour les accusés,
» est cependant loin, je ne dis pas de m'être fa-
» vorable, mais d'être exact, mais d'être juste.
» C'est uniquement parceque M. Mounier ne
» confirme pas ce propos par la déposition que
» M. le rapporteur ne s'y arrête pas. « *J'ai frémi,*
» dit-il, *j'ai frémi en lisant, et je me suis dit,*
» *Si ce propos a été tenu, il y a un complot, il y a*
» *un coupable ; heureusement M. Mounier n'en*
» *parle pas.*

» Eh bien ! messieurs, avec toute la mesure que
» commande mon estime pour M. Chabroud et
» pour son rapport, je soutiens qu'il a mal rai-
» sonné. Ce propos, que je déclare ne pas me
» rappeler, est tel que tout citoyen pourrait s'en
» honorer; et non seulement il est justifiable à
» l'époque où on le place, mais il est bon en soi,
» mais il est louable; et si M. le rapporteur l'eût
» analysé avec sa sagacité ordinaire, il n'aurait pas
» eu besoin, pour faire disparaître le prétendu dé-
» lit, de se convaincre qu'il était imaginaire. Sup-
» posez qu'un royaliste tempéré, et repoussant
» toute idée que le monarque pût courir un dan-
» ger chez une nation qui professe en quelque
» sorte le culte du gouvernement monarchique;
» trouveriez-vous étrange que l'ami du trône et
» de la liberté, voyant l'horizon se rembrunir, ju-
» geant mieux que l'enthousiaste, de la tendance
» de l'opinion, l'accélération des circonstances,
» les dangers d'une insurrection, et voulant arra-
» cher son concitoyen trop conciliant à une pé-
» rilleuse sécurité, lui dît : Eh ! qui vous nie que
» le Français soit monarchiste ? Qui vous con-
» teste que la France n'ait besoin d'un roi et ne
» veuille un roi ? Mais Louis XVII sera roi comme
» Louis XVI; et si l'on parvient à persuader à la
» nation que Louis XVI est fauteur et complice

» des excès qui ont lassé sa patience, elle invo-
» quera un Louis XVII. Le zélateur de la liberté
» aurait prononcé ces paroles avec d'autant plus
» d'énergie qu'il eût mieux connu son interlo-
» cuteur, et les relations qui pourraient rendre
» son discours plus efficace ; verriez-vous en lui
» un conspirateur, un mauvais citoyen, ou même
» un mauvais raisonneur ? Cette supposition serait
» bien simple ; elle serait adaptée aux personna-
» ges et aux circonstances. Tirez-en du moins
» cette conséquence, qu'un discours ne prouve
» jamais rien par lui-même ; qu'il tire tout son
» caractère, toute sa force de l'avant-propos, de
» l'avant-scène, de la nature du moment, de l'es-
» pèce des interlocuteurs, en un mot d'une foule
» de nuances fugitives qu'il faut déterminer avant
» que de l'apprécier, d'en rien conclure.

» Puisque j'en suis à M. Mounier, j'explique-
» rai un autre fait que, dans le compte qu'il en a
» rendu lui-même, il a conté à son avantage.

» Il présidait l'assemblée nationale le 5 octobre,
» où l'on discutait l'acceptation pure et simple ou
» modifiée de la déclaration des droits. J'allai vers
» lui, dit-on ; je l'engageai à supposer une indis-
» position, et à lever la séance sous ce prétexte
» frivole... J'ignorais sans doute alors que
» l'indisposition d'un président appelle son pré-

» décesseur ; j'ignorais qu'il n'est au pouvoir d'au-
» cun homme d'arrêter à son gré le cours d'une
» de vos plus sérieuses délibérations. Voici le fait
» dans son exactitude et sa simplicité.

» Dans la matinée du 5 octobre, je fus averti
» que la fermentation de Paris redoublait ; je n'a-
» vais pas besoin d'en connaître les détails pour
» y croire : un augure qui ne trompe jamais, la
» nature des choses, me l'indiquait. Je m'appro-
» chai de M. Mounier, je lui dis : Monsieur, Pa-
» ris marche sur nous. — Je n'en sais rien. —
» Croyez-moi ou ne me croyez pas, peu m'im-
» porte ; mais Paris, vous dis-je, marche sur
» nous. Trouvez-vous mal, montez au château,
» donnez-leur cet avis. Dites, si vous voulez, que
» vous le tenez de moi ; j'y consens, mais faites
» cesser cette controverse scandaleuse : le temps
» presse, il n'y a pas un moment à perdre.

» Paris marche sur nous, répondit Mounier,
» eh bien ! tant mieux, nous en serons plus tôt
» république.

» Si l'on se rappelle les prétentions et la bile
» noire qui agitaient Mounier, si l'on se rappelle
» qu'il voyait en moi le boute-feu de Paris, on
» trouvera que ce mot, qui a plus de caractère que
» le pauvre fugitif n'en a montré depuis, lui fait
» honneur. Je ne l'ai revu que dans l'assemblée

» nationale, qu'il a désertée, ainsi que le royaume,
» peu de jours après. Je ne lui ai jamais reparlé,
» et je ne sais où il a pris que je lui ai écrit un
» billet, le 6 à trois heures du matin, pour lever
» la séance; il ne m'en reste pas l'idée la plus lé-
» gère. Rien, au reste, n'est plus oiseux ni plus
» indifférent.

» J'en viens à la troisième inculpation dont je
» suis l'objet, et c'est ici que j'ai promis le mot
» de l'énigme. J'ai conseillé, dit-on, à M. d'Or-
» léans de ne point partir pour l'Angleterre.
» Eh bien! qu'en veut-on conclure? Je tiens
» à honneur de lui avoir, non pas donné (car
» je ne lui ai pas parlé), mais fait donner ce
» conseil. J'apprends, par la notoriété publique,
» qu'après une convention entre M. d'Orléans et
» M. de La Fayette, très impérieuse d'une part,
» et très résignée de l'autre, le premier vient d'ac-
» cepter la mission ou plutôt de recevoir la loi
» de partir pour l'Angleterre. Au même instant,
» les suites d'une telle démarche se présentent à
» mon esprit. Inquiéter les amis de la liberté,
» répandre des nuages sur les causes de la ré-
» volution, fournir un nouveau prétexte aux mé-
» contents, isoler de plus en plus le roi, semer,
» en dedans et au dehors du royaume, de nou-
» veaux germes de défiance : voilà les effets que

» ce départ précipité, que cette condamnation
» sans accusation devaient produire. Elle laissait
» surtout sans rival l'homme à qui le hasard des
» événements venait de donner une nouvelle dic-
» tature ; l'homme qui, dans ce moment, dispo-
» sait au sein de la liberté d'une police plus ac-
» tive que celle de l'ancien régime ; l'homme qui,
» par cette police, venait de recueillir un corps
» d'accusation sans accuser personne ; l'homme
» qui, en imposant à M. d'Orléans la loi de partir,
» au lieu de le faire juger et condamner s'il était
» coupable, éludait ouvertement, par cela seul,
» l'inviolabilité des membres de l'assemblée. Mon
» parti fut pris dans l'instant ; je dis à M. de Bi-
» ron, avec qui je n'eus jamais de relations pu-
» bliques, mais qui a toujours eu toute mon
» estime, et dont j'ai reçu plusieurs fois des ser-
» vices d'amitié : M. d'Orléans va quitter, sans
» jugement, le poste que ses commettants lui ont
» confié ; s'il obéit, je dénonce son départ et je
» m'y oppose ; s'il reste, s'il fait connaître la
» main invisible qui veut l'éloigner, je dénonce
» l'autorité qui prend la place de celle des lois :
» qu'il choisisse entre cette alternative. M. de
» Biron me répondit par des sentiments cheva-
» leresques, et je m'y étais attendu. M. d'Orléans,
» instruit de ma résolution, promet de suivre

»mes conseils; mais, dès le lendemain, je reçois
»dans l'assemblée un billet de M. de Biron, et
»non de M. d'Orléans, comme le suppose la
»procédure. Ce billet portait le crèpe de sa
»douleur et m'annonçait le départ du prince;
»mais lorsque l'amitié se bornait à souffrir, il
»était permis à l'homme public de s'indigner.
»Une secousse d'humeur, ou plutôt de colère
»civique, me fit tenir sur-le-champ un propos
»que M. le rapporteur, pour avoir le droit de
»taxer d'indiscret, aurait dû faire connaître.
»Qu'on le trouve, si l'on veut, insolent, mais
»qu'on avoue du moins, puisqu'il ne suppose au-
»cune relation, qu'il exclue toute idée de compli-
»cité. Je le tins sur celui dont la conduite jus-
»qu'alors m'avait paru exempte de reproches,
»mais dont le départ était à mes yeux plus qu'une
»faute. Voilà ce fait éclairci, et M. de La Fayette
»peut en certifier tous les détails, qui lui sont
»parfaitement connus. Qu'à présent celui qui
»osera, je ne dirai pas même m'en faire un
»crime, mais me refuser son approbation, celui
»qui osera soutenir que le conseil que je don-
»nais n'était pas conforme à mes devoirs, utile
»à la chose publique et fait pour m'honorer,
»que celui-là se lève et m'accuse. Mon opinion,
»sans doute, lui est indifférente, mais je dé-

» clare que je ne puis me défendre pour lui du
» plus profond mépris.

» Ainsi disparaissent ces inculpations atroces,
» ces calomnies effrénées qui plaçaient au nombre
» des conspirateurs les plus dangereux, au nom-
» bre des criminels les plus exécrables, un homme
» qui a la conscience d'avoir toujours voulu être
» utile à son pays, et de ne lui pas avoir été tou-
» jours inutile. (*Une grande partie de l'assemblée et
» des spectateurs applaudissent.*) Ainsi s'évanouit ce
» secret si tard découvert, qu'un tribunal, au
» moment de terminer sa carrière, est venu vous
» dévoiler avec tant de certitude et de complai-
» sance. Qu'importe à présent que je discute ou
» je dédaigne cette foule de ouï-dire contradic-
» toires, de fables absurdes, de rapprochements
» insidieux que renferme encore la procédure?
» Qu'importe, par exemple, que j'explique cette
» série de confidences que M. Virieu suppose
» avoir reçues de moi et qu'il révèle avec tant de
» loyauté?. Il est étrange ce M. Virieu; fut-il
» donc jamais un zélateur si fervent de la révo-
» lution actuelle; s'est-il, en aucun temps, mon-
» tré l'ami si sincère de la constitution, qu'un
» homme dont on a tout dit, excepté qu'il soit
» une bête, l'ait pris ainsi pour son confident.

» Je ne parle point ici pour amuser la mali-

» gnité publique, pour attiser des haines, pour
» faire naître de nouvelles divisions. Personne
» ne sait mieux que moi que le salut de tout et
» de tous est dans l'harmonie sociale et dans l'a-
» néantissement de tout esprit de parti ; mais
» je ne puis m'empêcher d'ajouter que c'est un
» triste moyen d'obtenir cette réunion des es-
» prits qui seul manque à l'achèvement de notre
» ouvrage, que de susciter d'infâmes procédures ;
» de changer l'art judiciaire en armes offensives,
» et de justifier ce genre de combat par des prin-
» cipes qui feraient horreur à des esclaves. Je
» vous demande la permission de me résumer.

» La procédure ne me désigne que comme
» complice : il n'y a donc aucune accusation
» contre moi, s'il n'y a pas de charge de com-
» plicité.

» La procédure ne me désigne pas comme
» complice d'aucun excès individuel, mais seule-
» ment comme prétendu moteur de ces excès :
» il n'y a donc point d'accusation contre moi, si
» l'on ne prouve pas d'abord qu'il y a eu un pre-
» mier moteur ; si l'on ne démontre pas que les
» prétendues charges de complicité, qui me re-
» gardent, étaient un rôle secondaire, lié au rôle
» principal ; si l'on n'établit pas que ma conduite
» a été l'un des principes de l'action du mouve-

»ment, de l'explosion dont on recherche les
»causes.

» Enfin la procédure ne me désigne pas seu-
» lement comme le complice d'un moteur géné-
» ral, mais comme le complice d'un tel : il n'y a
» donc point d'accusation contre moi, si l'on ne
» prouve pas tout à la fois et que ce moteur est
» le principal coupable, et que les charges dont
» je suis l'objet, lui sont relatives, annoncent un
» plan commun, dépendant des mêmes causes,
» et capables de produire les mêmes effets.

» Or, rien de ce qu'il serait indispensable de
» prouver, n'est prouvé.

» Je ne veux point examiner si les événements
» sur lesquels on a informé sont des malheurs
» ou des crimes ; si ces crimes sont l'effet d'un
» complot, ou de l'imprudence, ou du hasard,
» et si la supposition d'un principal moteur ne
» les rendrait pas cent fois plus inexplicables. Il
» me suffit de vous rappeler que, parmi les faits
» qui sont à ma charge, les uns, antérieurs ou
» postérieurs de plusieurs mois aux événements,
» ne peuvent leur être liés que par la logique des
» tyrans ou de leurs suppôts ; et que les autres,
» qui ont concouru avec l'époque même de la
» procédure, ne sont évidemment ni cause ni
» effet, n'ont eu, n'ont pu avoir aucune influence,

» sont exclusifs du rôle d'agent, de moteur
» ou de complice; et qu'à moins de supposer
» que j'étais du nombre des coupables par la
» seule volonté, que je n'étais chargé d'aucune
» action au dehors, d'aucune impulsion, d'aucun
» mouvement, ma prétendue complicité est une
» chimère.

» Il me suffit encore de vous faire observer
» que les charges que l'on m'oppose, bien loin
» de me donner des relations avec le principal
» moteur désigné, me donneraient des rapports
» entièrement opposés; que, dans la dénoncia-
» tion du *repas fraternel*, que je n'eus pas seul la
» prétendue imprudence d'appeler une orgie, je
» ne fus que l'auxiliaire de deux de mes collègues
» qui avaient pris la parole avant moi; que si
» j'avais parcouru les rangs du régiment de Flan-
» dre, je n'aurais fait, d'après la procédure elle-
» même, que suivre l'exemple d'une foule de
» membres de cette assemblée; que si le propos
» *Qu'importe que ce soit Louis XVII*, était vrai,
» outre que je ne supposais pas un changement
» de dynastie, mes idées, constatées par un
» membre de cette assemblée, dans le cas possi-
» ble d'un régent, ne se portaient que sur le frère
» du roi.

» Quelle est donc cette grande part que l'on

» suppose que j'ai prise aux événements dont la
» procédure est l'objet? Où sont les preuves de la
» complicité que l'on me reproche? Quel est le
» crime dont on puisse dire de moi: il en est l'au-
» teur ou la cause?

» Mais j'oublie que je viens d'emprunter le lan-
» gage d'un accusé, lorsque je ne devrais prendre
» que celui d'un accusateur.

» Quelle est cette procédure dont l'information
» n'a pu être achevée, dont tous les ressorts n'ont
» pu être combinés que dans une année entière,
» qui prise, en apparence, sur un crime de lèse-
» majesté, se trouve entre les mains d'un tribu-
» nal incompétent, qui n'est souverain que pour
» les crimes de lèse-nation? Quelle est cette pro-
» cédure qui, menaçant vingt personnes différen-
» tes dans l'espace d'une année, tantôt abandon-
» née et tantôt reprise, selon l'intérêt ou les vues,
» les craintes ou les espérances de ses machina-
» teurs, n'a été pendant si long-temps qu'une
» arme de l'intrigue¹, un glaive suspendu sur la

---

¹ Mirabeau fait allusion ici aux divers projets de la
cour, sur le parti qu'elle pouvait tirer dans ses intérêts
de cette procédure, qu'elle dirigeait, suspendait, re-
prenait au gré des circonstances. Voyez les *Mémoires du
marquis de Ferrières,* où ces faits sont plus développés.

» tête de ceux qu'on voulait perdre ou effrayer,
» ou désunir ou rapprocher, qui enfin n'a vu le
» jour, après avoir parcouru les mers, qu'au mo-
» ment où l'un des accusés n'a pas cru à la dicta-
» ture qui le retenait en exil, ou l'a dédaignée '?

» Quelle est cette procédure prise sur les délits
» individuels dont on n'informe pas, et dont on
» veut cependant rechercher les causes éloignées,
» sans répandre aucune lumière sur leurs causes
» prochaines ? Quelle est cette procédure dont
» tous les éléments s'expliquent sans complot, et
» qui n'a cependant pour base qu'un complot ;
» dont le premier but a été de cacher des fautes
» réelles, et de les remplacer par des crimes ima-
» ginaires ; que l'amour-propre seul a d'abord
» dirigée, que la haine a depuis acérée, dont
» l'esprit de parti s'est ensuite emparé, dont le
» pouvoir ministériel s'est ensuite saisi, et qui,
» recevant ainsi tour à tour plusieurs sortes d'in-
» fluences, a fini par prendre la forme d'une pro-
» testation insidieuse , et contre vos décrets , et

' Le duc d'Orléans était revenu pour la fédération du
14 juillet de cette année, au mépris des ordres qui l'exi-
laient : on espérait l'atteindre par la procédure , et son
retour fut une des causes qui en firent reprendre l'instruction 'suspendue.

» contre la liberté de l'acceptation du roi , et
» contre son voyage à Paris, et contre la sagesse
» de vos délibérations , et contre l'amour de la
» nation pour le monarque?

» Quelle est cette procédure que les ennemis
» les plus acharnés de la révolution n'auraient
» pas mieux dirigée s'ils en avaient été les seuls
» auteurs, comme ils en ont été presque les seuls
» instruments; qui tendait à attiser le plus redou-
» table esprit de parti et dans le sein de cette as-
» semblée en opposant les témoins aux juges,
» et dans tout le royaume en calomniant les in-
» tentions de la capitale auprès des provinces,
» et dans chaque ville en faisant détester une
» liberté qui avait pu compromettre les jours du
» monarque, et dans toute l'Europe en y pei-
» gnant la situation d'un roi libre sous les fausses
» couleurs d'un roi captif, persécuté, en y pei-
» gnant cette auguste assemblée comme une as-
» semblée de factieux ?

» Oui , le secret de cette infernale procédure
» est enfin découvert; il est là tout entier (*Mira-*
» *beau désigne le côté droit de l'œil et du geste*);
» il est dans l'intérêt de ceux dont le témoignage.
» et les calomnies en ont formé le tissu; il est
» dans les ressources qu'elle a fournies aux enne-
» mis de la révolution, il est.... il est dans le

»cœur des juges, tel qu'il sera bientôt buriné
»dans l'histoire par la plus juste et la plus im-
»placable vengeance '. »

On fut étonné de voir dans les débats qui
s'élevèrent à ce sujet l'abbé Maury se ranger du
côté de Mirabeau, et déclarer hautement que
la procédure n'offrait contre lui rien qui pût
motiver une accusation ; c'est que ce chef du
côté droit était instruit sans doute de ce qui se
passait, et des intentions de Mirabeau. Celui-ci
s'était rapproché encore de la cour, et avait eu
des conférences avec la reine à Saint - Cloud.
Cette princesse était lasse des inutiles et impru-
dentes tentatives des *zélés serviteurs.* « Il faut
»périr, disait-elle, quand on est attaqué par des
»gens qui réunissent tous les talents à tous les
» crimes, et défendus par des gens fort estima-
»bles, mais qui n'ont aucune idée juste de notre
»position '. » Elle était décidée à écouter ceux
du parti populaire qui pourraient offrir au
roi des talents et du crédit dans l'assemblée :
tel était Mirabeau.

Il connaissait ces dispositions de la reine, et

' L'assemblée décrète qu'il n'y a point lieu à accusation.

' *Mémoires de madame Campan*, tom. II, pag. 102.

n'ignorait pas qu'on lui avait proposé plusieurs plans d'évasion dont le roi n'approuva aucun, et qu'il était bien disposé à désapprouver aussi s'il pouvait en dire librement son opinion à leurs majestés.

Il fit part à M. de Montmorin de son projet d'entrevue avec la reine; ce ministre avait toujours pensé que notre illustre député aurait pu rendre de grands services au roi, si des intrigues sans nombre, et l'éloignement de M. Necker pour lui, n'avaient pas été des obstacles sans cesse renaissants.

On a des raisons de croire qu'outre le consentement de la reine, dont M. de Montmorin lui donna l'assurance, il employa une dame du service de la princesse pour prendre les mesures convenables, et être instruit de l'instant du rendez-vous que lui accordait sa majesté.

Ce fut dans l'été de 1790 que cette entrevue, dont on a tant parlé, eut lieu. Madame Campan, aussi bien instruite des détails intérieurs de la reine qu'elle l'était peu ou mal de ce qui se passait au dehors, nous a transmis, sur cet événement, des renseignements qui l'éclaircissent[1].

---

[1] MM. Lachevardiere et Weber en parlent aussi dans leurs *Mémoires*, mais avec l'amertume, la confusion et les préventions qui les caractérisent.

« Mirabeau partit à cheval de Paris, dit-elle, sous prétexte de se rendre à la campagne, chez un de ses amis, M. de Clavière, mais il s'arrêta à une porte des jardins de Saint-Cloud, et fut conduit, je ne sais par qui, vers un endroit où la reine l'attendait seule, dans la partie la plus élevée de ses jardins particuliers. Elle me racontait qu'elle l'avait abordé en lui disant : « Auprès d'un ennemi ordinaire, d'un homme qui aurait juré la perte de la monarchie, sans apprécier l'utilité dont elle est pour un grand peuple, je ferais en ce moment la démarche la plus déplacée; mais quand on parle à un Mirabeau, etc. » Cette pauvre reine était charmée d'avoir trouvé cette manière de le placer au-dessus de tous, en me confiant les détails de cette entrevue, et elle me disait : « Savez-vous que ces mots, *un Mirabeau*, ont paru le flatter infiniment. » Cependant, selon moi, ajoute madame Campan, c'était le flatter bien peu, car son esprit avait fait plus de mal [1] qu'il n'eût jamais pu faire de bien. Il avait quitté

---

[1] Mais le mal même fait avec de grands talents, de grands moyens, un grand caractère, n'en serait pas moins la preuve d'un génie supérieur, et c'est ainsi que la reine l'entendait, n'en déplaise à madame Campan, sans compter que Mirabeau était bien loin de n'avoir fait que du mal.

la reine en lui disant avec enthousiame : *Madame, la monarchie est sauvée.* »

La bonne madame Campan n'aura sûrement point voulu tout dire de cet *enthousiasme* de Mirabeau : des révélations, devenues sans conséquence aujourd'hui, ont appris jusqu'à quel point cette princesse, si malheureuse et si peu faite pour les tourments quelle a éprouvés, crut devoir, dans ce moment, porter la condescendance pour captiver un homme qu'elle regardait, non sans raison alors, comme la meilleure sauvegarde de sa famille et de la monarchie.

Après que Mirabeau eut, dans cette entrevue, fait part à sa majesté de ses vues, de ses espérances, de ses moyens de succès, au moment de la quitter, il lui dit : « Madame, quand l'impératrice, votre mère, admettait un de ses sujets » à l'honneur de sa présence, elle ne les congédiait jamais sans lui donner sa main à baiser. » A ces mots, la reine elle-même, avec cette grâce qui accompagnait toujours ses moindres gestes, lui présenta la main : « Ce baiser sauve la monarchie », s'écria Mirabeau.

Cette anecdote, recueillie par les éditeurs de la nouvelle édition des Mémoires de Weber [1], et

_____
[1] Tom. II.

que je rapporte d'après leur rédaction, a été présentée un peu autrement pour la forme du récit, mais toujours de même pour le fond; elle prouve que Mirabeau savait, avec les modifications convenables, se prêter à tout ce qui présentait un but honorable et grand; telle était cette entrevue avec une reine malheureuse, spirituelle et magnanime, dans le dessein de sauver une grande monarchie. S'il est une position qui puisse flatter et honorer un grand caractère, c'est sans doute celle où se trouve Mirabeau dans cette occasion.

Les projets se bornèrent, pour le moment, à les méditer de part et d'autre, à attendre la décision du roi sur quelques vues dont il était occupé. Mirabeau vit souvent M. de Montmorin, qui lui rapportait l'avis du roi et l'assurance de la confiance que la reine avait en lui; il eut même plusieurs entrevues avec leurs majestés pendant leur séjour à Saint-Cloud. Mais M. de Montmorin était l'intermédiaire confidentiel dans la négociation. Il remit même à Mirabeau assez d'argent pour le mettre à même de faire une dépense qui fut remarquée et donna des soupçons.

Cette négociation traînait en longueur, et n'était point terminée lorsque le rapport de la pro-

cédure du 6 octobre eut lieu à l'assemblée,
Mirabeau, étonné de s'y voir accusé, crut apercevoir un procédé vindicatif de la cour; il rompit
toute négociation, et ce ne fut qu'après qu'il
se fut assuré que le roi et la reine n'y étaient
pour rien, qu'il la renoua vers la fin d'octobre.

Les mois de novembre et décembre furent employés à l'examen des projets et de leurs moyens
d'exécution; j'y reviendrai après que j'aurai en-
tretenu le lecteur de ce qui se passait à l'assemblée, objet beaucoup plus important, ce semble,
parcequ'enfin les intrigues dont il vient d'être
question sont loin de former la partie importante de la vie de Mirabeau; ce n'est pas celle
qui l'a illustré; l'intérêt qu'on y trouve résulte
du grand rôle qu'il joua d'ailleurs; c'est l'homme
public, c'est l'orateur éloquent, c'est le défenseur des principes à la tribune nationale, qui,
seuls, je le répète, recommanderont Mirabeau
à la postérité comme digne de son attention et
quelquefois de son admiration.

Il était fort incommodé à l'époque où nous
en sommes. Ses travaux, ses excès dans les jouissances sensuelles, ses agitations ambitieuses,
minaient sensiblement un corps qui pliait sous
les efforts de l'âme, et qu'avaient déjà altéré les
secousses violentes de sa vie. Il ne prenait aucun

soin de sa santé, et, comptant sur la trempe de son tempérament, à peine prenait-il le repos nécessaire pour y rétablir l'équilibre. Cet état ne ralentissait en rien l'ardeur de ses discours : j'en trouve une nouvelle preuve à la séance du 21 octobre. Il y était question de substituer sur les vaisseaux de la marine française le pavillon tricolore à celui que, jusqu'alors, on y avait vu flotter : l'opposition fut violente; tout le côté droit s'éleva contre l'innovation; le marquis de Foucault entre autres s'écria : « Quels sont les militaires qui vous ont proposé de profaner ainsi l'honneur et la gloire du pavillon français?... Ne nous laissons pas accuser de frivolité, de cet amour pour les modes; laissez à des enfants ce nouveau hochet aux trois couleurs. Il est dangereux de prendre une mesure aussi déplacée, mais puisqu'il ne s'élève aucune réclamation, toute délibération ultérieure serait inutile; je demande la question préalable sur la proposition du changement de pavillon. »

Cette manière de s'énoncer, le mépris pour les couleurs que le peuple avait adoptées comme celles de la liberté naissante, excitèrent vivement Mirabeau, « qui, lorsqu'il était animé, remarque » M. Bertrand de Molleville, avait, plus que » personne, le talent d'entraîner ses auditeurs,

»en leur présentant, sous l'aspect le plus alar-
»mant, le plus monstrueux, la question la plus
»indifférente. »

· « Aux premiers mots prononcés dans cet
»étrange débat, dit-il, j'ai ressenti, je l'avoue,
»comme la plus grande partie de cette assem-
»blée, les bouillons de la fièvre du patriotisme,
»jusqu'aux plus violents emportements... Quel
»genre de présomption peut permettre d'oser
»présenter ici la question qui nous agite, et sur
»laquelle il n'était pas même permis de délibé-
»rer? Tout le monde sait quelles crises terribles
»ont occasionées de coupables insultes faites
»aux couleurs nationales..., tout le monde sait
»avec quelle félicitation mutuelle la nation en-
»tière s'est complimentée quand le monarque a
»ordonné aux troupes de porter et a porté lui-
»même ces couleurs glorieuses, ce signe de ral-
»liement de tous les amis, de tous les défenseurs
»de la constitution ; tout le monde sait qu'il y
»a peu de mois il y a peu de semaines, le té-
»méraire qui eût osé montrer quelque dédain
»pour cette enseigne du patriotisme eût payé ce
»crime de sa tête.

»Eh bien! parceque je ne sais quel succès d'une
»tactique frauduleuse, dans la séance d'hier¹,

¹ On y avait rejeté la proposition de déclarer au roi

» a gonflé les cœurs contre-révolutionnaires, en
» vingt-quatre heures et une nuit, toutes les idées
» sont tellement subverties, tous les principes
» sont tellement dénaturés, on méconnaît telle-
» ment l'esprit public, qu'on ose dire à vous-
» mêmes, à la face du peuple qui nous entend,
» qu'il est des préjugés antiques qu'il faut res-
» pecter, comme si votre gloire et la sienne n'é-
» tait pas de les avoir anéantis, ces préjugés
» que l'on réclame; qu'il est indigne de l'assem-
» blée nationale de tenir à de pareilles bagatelles,
» comme si la langue des signes n'était pas par-
» tout le mobile le plus puissant pour les hom-
» mes, le premier ressort des patriotes et des
» conspirateurs pour le succès de leur fédération
» et de leurs complots; on ose, en un mot, vous
» tenir un langage qui, bien analysé, dit précisé-
» ment: *Nous nous croyons assez forts pour arbo-
» rer la couleur blanche;* c'est-à-dire *la couleur
» de la contre-révolution à la place des odieuses
» couleurs de la liberté...* Certes, ils ont trop pré-
» sumé; croyez-moi (en s'adressant au côté droit
» de l'assemblée), ne vous endormez pas dans
» une aussi périlleuse sécurité, car le réveil se-
» rait prompt et terrible. »

que ses ministres avaient perdu la confiance de la nation,
et que par conséquent ils ne pouvaient rester en place.

Ce discours véhément, dont je ne rapporte que quelques traits, fut souvent interrompu par de vifs applaudissements et de violents murmures, mêlés de quelques invectives. Les mots de *scélérat, d'assassin,* adressés par M. Guilhermy à Mirabeau, excitèrent contre le premier un violent orage; il monta à la tribune malgré les cris de ceux qui l'appelaient à la barre, en attendant que quelqu'un se levât pour l'accuser. Alors M. de Menou déclara qu'il avait entendu M. de Guilhermy traiter Mirabeau de *scélérat* et d'*assassin.* « Je demande, ajouta-t-il, que, pour l'honneur de l'assemblée, elle autorise son président à faire arrêter M. Guilhermy. » L'accusé ne nia pas le propos; mais il l'expliqua et tenta de se justifier en rappelant les phrases du discours de Mirabeau qui l'avaient irrité, et lui avaient fait dire que ce discours, qui pouvait faire assassiner une partie des membres de l'assemblée, était d'un scélérat et d'un assassin. « Je veux croire, dit en finissant M. Guilhermy, que cette intention n'était point dans le cœur de M. de Mirabeau; qu'il rétracte son propos, et je rétracte le mien. »

Mirabeau, satisfait de cette explication, demanda d'abord que l'assemblée passât à l'ordre du jour; mais son ressentiment se ralluma quand

il entendit blâmer son discours par un des défenseurs de M. Guilhermy. « Je serais bien
» fâché, dit-il alors, de me présenter dans cette
» occasion comme accusateur, mais je ne puis
» cependant pas consentir à être accusé. Non
» seulement mon discours n'était pas incendiaire,
» mais je soutiens qu'il était de devoir pour moi,
» dans une insurrection si coupable, de relever
» l'honneur des couleurs nationales, et de m'op-
» poser à l'infamie, *il n'y a pas lieu à délibérer*,
» que l'on osait espérer de notre faiblesse. Mal-
» heur à qui, parmi ceux qui comme moi ont
» juré de mourir pour la constitution, se sent
» pressé du besoin de me faire un crime de
» mon discours; il a révélé l'exécrable secret de
» son cœur déloyal. Quant au propos de l'homme
» traduit devant cette assemblée et soumis à sa
» juridiction, cette injure est si vile qu'elle ne
» peut m'atteindre. J'ai proposé que l'on passât
» à l'ordre du jour au lieu de s'occuper de sa
» démence, et peut-être, s'il eût conservé un peu
» de sang-froid, m'aurait-il demandé lui-même
» pour son avocat; je ne puis donc être suspect
» d'un désir de vengeance. Mais, en réfléchis-
» sant, j'ai compris, par ce qui vient de se passer,
» qu'il ne convenait point à un représentant de
» la nation de se laisser aller au premier mouve-

» ment d'une fausse générosité. Ainsi, non seule-
» ment je ne propose plus, comme je l'avais fait,
» de passer à l'ordre du jour, je demande qu'on
» juge M. Guilhermy ou moi; s'il est innocent, je
» suis coupable : prononcez '. »

Mirabeau eut plus d'une fois de semblables altercations dans l'assemblée nationale. La haine, la jalousie, qui le suivaient constamment, ne laissaient échapper aucune occasion de l'apostropher avec amertume; il repoussait ordinairement avec hauteur les propos durs qu'on lui adressait, et ajoutait ainsi un nouvel aliment à l'irritation de ses ennemis : en voici encore une preuve.

Un duel entre M. Charles de Lameth et M. de Castries, où le premier fut légèrement blessé, avait animé le peuple contre ce dernier ; son hôtel avait été dévasté, la plupart de ses meubles brisés, et sa personne en danger. Cette violence excita les plaintes du public, et prêta aux exagérations des royalistes, qui mirent trop d'importance à la perte des glaces et des rideaux de M. de Castries.

' M. Guilhermy fut condamné, après un assez vif débat, à garder les arrêts pendant trois jours,' et l'assemblée adopta le projet de M. de Menou, de substituer le pavillon tricolore au pavillon blanc.

Le bataillon du district de Bonne-Nouvelle vint à l'assemblée demander une loi contre les duels et vengeance contre M. de Castries, qui avait provoqué M. de Lameth. M. Roi, irrité des applaudissements qu'on prodiguait à l'orateur qui faisait cette proposition, s'écria : « Il n'y a » que des scélérats qui puissent applaudir. »

 L'orage se forme aussitôt ; on demande l'arrestation de M. Roi ; il est défendu par M. le marquis de Foucault, qui dit : « Je sens si bien » mon inviolabilité, que si vous ordonniez mon » arrestation, je n'obéirais pas, et vous ne pour-» riez m'avoir que mort. »

Alors Mirabeau prenant la parole : « Si au » milieu de cette scène odieuse, dit-il, dans la » triste circonstance où nous nous trouvons, » dans l'occasion déplorable qui l'a fait éclore, » je pouvais me livrer à l'ironie, je remercie-» rais le préopinant. » L'orateur est interrompu par M. de Foucault, qui s'écrie : « M. Mirabeau » m'accable toujours d'ironie ; M. Mirabeau s'a-» charne sur moi. »

 « Puisque vous n'aimez pas l'ironie, reprend » Mirabeau, je vous lance le plus profond mé-» pris. » Le président rappelle aussitôt Mirabeau à l'ordre.

 « Oui, sans doute, répond-il, je dois être rap-

» pelé à l'ordre, si l'assemblée veut déclarer
» qu'un de ses membres est coupable d'employer
» le mot *mépris* envers l'homme qui n'a pas
» craint de professer ouvertement à cette tri-
» bune son mépris pour les ordres de la majo-
» rité, et de lui déclarer qu'il ne lui obéirait
» que *mort*. Certes, il est temps de raisonner et
» d'écouter ; certes, cette soirée donnera une
» ample matière aux vertueux écrivains de la
» noble école des impartiaux, pour dire, rediré
» et répandre que nous consumons le temps de
» la confiance de nos commettants dans les vai-
» nes et hideuses contentions de notre irrascibi-
» lité ; certes, aujourd'hui encore on pourra s'é-
» crier que l'assemblée nationale est entièrement
» désorganisée ; qu'elle n'a plus ni calme, ni
» règle, ni respect d'elle-même. Mais ne sont-ce
» pas évidemment les coupables qui sont ici les
» accusateurs ? N'est-ce pas leur délits qu'il nous
» impute ?

» Messieurs, il est temps de le reconnaître,
» et la déclaration n'en saurait être trop solen-
» nelle, votre longue indulgence, cette indul-
» gence née, comme je l'ai dit tant de fois, des
» sentiments de votre force, cette indulgence
» serait coupable et fatale, si elle n'avait point
» un terme ; la chose publique est vraiment en

» danger, et le succès de vos travaux entière-
» ment impossible, si vous perdez de vue que
» vous êtes tenus également de respecter et de
» faire respecter la loi ; si vous ne faites pas un
» exemple dans cette assemblée ; si, pour ordon-
» ner le royaume, vous ne commencez pas par
» vous ordonner vous-mêmes. Vous devez éta-
» blir dans l'empire l'obéissance aux autorités
» légitimes, et vous ne réprimez pas dans votre
» sein une poignée d'insolents conspirateurs [1] ?
» Ah ! c'est pour leur propre salut que j'invoque
» votre sévérité : car si la lettre de vos règle-
» ments et l'esprit de vos lois, si la voix pai-
» sible de votre président et l'indignation du spec-
» tateur, si le mécontentement des bons citoyens
» et notre propre insurrection, ne peuvent leur

---

[1] Mirabeau avance ici une doctrine bien dangereuse ;
car, quel que soit le désordre que des factions opposées
causent dans une assemblée, la liberté est perdue du
moment que vous y introduisez un soldat pour réprimer le désordre ou saisir un factieux ; le remède devient pire que le mal. L'archevêque de Toulouse méritait
la peine capitale pour avoir fait arrêter des magistrats
en séance parlementaire ; Bonaparte ne se lavera jamais aux yeux de la postérité de l'audace avec laquelle
il a introduit la force armée au sein du conseil des cinq-
cents à Saint-Cloud ; les magnifiques bâtiments qu'il a
fait construire, ses victoires, l'ordre qu'il a introduit

»en imposer ; s'ils se font un point d'hon-
»neur d'encourir nos censures , une religion de
» désobéir à la majorité, qui doit régir toute so-
»ciété, n'arrivera-t-il pas infailliblement que le
»peuple ressentira enfin l'injure faite à ses re-
»présentants ? et des mouvements impétueux et
»terribles, de justes vengeances, des catastro-
»phes en tout sens redoutables n'annonceront-
»ils pas que sa volonté doit toujours, a toujours
» dû être respectée ? Les insensés , ils nous re-
»prochent nos appels au peuple. Eh ! n'est-il pas
» heureux pour eux-mêmes que la terreur des
»mouvements contienne encore ceux qui mé-
»connaissent toute loi , toute raison , toute
» convenance ?

» Messieurs, on se flatterait en vain de faire

dans toutes les parties de l'administration, les injures
grossières de ses ennemis, ne feront jamais oublier ni
pardonner ce grand attentat. Je pourrais ajouter d'autres
exemples. Telle est l'imprudente et aveugle vengeance de
l'esprit de parti, qu'il ne voit pas que ces actes de rigueur,
je dirai de violence, exercés dans le sein d'une assemblée
délibérante, sont un véritable suicide : mais les fanatiques ressemblent aux malades de Charenton ; ils se
donnent la mort, si on les laisse faire, à propos d'une
contradiction, d'un amour-propre irrité. Il est des maux
inévitables dans les graves institutions, il faut les supporter, ou renoncer à celles-ci.

» long-temps respecter ce qui est méprisable,
» et rien n'est plus méprisable que le désordre.
» On nous accuse de favoriser l'anarchie, comme
» si notre honneur, notre gloire, notre sûreté,
» n'étaient pas uniquement dans le rétablisse-
» ment de l'ordre. Mais qu'est-ce que l'anarchie,
» si ce n'est pas le mépris de la loi? et comment
» sera-t-elle l'objet de la vénération publique,
» la loi qui émane d'un foyer de tumulte et de
» scandale ? comment obéira-t-il à la loi, le
» peuple dont les législateurs foulent sans cesse
» aux pieds les règles de la discipline sociale?
» (*Se tournant du côté droit.*) Savez-vous ce qu'on
» a dit ce matin à l'un des principaux chefs de
» la force publique, qui, devant la maison de
» M. de Castries, parlait du respect dû à la loi?
» Écoutez la réponse du peuple dans son éner-
» gique simplicité? *Pourquoi les députés ne la res-*
» *pectent-ils pas ?* Dites, dites ce que le plus
» furieux d'entre vous aurait pu répliquer. Si
» vous rappelez tout ce qui est coupable, pesez
» donc aussi tout ce qui est excuse : savez-vous
» que ce peuple dans son ressentiment contre
» l'homme qu'il regarde comme l'ennemi d'un
» de ses plus utiles amis, savez-vous qu'au mi-
» lieu de la destruction, personne n'osera dire
» de la dilapidation, des effets de cette maison

»proscrite, le peuple s'est religieusement arrêté
»dèvant l'image du monarque ; que le portrait
»du chef de la nation , de l'exécuteur suprême
»de la loi, a été, dans ces moments d'une fureur
»généreuse, l'objet de sa vénération et de ses
»soins persévérants ? Savez-vous que ce peuple
»irrité a montré à madâme de Castries , respec-
»table par son âge , intéressante par son mal-
»heur , la plus tendre sollicitude, les égards les
»plus affectueux ? Savez-vous que ce peuple,
»en quittant cette maison, qu'il venait de dé-
»truire avec une *sorte* d'ordre et de calme, a
»voulu que chaque individu vidât ses poches ,
»et constatât ainsi que nulle bassesse n'avait
»souillé une vengeance qu'il croyait juste [1].

»Voilà, voilà de l'honneur, du véritable hon-
»neur, que les préjugés des gladiateurs et leurs
»rits atroces ne produiront jamais; voilà quel est
»le peuple, violent mais exorable, excessif mais
»généreux; voilà le peuple même en insurrection

[1] On n'a pas besoin de cet exemple pour constater que les prétendus pillages que l'on a tant de fois donnés pour motifs des excès populaires y ont été étrangers. Jamais le peuple, par des passions politiques ou de vengeance, n'a pensé à piller ; quelques sots l'ont cru , d'autres moins crédules ont soutenu qu'il était utile de le faire croire.

» lorsqu'une constitution libre l'a rendu à sa di-
» gnité naturelle, et qu'il croit sa liberté blessée.

» Nous avons trop tardé; ne souffrez pas que
» le temps que nous a emporté ce coupable débat
» passe pour la puérile explosion d'une colère
» oiseuse et stérile. Faites dans le sein de l'assem-
» blée un exemple qui démontre que votre res-
» pect pour la loi n'est ni tiède ni simulé, et
» qu'enfin M. Roi soit conduit en prison[1]. »

Parmi les grandes et fâcheuses méprises de l'assemblée, il faut compter ses prétendus pouvoirs
de régler la police intérieure, la discipline et la
juridiction de l'église. Les fanatiques, les faux
amis du peuple, les ambitieux de la cour et les
haineux y trouvèrent une ample aliment à leurs
vues et à leurs passions.

On s'est trop étonné peut-être de l'opiniâ-
treté avec laquelle le clergé défendit, dans
cette grande occasion, les prérogatives de son
ordre; le contraire eût été plus extraordinaire,
et il y eut de l'injustice et de l'excès dans tout
ce qu'on dit et fit contre lui à cet égard. C'est à
la séance du 27 novembre 1790 que Mirabeau
parla sur ce sujet, et soutint ces décrets contre

---

[1] Il s'y rendit effectivement, et l'assemblée n'offrit pas
le scandale de le faire arracher de dessus son siége.

les prêtres, si peu dignes d'un siècle de lumières et de ces principes généreux sans lesquels les révolutions et les changements de dynasties ne peuvent enfanter que des résultats désastreux pour les peuples.

Les évêques députés à l'assemblée nationale avaient cru devoir publier leur sentiment sur *la constitution civile du clergé* dans une *Exposition de leurs principes.* Cet écrit, dénoncé comme un attentat, comme un acte de sédition, devint l'objet d'un rapport sur les mesures de répression qu'on pouvait employer contre les prélats qui l'avaient signé.

Mirabeau, pour appuyer, ou, pour mieux dire, faire triompher les conclusions du rapporteur, prononça un des discours les mieux faits, mais en même temps le plus rempli de sophismes qu'aucun peut-être de ceux qu'il nous a laissés.

« Tandis que de toutes parts, s'écrie-t-il, les » ennemis de la liberté vous accusent d'avoir juré » la perte de la religion, je me lève en ce moment » pour vous conjurer, au nom de la patrie, de » soutenir de toute la force dont la nation vous a » revêtu cette religion menacée par ses propres » ministres, et qui ne chancelle jamais que sous » les coups dont l'orgueil et le fanatisme des prê- » tres l'ont trop souvent outragée.

» Quelle est en effet cette Exposition qui vient,
» à la suite de protestations et de déclarations tur-
» bulentes, susciter de nouvelles interruptions à
» vos travaux et de nouvelles inquiétudes aux bons
» citoyens ? Ne balançons pas à le dire, messieurs,
» c'est encore ici la ruse d'une hypocrisie qui
» cache sous le masque de la piété et de la bonne
» foi le punissable dessein de tromper la religion
» publique, et d'égarer le jugement du peuple...
» Non, ce qu'on veut n'est pas que vous apportiez
» des tempéraments et des modifications à ce que
» vous avez statué sur la constitution civile du
» clergé, mais que vous cessiez d'être sages, que
» vous renonciez à toute justice, qu'après avoir
» réglé le dehors de la religion vous en attaquiez le
» fond, que vous fouliez aux pieds la foi de vos
» pères, que vous anéantissiez un culte dont vous
» avez lié la destinée à celle de l'empire, enfin
» que votre chute dans l'impiété vous imprime un
» caractère odieux et semble intéresser la piété des
» peuples à la dispersion des législateurs de qui la
» France attendait sa régénération.

» Mais s'il était vrai que le sacerdoce français dût
» à la religion et à sa propre conscience d'opposer
» à vos décrets des réclamations, ces réclamations
» devraient-elles être conçues, rédigées, publiées
» par les évêques députés à l'assemblée nationale.

»Si cette *Exposition* est un devoir indispensable
» des pasteurs, pourquoi nos collègues dans la re-
» présentation nationale se rendent-ils les organes
» d'une résistance qui, fût-elle nécessaire, aurait
» toujours ses inconvénients et ses dangers? Pour-
» quoi faut-il que ce soit du fond de ce sanctuaire
» même de la loi qu'il s'élève des voix pour la ruine
» même de la loi ? N'est-ce pas là une commission
» délicate et terrible, dont la prudence voulait
» qu'on choisît les instruments au dehors du corps
» législatif, et dans une classe d'hommes libres des
» ménagements et des bienséances que la nation
» impose aux dépositaires de sa confiance et de son
» autorité? Ce ténébreux phénomène ne s'expli-
» que, messieurs, que par la détermination prise
» depuis long-temps, de faire voir des persécuteurs
» du christianisme dans les fondateurs de la liberté,
» et de réveiller contre vous l'ancien et infernal
» génie des fureurs sacrées. Un tel dessein de-
» mande des agents suscités du milieu de vous;
» leur caractère public donne du poids à leurs ca-
» lomnies. On a voulu, pour imprimer au ressort
» contre-révolutionnaire une teinte constitution-
» nelle et nationale, que les moteurs fussent pris
» parmi les spectateurs et les compagnons de nos
» travaux. Il résulte de là un signal solennel de
» scission qui ranime toutes les espérances, et qui,

» sans lés vertus personnelles du prince que nous
» avons appelé le restaurateur de la liberté fran-
» çaise, promettait au despotisme abattu des
» forces pour briser son tombeau, et pour redres-
» ser son trône sur les cadavres des hommes
» échappés à ses fers. »

Poursuivant son rôle de défenseur de la religion contre ceux qui ne s'en montraient, disait-il, les apôtres exclusifs que par des vues d'ambition personnelles, Mirabeau continue à répondre aux différents points de l'*Exposition,* et entre autres à celui où les prélats établissent que le pouvoir civil n'avait pu étendre ni restreindre la juridiction territoriale des évêques, sans empiéter sur les droits de l'église et de son chef. Le sophisme qu'il fit valoir était de nature à produire de l'effet, parcequ'il présente une apparence de vérité historique qu'il n'était pas donné à tout le monde d'apprécier.

«Certes, messieurs, quand on vous reproche
» de rétrécir l'ancienne juridiction de l'église et
» de méconnaître la nécessité et l'étendue d'un
» *pouvoir qu'elle exerçait sous les empereurs, et*
» *dans le temps des persécutions*¹, n'est-ce pas vous
» inviter à soumettre à une révision sévère le

¹ Expression de l'*Exposition.*

» système de l'organisation sacerdotale que vous
» avez adopté? à ramener la religion à l'existence
» qu'elle avait sous les anciens Césars, et à la
» dépouiller de toute correspondance, de toute
» relation avec le régime de l'empire? Quelle
» merveille que des empereurs païens, pour qui
» la religion n'était rien, et dans un temps où
» l'instruction chrétienne n'était ni reçue dans
» l'état, ni reconnue par l'état, ni entretenue sur
» les fonds de l'état, aient laissé cette institution
» se régir dans son indivisibilité suivant des
» maximes qui ne pouvaient avoir d'effets publics,
» et qui ne touchaient par aucun point l'admi-
» nistration civile! Le sacerdoce, entièrement dé-
» taché du régime social et dans son état de nul-
» lité publique, pouvait, du sein des cavernes où
» il avait construit ses sanctuaires, étendre et
» rétrécir, au gré de ses opinions religieuses, le
» cercle de ses droits spirituels et de ses dépen-
» dances hiérarchiques. Il pouvait régler, sans
» exciter nulle sensation, ces limites et ces dé-
» marcations diocésaines qui ne signifiaient alors
» que le partage des soins apostoliques, et que
» n'obscurcissait et n'embarrassait en rien la
» distribution des provinces romaines.

» Alors, messieurs, la religion n'était que souf-
» ferte; alors les prêtres ne demandaient pour

»elle aux maîtres du monde que de la laisser
» épancher dans le sein de l'homme ses bienfaits
» inestimables ; alors les pontifes bénissaient les
» puissances de laisser reposer le glaive qui avait
» immolé tant de pasteurs vénérables, et de re-
» garder les modestes organes de l'Évangile avec
» bienveillance ou même sans colère ; alors ces
» ouvriers austères et infatigables ne connais-
» saient d'autre source de leur frugale subsistance
» que les aumônes de ceux qui recevaient l'Évan-
» gile et employaient leur ministère.

   » Concevez-vous, messieurs, quels eussent été
» les transports de ces hommes si dignes de la
» tendre et religieuse vénération qu'ils inspirent,
» si la puissance romaine eût ménagé de leur
» temps à la religion le triomphe que lui assu-
» rent aujourd'hui les législateurs de la France ?
» et c'est ce moment où vous rendez sa destinée
» inséparable de celle de la nation, où vous l'in-
» corporez à l'existence de ce grand empire, où
» vous consacrez à la perpétuité de son règne et
» de son culte la plus solide portion de la sub-
» stance de l'état ; c'est à ce moment où vous la
» faites si glorieusement intervenir dans cette su-
» blime division du plus beau royaume de l'uni-
» vers, et où, plantant le signe auguste du chris-
» tianisme sur la cime de tous les départements

» de la France, vous confessez à la face de toutes
» les nations et de tous les siècles que la religion
» est aussi nécessaire que la liberté au peuple
» français ; c'est ce moment que nos évêques ont
» choisi pour vous dénoncer comme violateurs
» des droits de l'église, pour vous prêter le ca-
» ractère des anciens persécuteurs du christia-
» nisme, pour vous imputer par conséquent le
» crime d'avoir voulu tarir la dernière ressource
» de l'ordre public, et éteindre le dernier espoir
» de la vertu malheureuse. »

Passant de ces inculpations indirectes et de
ces plaintes contre les signataires de *l'Exposition,*
Mirabeau s'engage dans l'examen de la première question , d'où les évêques tiraient un
de leurs principaux arguments contre la doctrine de l'assemblée, c'est-à-dire le droit acquis
à l'église et à son chef de fixer les limites des
diocèses.

« La division de l'église universelle en diverses
» sections ou diocèses, dit l'orateur, est une
» économie d'ordre et de police ecclésiastique ,
» établie à des époques fort postérieures à la dé-
» termination de la puissance épiscopale ; un dé-
» membrement commandé par la nécessité des
» circonstances, et par l'impossibilité que chaque
» évêque gouvernât toute l'église, n'a pu rien

» changer à l'institution primitive des choses, ni
» faire qu'un pouvoir illimité par sa nature devînt
» précaire et local.

» Sans doute le bon ordre a voulu que, la dé-
» marcation des diocèses une fois déterminée,
» chaque évêque se renfermât dans les limites de
» son église ; mais que les théologiens, à force de
» voir cette discipline s'observer, se soient avisés
» d'enseigner que la juridiction d'un évêque se
» mesure sur l'étendue de son territoire diocé-
» sain, et que, hors de là, il est dépouillé de toute
» puissance et de toute autorité personnelle, c'est
» là une erreur absurde, qui n'a pu naître que
» de l'entier oubli des principes élémentaires de
» la constitution de l'église. »

Il discute ensuite les droits du pape dans l'institution des évêques, et ne voit dans l'autorité
du souverain pontife sur l'église universelle
qu'une sorte d'usurpation consacrée par l'usage,
mais qui n'est pas de droit divin ; puis, s'adressant aux évêques, il leur dit :

« Pontifes qui partagez avec nous l'honneur
» de représenter ici la nation française, à Dieu
» ne plaise que j'attire sur vous, ni sur vos col-
» lègues dispersés dans leurs églises, des repro-
» ches qui vous compromettraient aux yeux d'un
» peuple dont le respect et la confiance sont né-

» cessaires au succès de vos augustes fonctions.
» Mais, après cette dernière éruption d'une in-
» quiétude qui menace tout, pouvons-nous croire
» que vous ne prêtez ni votre appui ni vos
» suffrages aux écrivains anti-constitutionnels qui
» décrient la liberté au nom de l'Évangile, et qui
» ne visent à rien moins qu'à présenter la révo-
» lution sous les couleurs d'une manœuvre impie
» et sacrilége? Et quand vous vous seriez bornés
» au silence de la neutralité et de l'insouciance,
» ce silence n'eût-il pas déjà été un scandale pu-
» blic? Des premiers pasteurs peuvent-ils se taire
» dans ces grandes crises où le peuple a un si
» pressant besoin d'entendre la voix de ses gui-
» des, de recevoir de leur bouche des conseils de
» paix et de sagesse? Oui, j'étais profondément
» scandalisé de ne pas voir l'épiscopat français
» adresser à ses ouailles de fréquentes et fortes
» instructions pastorales, sur les devoirs actuels
» des citoyens, sur la nécessité de la subordina-
» tion, sur les avantages à venir de la liberté, sur
» l'horreur du crime que commettent tous ces
» esprits perturbateurs et malveillants qui médi-
» tent des contre-révolutions à exécuter dans le
» sang de leurs concitoyens; j'étais scandalisé de
» ne pas voir des mandements civiques se ré-
» pandre dans toutes les parties de ce royaume,

» porter jusqu'à ses extrémités les plus reculées
» des maximes et des leçons conformes à l'es-
» prit d'une révolution qui trouve sa sanction
» dans les plus familiers éléments du christia-
» nisme.

   » Prélats et pasteurs, je ne possède pas plus
» qu'un autre mortel le don de prophétie, mais
» j'ai quelque connaissance du caractère des
» hommes et de la marche des choses. Or ,
» savez-vous ce qui arrivera si les ecclésiasti-
» ques, persévérant à repousser l'esprit de li-
» berté, viennent enfin à faire désespérer de leur
» conversion à la constitution, et par conséquent
» de leur aptitude à être citoyens? L'indigna-
» tion publique, montée à son comble, ne pour-
» ra plus souffrir que la conduite des hommes
» demeure confiée aux ennemis de leur prospé-
» rité, et ce qui serait peut-être encore au-
» jourd'hui une motion violente ne tardera pas
» à acquérir le caractère d'une mesure raison-
» nable, sage , et commandée par la nécessité
» d'achever le salut de l'état. On proposera à
» l'assemblée nationale, comme l'unique moyen
» de nettoyer le sein de la nation de tout l'anti-
» que levain qui voudrait se refiltrer dans ses
» organes ; on proposera de décréter la vacance
» universelle des places ecclésiastiques confé-

» rées sous l'ancien régime, pour les soumettre
» toutes à l'élection des départements, pour met-
» tre le peuple à portée de se donner des pas-
» teurs dignes de sa confiance, et pouvoir chérir
» dans les apôtres de la religion les amis de sa
» délivrance et de sa liberté. »

Ce discours excita de violents murmures d'un
côté, de nombreux applaudissements de l'autre. Mirabeau, en le prononçant, avait observé
un maintien grave, un air pénétré et un ton
de bienveillance, en même temps qu'il annonçait de fâcheux événements aux prélats qui per-
sisteraient dans leur opposition ; sa prophétie
ne fut que trop réalisée, et l'imprudence de l'assemblée, à cet égard, fut une des grandes causes de la destruction de cette liberté pour laquelle il avait été fait tant de sacrifices. Les patriotes ne virent pas qu'il est des choses au-
dessus de la puissance civile, que les efforts
qu'elle fait pour les atteindre et les soumettre
retombent sur elle; qu'attaquer la religion dans
des points qui n'ont de juge que la conscience,
c'est se préparer des orages et s'ériger en persécuteurs insensés. Le serment ecclésiastique et
les rêveries barbares du député Camus ont fait
couler autant de sang et de larmes et fait plus
de mal à la France que dix années de guerre. Ce

député fanatique et brutal fit adopter à l'assemblée son système ennemi de la liberté religieuse,
et sapa par la base l'édifice encore chancelant
de la constitution ; la révolution eut contre elle
tous les cœurs généreux, et les hommes attachés
à la vraie liberté, c'est-à-dire celle qui consiste
dans l'indépendance des actions licites, de toute
intervention du pouvoir, furent indignés de la
violence qu'on faisait à celle des consciences.

Mirabeau a donc partagé la fatale erreur de
ses collègues; il a manqué de perspicacité; et
toute l'adresse et l'éloquence de ce discours, très
étudié, ne l'absolvent pas d'une faute qu'un
homme de sa force n'aurait pas dû commettre.

Aussi sa conduite dans cette occasion parut-
elle étrange au petit nombre de confidents qui
savaient ses vues et ses démarches du côté du
roi. Voulut-il par là en imposer et faire illusion
aux patriotes ? son intention fut-elle de tenir
la cour en haleine, et de lui montrer que sa
puissance dans l'assemblée n'était ébranlée par
rien, et qu'il pouvait toujours s'y rendre l'arbitre de la révolution ? fut-ce pour consacrer,
en un mot, sa popularité d'un côté et se rendre
formidable de l'autre, qu'il en agit ainsi? ou, enfin, comme quelques personnes l'ont prétendu,
son intention fut-elle d'entraîner l'assemblée à

des actes de rigueur et de tyrannie qui la ren-
draient odieuse, afin d'en triompher plus aisément? c'est ce qu'on peut soupçonner d'après
ce qui se passait et ses projets bien connus.

Je ne tarderai pas à y revenir ; nous sommes
à l'époque de sa plus grande activité : j'en ai
déjà touché quelque chose, et fait remarquer
qu'on y a peut-être mis trop d'importance.
Ce n'est pas par ce côté que Mirabeau se présente à la postérité : une intrigue est toujours à
la portée d'un homme ordinaire ; mais lorsqu'elle
a offert de grands résultats, elle change de caractère et prend celui des démarches savantes
et d'habileté. Mirabeau n'a eu que l'intention
d'un grand changement dans la marche de la
révolution ; il voulut la modifier et non la
détruire, c'est ce qu'on ne saurait révoquer
en doute, et ces mots de lui à la reine, que j'ai
déjà rapportés , *Madame, il s'agit de relever
le trône, et non de mettre la nation aux fers*, le
prouvent assez.

On voit par une lettre de madame Élisabeth,
du 3 novembre 1790, adressée à madame de
Reigecourt, qu'à cette époque le bruit courait
à la cour qu'il y avait des négociations d'enta-
mées avec Mirabeau, et que la reine en était
regardée comme la médiatrice. « Quant aux nou-

» velles, dit cette princesse, je te dirai que l'on
» tient toujours des propos indignes sur la
» reine. On dit, entre autres choses, qu'il y a
» une intrigue avec Mirabeau, que c'est lui qui
» conseille le roi. »

On voit, par cette date, que les choses avaient
traîné en longueur, puisque la première entrevue s'était faite au mois de juin précédent. Mais
enfin le mois de décembre de la même année fut
l'époque choisie pour commencer à mettre à
exécution le plan que Mirabeau avait conçu.
Peu avant, il s'était fait porter à la présidence
des jacobins, ce qui était fort adroit ; et, dans
les mêmes vues, il ne négligeait rien de ce qui
pouvait soutenir son crédit. Je crois même que,
dans l'espoir d'aplanir les difficultés qu'il craignait de la part des départements, il se proposa d'entraîner l'assemblée dans des démarches
qui pouvaient les irriter contre elle ; c'est au
moins ce qu'on serait en droit de conclure de ce
qui se passa à l'égard de l'adresse insidieuse qu'il
proposa sur la constitution civile du clergé et
que l'assemblée n'adopta pas [1].

Il s'agissait de faire goûter à la nation et de
lui expliquer cette constitution. Mirabeau, qui,

[1] Séance du 14 janvier 1791.

on ne sait pourquoi, affectait de montrer du goût pour cette matière épineuse, se chargea de la rédaction de l'adresse, dont le projet fut lu et adopté par le comité ecclésiastique; mais lorsqu'il en fit lecture à l'assemblée, les principes, les erreurs, les exagérations, en parurent si choquants, si peu propres à calmer les esprits, ou plutôt si capables d'alarmer les consciences, qu'on ne put comprendre comment celui qui avait, dans les séances précédentes, donné des preuves de sagacité dans les matières ecclésiastiques, s'échappait au point de renverser toutes les maximes consacrées par l'église catholique.

Aussi Camus, qui affectait un grand zèle pour la constitution du clergé, et qui craignait que la doctrine de l'adresse n'y portât atteinte, s'écria-t-il que de pareilles choses n'étaient pas soutenables, et qu'il demandait que l'assemblée chargeât de nouveau le comité de lui en présenter une autre, qui fut en effet adoptée sous le titre d'*Instruction sur la constitution civile du clergé.*

Malgré la censure amère que l'assemblée avait faite de son projet, Mirabeau le fit imprimer et répandre dans le public; démarche assez irrégulière, mais dont lui-même explique le motif par les raisons suivantes : « Je livre cette

» adresse à l'impression ; car ce qu'on m'a le
» plus reproché, c'est qu'il est difficile de m'en-
» tendre, et je conviens que, pour être jugé, il
» faut être entendu. Un autre motif, c'est qu'un
» membre du comité ecclésiastique a désiré l'a-
» veu que l'adresse approuvée par le comité dans
» deux conférences n'est pas entièrement la
» même que celle que j'ai lue à la tribune. Or
» non seulement je n'ai pas voulu, pour lui
» plaire, dire cette fausseté, mais j'ai dû consta-
» ter, si mon adresse est mauvaise, que j'ai eu
» des censeurs trop indulgents, et, si elle est
» bonne, que l'approbation de plusieurs de mes
» collègues m'a autorisé à le croire. J'ai déposé
» mon manuscrit sur le bureau : messieurs les
» secrétaires en ont paraphé, signé et cacheté le
» dépôt, et il n'est sorti de leurs mains que pour
» passer dans celles de l'imprimeur de l'assem-
» blée nationale. Il était important, dans une
» matière aussi délicate, de ne pas laisser le
» choix à la critique entre ce que j'ai dit et ce
» que je n'ai pas dit. J'ai dû encore faire impri-
» mer cette adresse, pour que ceux qui ne l'ont
» pas entendue ne soient pas obligés d'en croire
» sur parole ceux qui ont cru devoir ou la mé-
» connaître ou la censurer. On a blâmé en effet
» un discours très répréhensible, si un bon ci-

»toyen l'avait tenu, et je le plaçais dans la
»bouche d'un impie. On a supposé qu'en par-
»lant de la feuille des bénéfices, j'avais attaqué
»tous les prélats : il est vrai que je n'ai pas fait
»l'éloge de la feuille des bénéfices; mais en di-
»sant qu'elle avait donné souvent de très mau-
»vais choix, j'ai parlé seulement de quelques
»prélats. Enfin, on a supposé que je prêchais
»l'hérésie et la violence : je le croirais si l'as-
»semblée avait pensé de même, et je me serais
»sur-le-champ rétracté; mais, n'ayant éprouvé
»qu'une attaque individuelle d'un homme qu'on
»a accusé lui-même de n'être pas orthodoxe[1],
»j'en appelle au public : c'est à lui de prononcer.
»Enfin, l'impression de cette adresse serait in-
»dispensable, ne fût-ce que pour empêcher
»qu'elle ne fût jugée d'après le *Journal tachi-*
»*graphique.* Je pardonne qu'on ne me com-
»prenne pas; mais je dois au moins de m'en-
»tendre moi-même, et je ne veux être ni héré-
»tique ni absurde : or je serais facilement tout
»cela, d'après le galimatias double que me
»prête ce journal. »

Il faut éclaircir ici l'intention de Mirabeau
dans ce projet d'adresse, qui reçut des applau-

---

[1] Le député Camus, taxé de jansénisme.

dissements d'un côté de la chambre, et excita
de violents murmures d'improbation de l'autre. La tactique qu'il suivit ici se rattache aux
vues qu'on lui a connues, de vouloir discréditer
l'assemblée dans l'esprit des départements, pour
en venir à l'exécution de son plan. J'en trouve
l'explication dans la dernière conversation qu'eut
M. de Montmorin avec M. Malouet, lorsqu'il fut
question entre eux de la négociation de Mirabeau avec la cour. Mais comme je suivrai cette
négociation avec les détails nécessaires plus bas,
je n'interromprai pas le récit de sa conduite
publique.

Attentif à tout ce qui pouvait soutenir son
crédit parmi les patriotes, Mirabeau s'empres-
sait d'en saisir ou faire naître les occasions. Dans
cette vue, il se fit inscrire parmi les gardes
nationaux du bataillon de la Grange-Batelière,
Chaussée-d'Antin [1] : il monta la garde chez le
roi en cette qualité ; peu de jours après il fut
nommé commandant du bataillon et en remplit
les premières fonctions.

Ce service au château se conciliait très bien
avec l'état où en étaient les choses entre lui et
la cour à cette époque, et le titre de com-

[1] 18 janvier 1791.

mandant de bataillon de la garde nationale lui donnait aux yeux du public toute la confiance qu'il désirait'inspirer.

Ses nombreuses occupations ajoutèrent aux germes de la maladie dont j'ai déjà fait connaître les premières attaques. Les travaux, les veilles, les discussions publiques, ne lui laissaient pas de repos. Il avait promis à la cour de prononcer un discours étendu sur la situation de la France, dont le but aurait été d'amener l'assemblée à sentir qu'il était de l'intérêt de l'état que le roi se mît à la tête de ses armées en cas d'attaque extérieure. Il s'en occupait alors ; mais, pour ménager les intérêts du trône et ne point inspirer de soupçon , il borna son discours à des mesures générales qui pouvaient en amener de plus décisives. Ce n'était pas au reste le travail de rédaction seul qui lui donnait le plus de peine ici ; il fallait encore qu'il prît part et dirigeât en quelque sorte l'esprit public, pour le disposer à recevoir l'impression qui convenait à ses desseins actuels. On répandit donc des bruits alarmants sur les dispositions hostiles des puissances étrangères, sur les dangers où se trouverait la France si le gouvernement ne portait pas une attention sérieuse sur les causes de cette inquiétude ; il établit ainsi la nécessité de jeter un coup d'œil sur son état, et de faire connaître ses ressources et ses périls, ses motifs de crainte et de sécurité. Tel fut l'objet du discours, très remarquable, qu'il prononça à la séance du 28 [1]. Après que M. de Lameth eut proposé, au nom du comité militaire, les dispositions de défense qu'on pourrait ordonner en cas d'attaque, Mirabeau parla au nom des comités diplomatique, des recherches et militaire, avec moins de sincérité sans doute et avec des vues différentes de M. de Lameth.

« Messieurs, le comité diplomatique, réuni » au comité militaire et des recherches, m'a » chargé de fixer votre attention sur un objet im- » portant par ses rapports avec la tranquillité gé· » nérale ; sur ces bruits de guerre, ces alarmes pu- » bliques, que la défiance accueille et que le zèle » même répand ; sur les dangers quels qu'ils soient, » qu'il s'agit d'apprécier par leur réalité, non par » les vœux impuissants des ennemis de la patrie ; » enfin, sur les mesures qui sont compatibles tout » à la fois avec votre dignité et avec votre intérêt : » mesures dont la prévoyance seule nous fait un » devoir, et qui peuvent concilier ce qu'on doit

[1] Janvier 1791.

»à la crédulité, à l'ignorance et à la prudence.

» Pour un peuple immense, encore agité des
» mouvements d'une grande révolution, pour
» de nouveaux citoyens que le premier éveil du
» patriotisme unit aux mêmes pensées dans tou-
» tes les parties de l'empire, qui, liés par les
» mêmes serments, sentinelles les uns des au-
» tres, se communiquent rapidement toutes leurs
» espérances et toutes leurs craintes, la seule
» existence des alarmes est un péril, et lorsque
» de simples mesures de précaution sont capa-
» bles de les faire cesser, l'inertie des représen-
» tants d'un peuple valeureux serait un crime.

» S'il ne s'agissait que de rassurer les Français,
» nous leur dirions : Ayez plus de confiance dans
» vous-mêmes et dans l'intérêt de nos voisins.
» Sur quelle contrée portent vos alarmes? La
» cour de Turin ne sacrifiera point une utile
» alliance à des haines ou domestiques ou étran-
» gères ; elle ne séparera point sa politique de sa
» position ; et les projets d'une intrigue échoue-
» ront contre sa sagesse.

» La Suisse libre, la Suisse fidèle aux traités,
» et presque française, ne fournira ni armes ni
» soldats au despotisme qu'elle a terrassé ; elle
» aurait honte de protéger des conspirateurs, de
» soutenir des rebelles.

» fatigue la renommée un jour, parcequ'il
» n'a pas le crédit de vivre sous une admi-
» nistration bienfaisante. Eh bien, le ministère
» anglais placé entre ces deux carrières, entre-
» ra-t-il dans celle qui produira du bien sans
» éclat, ou dans celle qui aura de l'éclat ou
» des catastrophes ? Je l'ignore, messieurs, mais
» je sais bien qu'il ne serait pas de la prudence
» d'une nation de compter sur des exceptions
» et des vertus politiques. Je ne vous inviterai
» point à cet égard à une trop grande sécurité,
» mais je ne tairai pas, dans un moment où l'on
» calomnie parmi nous la nation anglaise, d'après
» cette publication d'un membre des communes,
» que tout admirateur des grands talents a été
» affligé de compter parmi les détracteurs super-
» stitieux de la raison humaine, je ne tairai pas
» ce que j'ai recueilli dans des sources authenti-
» ques, que la nation anglaise s'est réjouie quand
» nous avons proclamé la grande charte de l'huma-
» nité retrouvée dans les décombres de la Bas-
» tille; je ne tairai pas que, si quelques uns de
» nos décrets ont heurté les préjugés épiscopaux
» ou politiques des Anglais, ils ont applaudi à
» notre liberté même, parcequ'ils sentent bien
» que tous les peuples libres forment entre eux
» une société d'assurance contre les tyrans; je ne

» tairai pas que, du sein de cette nation, si respec-
» table chez elle, sortirait une voix terrible contre
» des ministres qui oseraient diriger contre nous
» une croisade féroce pour attenter à notre con-
» stitution : oui, du sein de cette terre classique
» de la liberté sortirait un volcan pour engloutir
» la faction coupable qui aurait voulu essayer sur
» nous l'art funeste d'asservir les peuples et de
» leur rendre les fers qu'ils ont brisés. Les minis-
» tres ne mépriseront pas cette opinion publique,
» dont on fait moins de bruit en Angleterre, mais
» qui est aussi forte et plus constante que parmi
» nous. Ce n'est donc pas une guerre ouverte que
» je crains. Les embarras de leurs finances, l'habi-
» leté de leurs ministres, la générosité de la nation,
» les hommes éclairés qu'elle possède en grand
» nombre, me rassurent contre des entreprises
» directes : mais des manœuvres sourdes, des
» moyens secrets pour exciter la désunion, pour
» balancer les partis, pour les déjouer l'un par
» l'autre, pour s'opposer à notre prospérité ; voilà
» ce qu'on pourrait redouter de quelques politi-
» ques malveillants. Ils pourraient espérer, en fa-
» vorisant la discorde, en prolongeant nos combats
» politiques, en laissant de l'espoir aux mécon-
» tents, en permettant à un de nos ex-ministres
» en démence de les flatter de quelques encoura-

» gements vagues, en lâchant contre nous un écri-
» vain véhément[1] et facile à désavouer, parcequ'il
» affiche le parti de l'opposition, de nous voir peu
» à peu tomber dans un dégoût égal du despo-
» tisme et de la liberté, désespérer de nous-mêmes,
» nous consumer lentement, nous éteindre dans
» un marasme politique; et alors, n'ayant plus
» d'inquiétude sur l'influence de notre liberté[2], ils

---

[1] C'est d'Edmund Burke que Mirabeau entend parler; il était membre du parlement d'Angleterre, d'abord dans l'opposition et ensuite dans le parti de la cour. Il s'est signalé par la violence de sa haine contre la révolution française. On a cité de lui qu'il avait dit *que les Français avaient passé à travers la liberté.* Phrase assez inintelligible, à moins qu'elle ne signifie que les Français ont étouffé la liberté en voulant l'établir, ce qui serait à peu près vrai de la liberté morale et personnelle.

Tout le monde connaît le véhément pamphlet de Burke contre la révolution; c'est un livre plein de rêveries et d'idées hors nature, et qu'on ne peut plus lire, imprimé en 1790. Burke est mort en 1797.

[2] Il n'est pas aisé de comprendre quel genre d'inquiétude l'Angleterre pourrait concevoir de notre liberté, si elle pouvait s'établir chez nous. En effet, s'il en était ainsi, si les libertés politiques, et, ce qui est plus précieux encore, les libertés personnelles pouvaient s'acclimater dans une nation portée alternativement à la révolte et à l'humble obéissance, quel danger y courrait la puissance britannique? Que lui importerait que je

» n'auraient point à craindre cette extrémité, vrai-
» ment fâcheuse pour des ministres, d'être tran-
» quilles dans l'Europe, de cultiver chez eux leurs
» propres moyens de bonheur, et de renoncer à
» ces tracasseries superbes, à ces grands coups
» d'état, qui en imposent parcequ'il en est peu
» de justes, pour se livrer simplement au soin de
» gouverner, d'administrer, de rendre le peuple
» heureux, soin qui leur déplaît parcequ'une na-
» tion entière l'apprécie et qu'il ne laisse plus de
» place à la charlatanerie. Telle pourrait être la
» politique insidieuse du cabinet, sans la partici-
» pation et même à l'insu du peuple anglais : mais
» cette politique est si basse, qu'on ne peut l'em-
» prunter qu'à un ennemi de l'humanité ; si
» étroite, qu'elle ne peut convenir qu'à des hom-
» mes très vulgaires ; et si connue, que de nos
» jours elle est peu redoutable.

puisse écrire, voyager, jouir de mon domicile, de mes
droits personnels librement ? Quel fruit l'Angleterre re-
tire-t-elle des entraves mises en France à l'exercice des
actions les plus licites ? quel prix peut-elle mettre à
l'abus des pouvoirs subalternes envers le peuple ? que
lui fait le système de ce que nous appelons surveillance ?
Il n'est donc pas vrai que l'Angleterre s'applaudisse de
la servitude en France ; elle aimerait mieux y voir fleurir
la liberté.

» Français, étendez un peu vos regards au-
» delà de vos frontières, vous n'y trouverez que
» des voisins qui ont besoin de la paix comme
» nous, et non des ennemis; vous y trouverez
» des hommes que, pour des guerres injustes,
» on ne mènera plus aussi facilement aux com-
» bats; des citoyens qui, moins libres que nous,
» regardent en secret les succès de notre révolu-
» tion comme une espérance qui leur est com-
» mune. De là, parcourez l'étendue de cet em-
» pire, et si vous avez la défiance du zèle, ayez
» aussi le respect de vos propres forces. On vous
» dit que vous n'avez plus d'armée, lorsque
» tous les citoyens sont soldats; que vous
» n'avez plus d'or, et, au moindre péril, les for-
» tunes particulières formeraient la fortune pu-
» blique; qu'une guerre peut troubler votre con-
» stitution, comme si les tentes d'un camp ne
» deviendraient pas aussitôt un asile pour les
» législateurs de ce peuple qui fit ses premières
» lois dans le Champ-de-Mars. Eh! quel tyran
» insensé s'exposerait à conquérir ce qu'il ne
» pourrait pas conserver? Lorsque la majorité
» d'une nation veut rester libre, est-il un emploi
» de la force capable d'empêcher qu'elle ne le
» soit?

» Où donc est la source de cette anxiété qui, se

» propageant dans tout le royaume, y a provoqué
» non seulement l'énergie et la fierté du patrio-
» tisme, mais encore son impatience? Le zèle
» n'a-t-il point exagéré nos périls? car il est une
» ambition de servir son pays capable de trom-
» per les intentions du meilleur citoyen, de lui
» faire réaliser des occasions d'être plus puissant
» pour être en même temps plus utile; de lui
» faire exagérer ses craintes, parcequ'il croit être
» propre à les calmer; enfin, de le porter à donner
» la première impulsion vers le but auquel il est
» entraîné par son talent, qui, par cela seul, lui
» fait oublier sa prudence.

» Peut-être aussi, fatigués de leur impuissance à
» troubler le royaume, les ennemis de la révolu-
» tion ont-ils pris leurs vœux pour leurs espé-
» rances, leurs espérances pour des réalités, leurs
» menaces pour une attaque, et, se consolant à
» rêver des vengeances, ont-ils inspiré des inquié-
» tudes au peuple, plus capable de juger leur
» audace que leurs moyens.

» Peut-être encore des factieux auxquels il man-
» que quelques chances pour exécuter, sous les
» beaux noms de liberté, des projets qui nous
» sont cachés, ont-ils espéré de les trouver dans
» une grande agitation populaire; et ce combat
» de l'intrigue et de l'ambition contre le patrio-

» tisme généreux et crédule, est sans doute aussi
» une guerre.

» Enfin, ne doit-on pas regarder comme une
» des causes des alarmes populaires cette dé-
» fiance exagérée qui depuis long-temps agite
» tous les esprits, qui retarde le moment de la
» paix, aigrit les maux, et devient une source
» d'anarchie quand elle cesse d'être utile à la li-
» berté? Nous craignons des ennemis au dehors,
» et nous oublions celui qui ravage l'intérieur du
» royaume. Presque partout les fonctionnaires
» publics choisis par le peuple sont à leurs postes;
» ses droits sont donc exercés; il lui reste à rem-
» plir ses devoirs. Qu'en surveillant ses manda-
» taires, il les honore de sa confiance, et que la
» force turbulente de la multitude cède à la
» puissance plus calme de la loi. Alors, jusqu'au
» signal du danger donné par le fonctionnaire
» public, le citoyen dira : *L'on veille pour moi ;*
» car ce n'est point la véritable liberté qui a de
» vaines terreurs, elle se respecte assez pour ne
» rien trouver de redoutable.

» Cependant, messieurs, si les craintes publi-
» ques ont été exagérées, elles n'ont pas été pour
» cela sans prétexte. Il est trop vrai qu'il y a eu
» des préparatifs d'une entrée de quelques con-
» spirateurs armés par les frontières de la Sa-

» voie; que quelques hommes ont été envoyés
» dans la Suisse par les mécontents français [1];
» qu'on a tenté d'introduire furtivement des armes
» dans le royaume; qu'on a cherché, qu'on cher-
» che encore à faire entrer quelques princes
» d'Allemagne dans une querelle étrangère, et à
» les tromper sur leurs véritables intérêts; enfin,
» que les réfugiés français ont des agents dans
» plusieurs cours du Nord, pour y décrier
» notre constitution, que ses bienfaits vengent
» assez de leurs outrages.

» Toutes ces circonstances réunies, comparées
» avec la force d'un grand peuple, ne mériteraient
» peut-être pas notre attention; mais nous de-
» vons aussi compter pour quelque chose l'in-
» certitude même de la prudence, la marche tor-
» tueuse d'une fausse politique, et l'obscurité
» qui couvre toujours une partie de l'avenir: en-
» fin la sagesse ne nous prescrit-elle pas de rassu-
» rer ceux-là mêmes qui s'alarment sans raison?

[1] A l'époque où parlait Mirabeau, il avait été question
d'une tentative sur Lyon. Les émigrés devaient se porter
en forces sur cette ville, où ils avaient des intelligences,
s'en emparer, et commencer par là la contre-révolution.
Le roi s'opposa à ce projet insensé, qui ne pouvait que
faire verser du sang très inutilement. (Voyez *Bertrand de
Molleville.*)

»C'est après avoir pesé toutes ces considéra-
»tions, messieurs, que vos comités vous pro-
»posent :

»D'organiser, pour l'état de guerre, les gardes
»nationales et l'armée auxiliaire : votre comité
»militaire vous en indiquera les moyens ;

»De déterminer les pensions, la retraite de
»tous les agents du pouvoir exécutif dans les
»cours étrangères, en cas de remplacement ;

»Enfin, de porter au pied de guerre une por-
»tion de votre armée, qui sera distribuée sur les
»points du royaume pour lesquels on a conçu
»quelques craintes.

»Tout le monde reconnaît depuis long-temps,
»et le ministre des affaires étrangères a rappelé
»plus d'une fois au comité diplomatique, la né-
»cessité d'employer désormais, pour nos rela-
»tions extérieures, des hommes qui ne compro-
»mettent pas la puissance française par des dou-
»tes sur nos succès, qui ne soient pas en quel-
»que sorte étrangers au nouveau langage dont
»ils doivent être les organes, et qui, soit qu'ils
»ne connaissent pas la régénération de leur
»patrie, soit que les anciens préjugés com-
»battent leur devoir, soit qu'une longue habi-
»tude de servir le despotisme ne leur permette
»pas de s'élever à la hauteur d'un système de

» liberté, ne seraient plus que les agents du mi-
» nistre ou les confidents de l'aristocratie, et non
» les représentants d'un peuple magnanime.

» Mais il faut ici, il faut toujours concilier
» l'intérêt et la justice, la prudence et l'huma-
» nité. Un long exercice de fonctions publiques,
» dans une carrière où l'on compromet souvent
» sa fortune, donne des droits à une retraite; et
» votre dignité ne vous permet pas de refuser
» les récompenses, quand même vous ne les de-
» vriez pas à des services.

» Quant au développement d'une partie de
» votre puissance militaire, vous le devez à l'o-
» pinion, qui l'invoque. C'est pour éviter qu'au
» moindre péril la nation entière, devenant tout-
» à-coup une armée, n'abandonne le travail qui
» seul constitue une nation, qu'il faut développer
» une portion de la force publique, et rassurer
» le citoyen par la prévoyance de la loi. Ne crai-
» gnez point que nos voisins regardent un ras-
» semblement de troupes, ni comme une me-
» nace, ni comme un événement capable de leur
» inspirer de la défiance. Notre politique est
» franche, et nous nous en faisons gloire; mais
» tant que la conduite des autres gouvernements
» sera environnée de nuages, qui pourra nous
» blâmer de prendre des précautions capables

» de maintenir la paix ? Non, une guerre injuste
» ne peut pas être le crime d'un peuple qui le
» premier a gravé, dans le code de ses lois, sa
» renonciation à toute conquête. Une attaque
» n'est point à craindre de la part de ceux qui
» désireraient plutôt effacer les limites de tous
» les empires pour ne former du genre humain
» qu'une seule famille, qui voudraient élever un
» autel à la paix sur le monceau de tous les in-
» struments de destruction qui couvrent et souil-
» lent l'Europe, et ne garder que contre les
» tyrans des armes consacrées par la noble con-
» quête de la liberté. »

Il serait difficile de fixer bien précisément le
but de l'orateur dans cet exposé, si l'on ne savait pas ses intentions secrètes : il n'exagère pas
les craintes pour ne pas exciter des alarmes trop
fortes ; il laisse voir cependant qu'on ne doit
pas être dans une sécurité parfaite, et qu'il
faut craindre des mouvements hostiles à la frontière ; il se garde bien de nommer le roi ou le
pouvoir exécutif comme appelé à prendre les
mesures que l'état des choses pourrait motiver ;
il n'engage presque en rien la responsabilité des
ministres ; il parle de la soumission du peuple,
et de sa confiance dans les administrateurs et
ses mandataires. Son langage a quelque chose

de mesuré et de calme qui ne se retrouve pas dans ses premiers discours; enfin il conclut par proposer des mesures qui ne contrarient en rien la marche qu'il veut suivre, et offre cependant un résultat utile dans toutes les hypothèses. En observant Mirabeau depuis l'époque de la fin de septembre jusqu'à sa mort, on le verra toujours dans les mêmes limites, et s'il conserva toute son ambition et l'ascendant de son génie sur ses collègues, il n'eut plus la même véhémence et cette plénitude d'audace de ses premiers moments.

Il lui manquait un honneur, celui de la présidence; il l'ambitionnait plus encore dans ce moment qu'à aucune autre époque de la session. Les efforts de ses amis pour l'y porter avaient échoué jusqu'alors. Il fut plus heureux dans ses nouvelles tentatives. Appelé à cette dignité le 29 janvier 1791, il la fit servir à accroître sa popularité et à donner une idée avantageuse de ses talents dans un poste où on ne l'avait pas encore vu; il s'y montra aussi digne d'occuper le fauteuil que de briller à la tribune.

« Personne ne présida, dit M. Bertrand de Molleville, avec plus de dignité, et ne prouva mieux que lui que le président n'était pas seulement l'organe de l'assemblée, mais qu'il pouvait et

» devait en être le modérateur respecté. Ses ré-
» ponses aux différentes députations qui se pré-
» sentèrent furent toutes marquées au coin du
» génie de l'éloquence et de la sagesse. C'était tou-
» jours un révolutionnaire qui parlait, mais son
» langage, habilement assaisonné de patriotisme,
» n'en avait exactement que la dose qu'exigeait
» sa popularité. Les harangues des députations
» les plus indifférentes lui suggéraient toujours
» quelques pensées brillantes, quelques traits
» piquants, qui forçaient ses ennemis comme ses
» amis à l'applaudir et à l'admirer. »

La première députation qui se présenta fut
celle de quelques musiciens et d'auteurs lyriques,
qui venaient demander à l'assemblée la permission de présenter un projet de règlement relatif
à leur profession. Mirabeau lui fit la réponse suivante :

« Tous les beaux-arts sont une propriété pu-
» blique, tous ont des rapports avec les mœurs
» des citoyens, avec cette éducation générale qui
» change les peuplades en corps de nation. La
» musique a long-temps conduit les armées à la
» victoire; des camps elle est passée dans les tem-
» ples, des temples dans les palais des rois, de ces
» palais sur nos théâtres, de nos théâtres dans nos
» fêtes civiques, et peut-être elle donna tout leur

» empire aux premières lois des sociétés naissantes.
» Cet art, fondé sur la régularité des mouvements,
» si sensibles dans toutes les parties de l'univers,
» mais principalement dans les êtres animés, chez
» lesquels tout s'exerce avec rhythme, et dont
» le penchant à la mélodie se manifeste dans tous
» leurs goûts, cet art n'est qu'une imitation de
» l'harmonie de la nature. Lorsqu'il peint les
» passions, il a pour modèle le cœur humain, que
» le législateur doit étudier encore sous ce rap-
» port, car là sans doute se trouve le motif de
» toutes les institutions sociales. »

La municipalité de Paris vint exposer l'état de
détresse où se trouvaient ses finances par suite
des énormes dépenses qu'avait nécessitées sa position depuis le 14 juillet de l'année 1789. Mirabeau saisit cette occasion pour donner une leçon
à ce corps et à la ville de Paris; il place adroitement dans sa réponse une phrase qui, sans
laisser trop apercevoir ses projets actuels, pouvait y préparer les esprits; il y réussit, et de
vifs applaudissements suivirent ces paroles qu'il
adressa à la députation :

« Ne soyez pas effrayés du poids de vos dettes;
» c'est une avance faite à la liberté. Vous avez
» semé sur une terre féconde; elle vous restituera
» tous les trésors que vous lui avez confiés. Une

» seule source de prospérité manque encore à
» cette capitale, c'est l'union de ses citoyens, c'est
» la tranquillité publique, que de fausses alarmes
» y troublent sans cesse, et qu'une foule d'intri-
» gants et d'ambitieux voudraient compromettre
» pour en être ensuite les modérateurs. Il est un
» despotisme du vice, celui-là serait le seul que
» la ville de Paris ne saurait pas renverser. »

On fit la remarque que, sous la présidence de
Mirabeau, les députations furent beaucoup plus
fréquentes que sous ses prédécesseurs; il n'en
ajournait aucune, et ce ne fut pas seulement pour
conserver sa popularité et faire briller ses talents
qu'il en agit ainsi, mais encore, suivant toutes
les probabilités, pour consumer le temps des
séances, et se dispenser ainsi de mettre à l'ordre
du jour aucune affaire importante de la nature
de celles où le rôle d'orateur lui convenait mieux
que celui de président.

Le dernier jour qu'il occupa le fauteuil, une
nouvelle députation de la commune de Paris vint
informer l'assemblée des inquiétudes et de l'agitation que produisait, dans la capitale, le projet
de départ de *Mesdames*, tantes du roi, pour
l'Italie, annoncé officiellement par M. de Les-
sart, comme devant avoir lieu du 15 au 25 février. Le peuple craignait, avec une inexpli-

cable facilité, les suites de l'éloignement de la famille royale[1]; et, d'un autre côté, la cour voyait dans cet éloignement le seul moyen de salut le plus sûr contre ses ennemis. On regardait, et non sans raison, le départ de ces princesses comme un essai, une tentative que faisait la cour pour connaître les difficultés qu'éprouverait, au besoin, le départ des autres membres de la famille. Il y eût eu plus de bon sens et de respect pour les principes de liberté de la part des Français à laisser les tantes du roi aller où elles le jugeraient à propos; elles n'étaient que d'illustres citoyennes, dont l'absence ou l'éloignement ne pouvait porter aucun préjudice à l'ordre public. Leurs in-

[1] Il faut mettre au nombre des grandes erreurs et des grandes injustices des peuples, la prétention de retenir le roi et la famille régnante dans les révolutions qui changent le gouvernement. Le roi est toujours le maître de quitter une nation qu'il croit ne plus pouvoir gouverner avec les conditions qu'on lui impose; la porte doit lui être ouverte. Tout bien calculé, même dans l'intérêt des peuples, il leur est plus avantageux, en pareil cas, que le roi et sa famille quittent et se retirent que de rester au milieu d'eux. Aussi la violation de principes et l'erreur par lesquelles, dans quelques révolutions que nous avons vues, les insurgés ont voulu tenir leur roi prisonnier, ont-elles amené le rétablissement du despotisme, plus aigri encore par la crainte et le ressentiment du passé.

trigues, leur correspondance, étaient de bien
faibles sujets de crainte contre une grande nation armée, et qui résista à l'Europe entière,
jusqu'à ce que, éblouie par les succès d'un
homme extraordinaire, elle lui fit le sacrifice de
sa liberté, et retomba dans la servitude dont elle
s'était affranchie au prix de tant de sang. Le départ des princesses ne pouvait donc être d'aucune
conséquence ; il fut cependant un événement par
l'importance que les deux partis y mirent et
les conséquences que chacun en craignait ou
en espérait.

Il serait inutile d'en tracer les détails ici, on
les trouve dans tous les auteurs du temps ; mais
aucun d'eux ne les a plus défigurés que celui des
Mémoires de Mesdames [1]. Il dit sérieusement
« que des particuliers avaient devancé Mesdames,
» semant dans le peuple tous les bruits dont ces
» conspirateurs remplissaient les journaux. Ils
» prodiguaient l'or et le répandaient à pleines
» mains parmi les hommes les plus abrutis,
» comme les plus capables de se livrer aux plus

---

[1] Imprimés en 1803. — M. Claude de Montigny, doyen
des avocats, est auteur de beaucoup d'ouvrages contre
la révolution et les principes de liberté ; ce qui ne l'a pas
empêché de mourir pauvre et ignoré, il y a quelque
temps ; il était né à Caen en 1744.

» grands excès... Cet argent, que répandirent
» ces agents cachés, n'était pas celui du duc d'Or-
» léans ; c'était celui de l'Angleterre. Le parlement
» accordait au ministre tous les subsides qu'il
» demandait, et les dispensait de rendre compte.
» La destination et l'emploi de ces fonds ne peu-
» vent être mis en problème aujourd'hui[1]. »

Ainsi voilà le parlement d'Angleterre, ou au
moins le ministre, complice de l'obstination
bruyante et grossière du peuple de France à ne
pas laisser partir Mesdames ; c'est ainsi que
l'histoire de ces temps a été défigurée, dans les
motifs et les causes des événements, par des écrivains passionnés ou ignorants, et plus ordinairement tous les deux à la fois. S'il y eut de l'argent
de donné pendant la révolution, et certes il y
en eut beaucoup, ce fut surtout de la part d'un
roi malheureux, qui achetait à tout prix quelques promesses de service et souvent d'inutiles
intrigants.

Quelles que fussent les causes et les vues de
la cour dans ce voyage ou départ, la municipalité n'en crut pas moins devoir demander à l'as-

---

[1] L'avocat Montigny écrivait ainsi en 1803, et trouvait
son compte à peindre les Anglais comme des corrupteurs :
c'était faire sa cour à Bonaparte.

semblée une loi qui fixât le mode particulier
d'existence de la dynastie régnante. L'orateur de
la députation, après des déclamations violentes,
mais qui peignaient l'irritation des esprits, ter-
minait ainsi son discours :

« Voyez ce roi, fait pour servir de modèle à
» tous les rois, qui, d'une main puissante, a
» brisé les fers de l'Amérique esclave, qui a rendu
» à tous les peuples la navigation libre et pai-
» sible de l'Océan; ce roi, l'ami de vos décrets,
» ne croit pas qu'il lui soit permis de retenir sa
» famille. Souffrirez-vous que son cœur ait des
» craintes à concevoir dans l'attente de votre loi?
» Souffrirez-vous qu'on échappe à la tendresse
» qui lui est due, et qu'on le punisse de nous
» rendre heureux? »

Ce galimatias faisait allusion à un passage de
la lettre du roi à l'assemblée nationale, où il
disait « qu'il était persuadé que ses tantes ne
» pouvaient être privées de la liberté qui appar-
» tient à chacun d'aller où il veut; j'ai cru ne de-
» voir ni ne pouvoir mettre aucun obstacle à leur
» départ, quoique je ne voie qu'avec beaucoup
» de répugnance leur séparation d'avec moi [1]. »

---

[1] Mesdames étaient parties de Bellevue le 18 février
1791 ; elles furent arrêtées à Arnay-le-Duc le 20.

La demande faite au nom de la ville de Paris plaçait Mirabeau entre deux écueils, celui de compromettre sa popularité, ou de faire suspecter au roi ses intentions et ses promesses. Il évita très adroitement l'un et l'autre par sa réponse à la députation, car c'est à quoi devait se borner son rôle.

« Vous venez, dit-il, de proposer au corps » constituant une des plus grandes questions » dont il ait à s'occuper. L'indépendance de tout » autre pouvoir que celui des lois est un droit » de chaque citoyen, parceque cette indépen- » dance constitue la liberté même d'une nation. » Quiconque a le droit de résister, doit connaître » où finit le devoir de l'obéissance. Ce principe » est notre sauvegarde à tous. Mais il peut y avoir, » sans doute, des exceptions aux règles les plus » générales. La famille royale est indivisible du » trône, et les membres de cette famille, s'ils » osaient être rebelles aux lois, seraient peut-être » contenus sans troubles par leur chef, qui, en » leur transmettant de grandes espérances, a le » droit de leur imposer de grands devoirs [1]. Ne

[1] Non ; Mirabeau divague ici : c'est du droit d'hérédité, et non de l'arbitre du roi, que la couronne passe sur la tête des membres de la famille royale ; le droit de

» craignez pas que le monarque qui répare les
» fautes des rois puisse être isolé, quelle que soit
» la conduite de ceux qui l'environnent. Un
» grand peuple est devenu sa famille; son nom,
» joint à celui de la nation et de la loi, est pro-
» noncé dans tous nos serments, et un ordre
» durable annoncera tout à la fois son bonheur
» et sa puissance »

Ce n'était point répondre à la demande, c'é-
tait l'éluder ; mais si Mesdames purent continuer leur voyage, leur départ n'éveilla pas
moins l'attention sur les démarches de la cour,
et rendit plus suspect encore ce qui pouvait
tendre à une évasion. Mais tout projet était
ajourné à cet égard, et c'était de l'exécution des
promesses de Mirabeau que le roi attendait un
changement favorable.

Contre l'usage assez commun des autres prési-
dents, Mirabeau affectait de la politesse et disait
des choses flatteuses sans phrases recherchées. Le
député Regnier avait été dénoncé mal à propos
par la ville de Haguenau comme prévaricateur[1].

police dans sa famille n'appartient au monarque que comme
à tout père de famille, ou est une convention domestique
et volontaire de la part des membres de la famille royale.

[1] Ce député est le même personnage que nous avons

On fit sur cette dénonciation un rapport qui justifiait pleinement M. Regnier. Celui-ci ayant demandé la parole sur quelques points du rapport, Mirabeau lui dit : « Monsieur, ne nous » ôtez pas le plaisir de rendre justice à votre » droiture sans vous entendre. »

La présidence de Mirabeau lui concilia la bienveillance de tous les partis : ceux de l'assemblée qui approuvaient en secret ses liaisons avec la cour et auraient voulu voir l'exécution de ses projets, applaudissaient au succès qu'il venait d'obtenir et à l'idée avantageuse qu'il donnait de lui dans cette occasion. Le roi, la reine, et leurs confidents, n'étaient pas moins satisfaits de sa conduite ; car ils observaient avec inquiétude tout ce qui pouvait accroître ou di-

vu depuis grand-juge, ministre de la justice en 1802. Il était député du bailliage de Nancy aux états-généraux. Il s'occupa, pendant la session de l'assemblée constituante, de législation criminelle et administrative, et siégea constamment avec les patriotes. Il remplit plusieurs missions pendant la révolution. Membre du conseil des anciens, il fut un de ceux qui se réunirent chez le président, le 9 novembre 1799, pour opérer la révolution du 18 brumaire, conduite dont il fut récompensé, comme tous ceux qui prirent part à cette conspiration, par une longue suite d'honneurs et de dignités que leur conféra Bonaparte.

minuer son crédit. M. de Montmorin, en présence de M. Malouet, lui fit compliment de la manière dont il avait présidé, et lui témoigna, de la part de leurs majestés, le plaisir qu'elles avaient eu à en suivre les détails: cette marche et ce succès étaient d'un bon augure pour la suite.

Mais il est temps que je fasse connaître en quoi consistaient ces projets qui l'occupaient tant, et dont les uns lui ont fait un crime, d'autres un sujet de louange après sa mort.

On se rappelle que, dès le mois de mai 1789, Mirabeau fit auprès de M. Necker quelques démarches pour s'entendre sur les moyens de donner une bonne direction aux affaires; le ministre eut le tort irréparable de mal accueillir les avances qu'il lui fit, malgré tout ce que M. Malouet, homme sage, honnête, éclairé, ami du roi, put lui dire pour qu'il reçût le comte avec égard et qu'il s'ouvrit à lui sur l'objet de sa visite.

Ce contre-temps entraîna Mirabeau à se lier avec ceux qui auraient voulu voir le duc d'Orléans à la tête du gouvernement, ou au moins à en partager la puissance sous le nom de lieutenant-général. Les attentats du 6 octobre et le dégoût qu'inspira le prince ayant détruit ce parti, Mirabeau se jeta tout entier dans le parti populaire, attendant les événements. Il ne perdait pas de vue la cour et ses intrigues ; il était servi à cet égard par les gens même du palais, qui avaient des relations avec lui ou ses amis. Enfin il conserva toujours des rapports avec M. de Montmorin, celui des ministres qui jouissait de plus de confiance auprès du roi pour les négociations de cette espèce.

Au mois de janvier 1790, il avait tenté de renouer avec la cour ; mais nous avons vu qu'il échoua également, quoique le roi eût approuvé le projet qu'il lui avait fait présenter. Je vais faire connaître le dernier de tous ceux qu'il conçut et que la mort l'empêcha de mettre à l'essai.

C'est de M. Bertrand de Molleville que j'en emprunterai le récit ; j'ai déjà dit que ce ministre jouissait de l'estime de Louis XVI et fut un des plus fidèles conseillers du monarque.

« Je dînai chez M. de Montmorin le samedi » 22 janvier 1791, dit M. Bertrand de Molleville, » et j'y restai jusqu'à neuf heures du soir. En » ouvrant la porte du salon pour y entrer, je » vis Mirabeau sortant du cabinet de ce minis- » tre ; je m'arrêtai aussitôt, non seulement pour » le laisser passer, mais pour tâcher de décou- » vrir quel pouvait être l'objet d'une visite aussi » extraordinaire.

» Comment donc, dis-je à M. de Montmorin,
» vous recevez aussi cet homme-là ? — Oui vrai-
» ment, et je crois bien que vous le recevriez
» aussi comme moi si le roi vous en avait donné
» l'ordre. — Le roi vous a donné l'ordre de re-
» cevoir Mirabeau [1] ! — Oui sans doute, et je
» l'ai déjà vu plusieurs fois. — C'est encore
» quelque nouveau piége. — Non, tout au con-
» traire. — Mais pouvez-vous avoir quelque con-
» fiance dans un pareil scélérat ? — Oh! scélé-
» rat. . . . ., il ne l'est peut-être pas autant que
» vous le croyez. — Comment, après cette
» adresse abominable qu'il a proposée, il y a
» quelques jours, sur la constitution civile du
» clergé... — Vous seriez donc bien étonné si
» je vous disais que cette adresse, qui vous scan-
» dalise si fort, était calculée pour produire
» des effets très importants, et qu'il est fort
» fâcheux qu'elle n'ait pas été adoptée. — J'en
» serais si étonné, que je n'en croirais rien. — Eh
» bien ! vous auriez tort, car rien n'est plus vrai.

---

[1] Cette conversation supposerait que M. Bertrand de
Molleville n'était instruit ni de la démarche de Mirabeau auprès de M. Necker, en mai 1789, ni du projet
proposé en janvier 1790, pour faire *Monsieur* lieutenant-
général du royaume.

» Vous ne savez donc pas que, dès le mois de
» juin dernier, Mirabeau s'était rapproché du
» roi; qu'il a fait plus d'un voyage à Saint-Cloud
» pendant que la famille royale y était, et qu'il
» y a eu secrètement des conférences avec sa
» majesté ? Il les rompit très brusquement lors-
» que le Châtelet reprit la poursuite de la pro-
» cédure sur les attentats du 6 octobre, et vint
» provoquer à l'assemblée un décret d'accusa-
» tion contre lui. Il imagina que c'était un *coup*
» *de jarnac* que La Fayette, instruit et jaloux
» de ses intentions avec le roi, avait voulu lui
» porter, et que leurs majestés, intimidées par
» ses menaces ou séduites par ses promesses,
» avaient participé ou au moins consenti au
» complot. Il a été positivement informé depuis,
» que le roi et la reine, loin d'y avoir pris au-
» cune part, n'en avaient pas eu la moindre
» connaissance [1], et il a désiré de renouer la né-
» gociation du mois de juin. Les choses sont
» déjà en fort bon train. — Je ne savais pas un

---

[1] Ce fut M. de Montmorin lui-même qui l'en informa
dans une lettre du 9 octobre 1790. Mirabeau mande à un
de ses amis que « *l'intrigue infernale du Châtelet ne pro-*
cède pas du roi ni de la reine, qu'au moins on lui en
donne l'assurance, ce qui équivaudrait à un repentir, etc. »

»mot de tout cela, répond M. Bertrand de Mol-
» leville ; mais, enfin, où veut-on aller ? Mira-
» beau donne-t-il un plan ? — Je ne répondrai
» à cette question, répliqua M. de Montmorin,
» que dans quelques jours d'ici ; je ne vous en
» aurais pas même dit autant aujourd'hui, si je
» n'étais pas sûr de votre discrétion. »

Le comte de La Marck, ami de Mirabeau, et qui
avait la confiance du roi pour l'exécution de
pareils projets, avait souvent parlé de lui à leurs
majestés comme d'un homme facile à ramener
à la défense des intérêts monarchiques, pourvu
que ceux de la liberté publique ne fussent pas
compromis, dit M. Bertrand de Molleville ; c'é-
tait toujours la condition essentielle qu'il mettait, je ne dirai pas à sa conversion, mais à
son changement de conduite. « Car, depuis que
» les rangs, les dignités et les pouvoirs qui l'of-
» fusquaient avaient été anéantis, ajoute le
» même ministre, le comte de Mirabeau avait
» cessé d'être démocrate. Sa démocratie, comme
» celle de beaucoup d'autres, consistait à abaisser
» à son niveau ceux qui étaient au-dessus, mais
» non à y élever ceux qui étaient au-dessous [1]. »

---

[1] Mirabeau ne pouvait *abaisser* personne à son niveau,
dans les principes de la monarchie; il était gentilhomme et

M. de Molleville prétend que Mirabeau voulait une monarchie, cela paraît par beaucoup de ses discours et par ses démarches auprès du roi, mais que celle dont il aurait été ministre serait bientôt devenue absolue. Cette assertion n'est-elle pas en contradiction avec ce qu'il a dit plus haut de l'attachement constant de Mirabeau au maintien de la liberté publique dans le changement qu'il proposait et puis Mirabeau n'était pas le maître d'aimer le despotisme, comme on a dit avec raison que Bonaparte ne pouvait pas aimer la liberté, et que ce serait vouloir le faire marcher sur la tête. L'organisation morale de Mirabeau ne lui aurait jamais permis d'être ou de servir un despote.

Quoi qu'il en soit, le roi et la reine, convaincus que la popularité de Mirabeau et ses talents pouvaient sauver l'état, persistèrent dans leurs premiers sentiments, et employèrent tous les moyens de persuasion et de munificence pour se l'attacher irrévocablement.

homme de condition titré. Quant à élever ceux qui étaient *au-dessous,* on ne voit pas ce que cela pourrait vouloir dire avec les principes de liberté publique dont M. Bertrand de Molleville reconnaît que Mirabeau faisait la base de son système.

Les mesures qu'il proposait pour donner une autre direction à la révolution, et raffermir le trône ébranlé, consistaient : 1° dans la dissolution de l'assemblée nationale et son renouvellement provoqué par les provinces, mais sur d'autres bases, et principalement sur celle de la propriété; 2° en un plan de constitution rédigé d'après le vœu de la majorité des cahiers et arrêté par le roi. Pour assurer ces deux moyens, Mirabeau proposait une coalition dans l'assemblée des membres les plus sages du parti royaliste, et des plus honnêtes du côté gauche. 3° Une distribution d'écrits périodiques dans la capitale et dans les provinces pour éclairer le peuple sur les projets et les manœuvres des factieux qui l'égaraient, et sur les conséquences funestes qui devaient en résulter; 4° l'envoi dans les quatre-vingt-trois départements de commissaires bien choisis, chargés ostensiblement de la démarcation des limites des districts et des cantons, et dont la mission secrète serait de provoquer des adresses uniformes pour le renouvellement de l'assemblée et pour l'adoption des bases constitutionnelles, qui seraient acceptées par le roi.

Malgré les tentatives que Mirabeau avait déjà faites auprès de S. M., et ses propositions de se ranger du côté du trône, le roi n'en fut pas moins étonné de ce nouveau projet ; mais, soit qu'il crût Mirabeau sincère ou qu'il n'eût d'intention que de parvenir au pouvoir ; il écouta favorablement ses propositions, et dit à M. de Montmorin d'en finir avec lui. « Si Mirabeau est » de bonne foi, lui dit Louis XVI, il peut sans » doute réparer une grande partie du mal qu'il » a fait ; néanmoins je ne veux m'engager dans » aucune démarche qui produise une guerre ci- » vile. Le mémoire que m'a adressé Mirabeau a » besoin d'être mûrement examiné : tâchez de » réunir l'opinion des hommes les plus sages de » l'assemblée ; sachez ceux à qui Mirabeau serait » disposé à s'ouvrir. »

Le ministre chercha donc l'occasion d'avoir une conférence chez lui avec Mirabeau, en présence de quelques députés de confiance : elle eut en effet lieu et voici comment. J'emprunte de M. Bertrand de Molleville le récit qu'il en donne dans son histoire de la révolution ; on ne peut pas citer un témoin moins suspect quand il est question de Mirabeau.

« Le 1er février 1791, à la séance du soir, » dit ce ministre, Mirabeau ayant résumé inexac- » tement et converti en amendement quelques » observations de M. Malouet sur les colonies,

»il en résulta entre eux une petite altercation
»de forme, dans laquelle Mirabeau mit un peu
»de pédanterie et M. Malouet un peu d'humeur.
»La discussion fut fermée, et tous les articles du
»décret proposés par le rapporteur (c'était Bar-
»nave) furent adoptés. Aussitôt Mirabeau prend
»la plume, appelle un huissier, et envoie, en
»présence des secrétaires qui l'entouraient, un
»billet non cacheté à M. Malouet, qui, n'étant
»prévenu de rien, fut étonné de ce message. Il
»ne mit pas plus de mystère à lire ce billet qué
»Mirabeau n'en avait mis à le lui envoyer, et
»permit à MM. de Clermont-Tonnerre et de Vi-
»rieu, qui se trouvaient près de lui, de le lire.

»Ce billet était ainsi conçu : Je suis plus de
»vos amis que vous ne pensez, et, quelle que soit
»votre opinion sur mon compte, la mienne n'a
»jamais varié sur vous. Il est temps que les
»gens sensés se rapprochent et s'entendent. Au-
»riez-vous de la répugnance à vous trouver
»avec moi chez un de vos amis, M. de Mont-
»morin? Indiquez-moi le jour, pourvu que ce
»soit après une séance du soir. » « M. Malouet
»répondit: « Très volontiers, jeudi à dix heures
»du soir. » «Il soupçonnait, ainsi que ses deux
»voisins qui avaient lu le billet, que Mirabeau
»avait quelque rapport secret avec le château. »

On se trouva, comme on en était convenu, chez M. de Montmorin. Mirabeau ouvrit la conférence par un long détail apologétique de sa conduite dans la révolution. M. Malouet lui fit l'objection que l'apologie qu'il venait de prononcer était difficile à concilier avec les opinions qu'il avait manifestées jusqu'alors.

Mais Mirabeau fut loin de se laisser déconcerter par une semblable difficulté ; comme personne n'avait plus de courage d'esprit que lui, nul ne possédait non plus au même degré l'art de la réplique et de la dialectique contentieuse.

« Mes opinions principales, dit-il à M. Ma-
» louet, peuvent toutes se rattacher aux princi-
» pes et aux intérêts de la monarchie. Je n'en-
» tends certainement pas justifier les mesures
» extravagantes qu'il a fallu appuyer pour n'avoir
» pas la canaille contre moi, ni des mouvements
» passionnés qu'on excitait à dessein et qui m'ont
» rendu souvent plus méchant que je ne suis.
» Rappelez-vous ce qui est arrivé lors de l'in-
» cendie de l'hôtel de Castries, c'est là le secret
» de plusieurs de mes motions ¹. »

C'était la discussion du plan de Mirabeau,

----

¹ C'est-à-dire qu'il parla pour le peuple, afin de se ménager son crédit sur le peuple, et ne pas le mettre contre

tel que le roi l'avait reçu , qui était l'objet principal de la séance. M. Malouet ne pensait pas
qu'on pût aussi aisément que l'indiquait ce plan
opérer la dissolution de l'assemblée nationale.
« Il serait peut-être plus facile, disait-il à Mira-
» beau, d'en ramener la majorité à des vues sai-
» nes, à des amendements qui mettraient l'au-
» torité royale en sûreté et le gouvernement en
» action. Je ne vois à cet effet qu'un expédient
» qui rentre dans l'esprit de votre plan, et qui
» peut seul produire les effets les plus salutaires.
» Vous conviendrez que le décret qui annule
» nos mandats a rendu l'assemblée despotique,
» en lui permettant de tout oser. Je ne conteste
» pas l'inconvénient de lier chaque députation
» par un mandat impératif ; mais la nation, dans
» toutes ses subdivisions, ayant ainsi expliqué sa
» volonté librement et légalement dans un temps
» où l'on ne peut pas nier que l'amour de la li-
» berté ne fût dans tous les cœurs , je ne connais
» pas de pouvoir humain qui ait le droit de dé-
» truire celui-là. Votre ami l'évêque d'Autun a
» commis par sa motion sur les mandats et par
» le succès qu'elle a obtenu, un crime irrémissible,

lui. Je doute que Mirabeau ait employé le mot *canaille*
que lui prête ici M. Bertrand de Molleville.

» c'est la source de tous les crimes. Qu'on défen-
» dît pour l'avenir les mandats impératifs, cela
» était possible; je sais fort bien en effet que le
» système représentatif, dans sa plénitude, n'en
» emporte pas de·pareils et qu'ils sont proscrits
» en Angleterre. Là le peuple n'en donne pas, et si
» quelques constituants en donnaient à leurs dé-
» putés, le parlement aurait droit de les annuler;
» mais il n'en serait pas de même si la nation tout
» entière s'était expliquée par des mandats, si tel
» avait toujours été son usage, si son intention
» était de laisser ainsi au souverain le droit néces-
» saire de concilier et de suppléer ce qu'il y au-
» rait d'inconciliable dans ses divers·mandats. Or
» l'histoire de nos états-généraux, continue M. Ma-
» louet, ne prescrit qu'une délégation ainsi cir-
» conscrite; telle était la nôtre, et, en la déclarant
» illimitée, nous avons commis véritablement un
» crime de lèse-nation. Ne disons-nous pas tous
» les jours que nous sommes envoyés pour fixer
» la constitution; que tel est le vœu de nos
» mandats? Jamais volonté nationale ne fut plus
» légalement et plus solennellement énoncée :
» tout a été prévu, expliqué, détaillé dans la
» majorité des cahiers; et à quelque époque que
» nous cherchions à mettre un terme à la révo-
» lution, si on veut en sortir, si on peut espé-

15.

»rer un dénouement raisonnable, c'est dans
»ce dépôt public et irrévocable de toutes les
»opinions et des vœux de la France entière qu'il
»faudra le chercher. Or, d'après vos bonnes in-
»tentions et votre influence, monsieur le comte,
»que peut-on espérer de vous pour le rappel
»du décret qui a annulé nos mandats, et pour
»ramener l'assemblée aux obligations qu'ils nous
»imposent? Car je ne connais de contre-révo-
»lution possible, solide et légale que celle-là. »

M. de Montmorin appuya cette opinion, dont
Mirabeau suivit le développement avec une
grande attention. Elle était aussi celle du roi.
«Je n'ai jamais vu, dit ce ministre, sa ma-
»jesté varier sur ce point; son intention, sa
»résolution inébranlable a toujours été de dé-
»férer au vœu légal de la nation. »

Mirabeau ne se rendit point à ces raisons,
soit qu'il pensât autrement, qu'il ne voulût
pas paraître céder aisément, ou qu'il eût des
combinaisons différentes pour arriver à son
but. Il soutint donc que *délimiter* les pouvoirs
avait dû être le préalable indispensable à la
constitution; que des instructions diverses et
impératives auraient sans cesse mis des entraves à toute délibération quelconque; que si
cet obstacle n'eût pas été levé, l'état d'impuis-

sance et de nullité absolue auquel l'assemblée
eût été réduite, l'aurait forcée à se séparer sans
avoir rien fait.

« La vigueur de raisonnement et l'art très
» adroit, dit M. Bertrand de Molleville, que
» Mirabeau mettait en usage pour réfuter ses
» adversaires ou esquiver l'objection, n'empê-
» chaient pas MM. Malouet et de Montmorin
» de l'y ramener toujours, de lui mettre sans
» cesse les circonstances actuelles sous les yeux,
» et de l'obliger à reconnaître qu'une grande par-
» tie du mal fait par l'assemblée nationale était
» due surtout à sa toute-puissance et à l'indépen-
» dance où elle s'était mise du vœu des cahiers. »

Mirabeau convint, en résultat, que les objections et la proposition de M. Malouet méri-
taient la plus sérieuse attention ; qu'il fallait s'en
occuper, qu'il en causerait lui-même avec ses
amis, et que c'était un motif de plus pour travailler à la coalition projetée dans l'assemblée ;
qu'il fallait réunir quinze députés choisis du
côté droit et autant du côté gauche, pour arrêter définitivement un plan de conduite ; qu'en
attendant, et aussitôt après sa présidence [1], il

[1] Mirabeau avait été nommé président le 29 janvier
1791, et le fut jusqu'au 14 février.

ferait à la première occasion une motion sur l'état actuel du royaume, dans laquelle il établirait ses principes et sa séparation irrévocable de toutes les factions.

L'on se sépara après ces explications, et Mirabeau continua de parler à l'assemblée de manière à ne laisser pénétrer aucune de ses vues; mais elles étaient déjà en partie dévoilées.

Cependant le roi pensa 'qu'il devait faire part de ces négociations et des projets qui en faisaient l'objet à ceux de ses confidents qui pouvaient ou les contrarier ou en faciliter l'exécution. C'est dans cette intention qu'il en donna connaissance à M. de La Fayette, ou du moins qu'il en eut le projet, puisqu'on a trouvé aux Tuileries une lettre autographe qu'il avait dessein d'écrire à ce général; il lui disait : « Il faut » se servir d'un homme qui ait du talent, de » l'activité, et qui puisse suppléer à ce que, faute » de temps, vous ne pouvez faire. Nous sommes » fortement persuadés que Mirabeau est celui » qui conviendrait le mieux par sa force, ses talents et l'habitude qu'il a de manier les affaires dans l'assemblée. Nous désirons, en conséquence, et exigeons du zèle et de l'attachement de M. de La Fayette, qu'il se prête à se

» concerter avec Mirabeau sur les objets qui in-
» téressent le bien de l'état, celui de mon ser-
» vice et de ma personne. »

La reine, à la même époque, reçut plusieurs
fois M. de La Fayette; et madame Campan nous
a fait connaître dans ses Mémoires avec quelle
défaveur ridicule et absurde il était vu au château, au point que cette dame fut obligée de
réprimer la grossièreté des femmes de service
de la reine, et que la princesse l'approuva en
cela ¹. Mais ce que le roi désirait ne put avoir
lieu ; Mirabeau refusa de *s'entendre* avec M. de
La Fayette. J'ai expliqué ailleurs les raisons de
son éloignement pour ce général, que d'ailleurs
il eût regardé dans cette occasion comme son
rival, quoique sans doute bien mal à propos.

Mais s'il refusa le concours de M. de La Fayette,
il n'en fut pas de même à l'égard de son cousin, le marquis de Bouillé. C'était un des plus
grands adversaires de la révolution, qui avait
une réputation militaire établie par plusieurs
actions d'éclat, et dont le caractère s'accommo-
dait fort bien des moyens qu'avait en vue Mirabeau dans ce moment.

Le roi, dans l'intention de faire goûter ses

---

¹ *Mémoires*, tom. II, pag. 132.

nouveaux projets et ceux de Mirabeau à M. de Bouillé, lui envoya M. le comte de La Marck, dont il a déjà été question. Mais je vais laisser parler ce général lui-même ; le récit qu'il fait de ce qui lui arriva dans ce moment jette le plus grand jour sur l'affaire actuelle, et confirme tout ce qu'on vient d'en lire.

« Dans le commencement de février 1791 [1], » dit M. de Bouillé, je reçus une lettre du roi ; » elle avait pour objet de m'informer qu'il me se- » rait fait des propositions de la part de Mirabeau » et de M. de Montmorin, par le comte de La » Marck, gentilhomme étranger en grand crédit » à la cour et leur ami commun ; qu'il donne- » rait au comte une lettre de sa main, que ce- » lui-ci lui avait demandée pour l'accréditer au- » près de moi. Il y avait dans la lettre du roi » les mots suivants :

» Quoique ces hommes-là (il parlait de Mira- » beau et de quelques autres) ne soient nullement » estimables, et quoique j'aie acheté les services » du premier à un prix énorme, cependant je » pense qu'ils peuvent m'être de quelque utilité. » Certaines parties de leurs projets me paraissent

[1] *Mémoires sur la révolution française*, par le marquis de Bouillé. Londres, 1797.

» devoir être adoptées. Vous écouterez néanmoins
» tout ce qu'ils auront à vous dire, sans vous
» ouvrir vous-même, et vous me ferez part de
» vos réflexions.

» Le lendemain, continue M. de Bouillé, le
» comte de La Marck arriva à Metz, et me remit
» une lettre de sa majesté, ainsi conçue :

Paris, 4 février 1791.

« Je profite avec plaisir, monsieur, de l'occa-
» sion que m'offre le voyage du comte de La Marck
» à Metz, pour vous renouveler les assurances de
» toute ma satisfaction de vos services, dans les
» circonstances difficiles où vous vous êtes trouvé.
» Je ne peux que vous demander de vous con-
» duire comme vous l'avez fait jusqu'à présent,
» et de vous assurer de toute ma reconnaissance
» et de toute mon estime.

» LOUIS. »

» Je parais, aux yeux du comte de La Marck,
» ignorer entièrement l'objet de sa mission. Il
» commence par me dire que Mirabeau m'esti-
» mait infiniment ; il avait une entière confiance
» en moi : il m'assura qu'il était maintenant
» entièrement dévoué au roi, et qu'il l'eût été

» long-temps avant, sans l'opposition qu'il avait
» rencontrée de la part de M. Necker[1]. Il eut soin
» de m'informer que Mirabeau avait, dans l'es-
» pace de peu de temps, reçu du roi six cent
» mille francs, indépendamment d'une rétribu-
» tion de cinquante mille livres par mois[2], et
» qu'on lui avait fait des promesses plus sédui-
» santes encore, s'il parvenait à rendre à sa ma-
» jesté quelque service signalé. Il ajouta que Mi-
» rabeau avait quelque inquiétude relativement à
» ma liaison avec La Fayette, comme le plus
» grand obstacle à l'exécution de ses projets.

» Cette liaison, répondis-je au comte de La
» Marck, existe plus en apparence qu'en réalité.
» J'ai de fortes raisons de me plaindre de sa con-
» duite à mon égard; je n'en ai eu d'autres de me
» réunir à lui que l'opinion où j'étais qu'il avait
» et le pouvoir et la volonté, sinon de faire le
» bien, du moins d'empêcher le mal: mais depuis
» quelque temps j'ai eu tout lieu de croire qu'il n'a

[1] M. Necker, qui était rentré pour la troisième fois au ministère le 20 juillet 1789, l'avait quitté le 4 septembre 1790.

[2] Il paraîtrait que M. de Bouillé se trompe ici, peut-être volontairement. Les cinquante mille francs par mois se rapportent au premier projet du mois de janvier 1790, qui n'eut pas lieu.

» ni l'un ni l'autre [1]. J'ai toujours pensé au con-
» traire que le génie et les talents de Mirabeau
» étaient à la hauteur des circonstances ; que s'il
» y avait un homme qui pût sauver le roi et la
» monarchie, c'était lui ; et comme c'est là mon
» unique objet, il peut compter sur mon empres-
» sement à seconder ses efforts : je désirerais seu-
» lement connaître son plan.

» A cela le comte de La Marck me dit que l'in-
» tention de Mirabeau était de faire dissoudre
» l'assemblée, et de rendre la liberté au roi, par
» la force et la volonté de la nation elle-même.
» Pour parvenir à ce but, il se proposait d'établir
» en principe que les représentants du peuple, à
» cette assemblée, n'étaient point investis des
» pouvoirs nécessaires pour faire un changement
» quelconque dans l'ancienne constitution, par-
» cequ'ils avaient reçu de leurs provinces des
» instructions directement contraires, instruc-
» tions qui n'avaient été ni altérées, ni révoquées;
» et parceque le roi, privé de sa liberté person-

---

[1] N'en déplaise à M. de Bouillé, M de La Fayette n'eut jamais la volonté de faire le mal ; et s'il ne fit pas le bien qu'on aurait pu en attendre, il faut en chercher la cause dans le mauvais esprit des deux factions extrêmes qui ont tant fait de mal en France.

» nelle , n'avait pu donner aux 'nouvelles lois
» une véritable sanction. La validité de ses objec-
» tions une fois admise , son intention était de
» faire venir des adresses des différents départe-
» ments, pour demander la dissolution de l'as-
» semblée actuelle, la convocation d'une nouvelle,
» investie de pouvoirs suffisants pour ·faire à la
» constitution les changements qui paraîtraient
» indispensables , et enfin que l'on rendît au roi sa
» liberté et une autorité raisonnable. Ces adresses
» eussent été appuyées par le peuple de Paris,
» dont Mirabeau se flattait de pouvoir disposer
» quand il aurait éloigné quelques uns des me-
» neurs jacobins , qu'il avait déjà dénoncés à
» l'assemblée.

» Le comte de La Marck ajouta que Mirabeau
» comptait sur trente-six départements , dont il
» dirigeait là conduite ; j'en avais moi-même six
» à ma disposition '. Enfin le projet de Mirabeau
» était de remettre entre mes mains le roi et la
» famille royale, soit à Fontainebleau, soit à
» Compiègne, où je leur aurais fait un rempart
» de mes meilleures troupes.

» Quand il eut fini, je dis au comte de La Marck

' **M.** · de Bouillé veut dire ceux que comprenaient la
Lorraine et les Trois-Évêchés, où il commandait.

» que j'approuvais entièrement le plan qu'il ve-
» nait de me communiquer, et je lui promis de
» l'appuyer de tout mon pouvoir. Je le priai
» d'assurer Mirabeau qu'il pouvait compter sur
» moi. J'écrivis ensuite au roi, pour lui faire part
» de mon opinion sur ce projet, que je préférais
» à celui de sa retraite à Montmédy [1]. Je lui con-
» seillai de consentir à son exécution, de charger
» d'or Mirabeau, de lui donner et de lui promettre
» tout ce qu'il demanderait. »

Ainsi le plan de Mirabeau, même d'après un
des plus grands partisans de la monarchie absolue, n'était pas une contre-révolution, le rétablissement des priviléges et abus d'autorité abolis
par les nouvelles lois ; c'était la formation d'une
institution plus monarchique que celle qui existait à l'époque de son projet. Il avait, pour les
succès de son dessein, des facilités qui n'auraient
plus existé si ce changement se fût fait par l'influence et la force des émigrés et des partisans
de l'ancienne cour. Dans ce dernier cas, tout

---

[1] Ce ne fut qu'après la mort de Mirabeau, et par suite
de cette mort, que le projet de retraite à Montmédy fut
repris (20 juin 1791); mais on voit, par les Mémoires du
marquis de Bouillé, que le roi lui en avait fait connaître
l'intention bien avant.

eût été à craindre pour la liberté nationale, et après avoir supporté pendant quelques années le mauvais régime qu'ils auraient donné à la France, et la dépendance où ils nous auraient mis de l'étranger, il aurait fallu recommencer une révolution sur nouveaux frais, au risque de voir la France une seconde fois dans l'anarchie.

Tandis que le roi consultait M. de Bouillé et ses amis, Mirabeau s'occupait des conditions de ses services; on a trouvé différentes pièces aux Tuileries qui constatent ce fait.

Une lettre, entre autres, de M. de La Porte, intendant de la liste civile, au roi, du 2 mars 1791, où il s'exprime ainsi : « Les demandes de » M. de Mirabeau sont claires ; il veut avoir un » revenu assuré pour l'avenir, soit en rentes » viagères constituées sur le trésor public, soit » en immeubles; il ne fixe pas la quotité du re- » venu. S'il était question de traiter cet objet dans » ce moment, je proposerais à votre majesté de » donner la préférence à des rentes viagères. » Votre majesté approuve-t-elle que je le voie? » Que me prescrira-t-elle de lui dire ? Faudra-t-il » le sonder sur ses projets ? Quelle assurance de » sa conduite devrai-je lui demander ? Que puis- » je lui promettre pour le moment ? Quelle espé-

» rance pour l'avenir ? Si dans cette conduite il
» est nécessaire de mettre de l'adresse, je crois,
» sire, qu'il faut encore plus de franchise et de
» bonne foi. M. de Mirabeau a déjà été trompé.
» Je suis sûr qu'il disait il y a un an que M. Necker
» lui avait manqué de parole deux fois[1]. Au sur-
» plus je suis convaincu que c'est le seul homme
» qui, dans les circonstances actuelles, qui sont
» très critiques, puisse réellement servir votre
» majesté. C'est un homme violent; il est aujour-
» d'hui en fureur contre le triumvirat [2], qu'il ap-
» pela le *triumgueusar*. Je pense qu'il faut saisir
» le moment pour le porter à des démarches qui
» ne lui permettent plus de s'y rallier. »

Il paraît que M. de La Porte n'était pas très au
courant de ce qui se passait, puisque, dès les
premiers jours de février, il y avait déjà des ar-
rangements de pris, et que le plan de Mirabeau
était connu du roi, de M. de Montmorin, de Malouet, et communiqué à M. de Bouillé, et que sa
lettre est du 2 mars. M. de La Porte n'avait été
instruit que par le marquis de Luchet, un des

---

[1] Vraisemblablement au mois de mai 1789, et au mois
de janvier 1790.

[2] MM. Alexandre de Lameth, Adrien du Port, et Barnave.

amis de Mirabeau, et qui le servit constamment dans ses projets d'ambition ; il l'avait député auprès de l'intendant de la liste civile, non seulement pour lui communiquer ses vues et ses moyens, mais pour que ce ministre convînt avec le roi des avantages pécuniaires qu'on ferait à Mirabeau.

Sa position, au milieu de ces négociations et des intrigues qui les accompagnaient, était assez embarrassante. Il n'était pas sur un terrain franc et solide ; on voit de plus qu'il était détesté à la cour, depuis surtout que ses entretiens avec leurs majestés et ses projets y étaient connus : c'était un objet de jalousie et de dénigrement de la part des courtisans et des *zélés serviteurs.*

Les patriotes et les jacobins le traitaient plus mal encore : le triumvirat faisait surveiller ses démarches, et M. de La Fayette lui-même, très dévoué à la monarchie constitutionnelle, voyait avec peine et avec inquiétude ces mouvements, dont l'issue était très équivoque. « Il y a des » gens qui roulent dans leur tête de grands pro-» jets, écrivait-il à M. de Bouillé ; tout cela est » le fruit de petites ambitions : je vous dirai ce » que j'en pense à mesure que je les connaîtrai. » Quant aux honnêtes gens comme nous, il nous

» convient d'aller tout droit et tout ouvertement
» à un but utile et connu. Tous ces mystères et
» toutes ces intrigues ne servent que les fripons,
» comme toutes les chimères des mauvaises têtes
» ne servent que leurs ennemis [1]. »

Il paraît au surplus que Mirabeau variait dans
l'exécution de ses plans : son intention avait
été d'abord de voir par lui-même les départements sur lesquels il pouvait compter.

Ce fut en conséquence de cela qu'à la séance
du 22 décembre, jour de la nomination de
M. Dandré à la présidence, il avait prévenu l'assemblée qu'il allait s'absenter pour un mois, et
que le lendemain il écrirait au président pour
lui demander un passe-port. Il fut décidé presque à l'unanimité que le passe-port lui serait
accordé: chacun avait son motif pour ne pas le
lui refuser.

Cette démarche fit quelque sensation : on s'en
entretint beaucoup à la cour, et madame Élisabeth en parle dans ses lettres comme d'une
nouvelle qui faisait du bruit dans le monde. Les
patriotes en suspectaient les motifs, quoique
les plus crédules n'y vissent que le besoin de

[1] Lettre de M. de La Fayette à M. de Bouillé, dans les
Mémoires de celui-ci.

repos que la santé de Mirabeau exigeait; il avait
répandu qu'il se rendrait en Provence.

Mais, soit qu'il eût changé subitement d'avis,
que des rivaux voulussent entraver sa marche,
qu'il y eût de la bonne foi dans la conduite que
les jacobins tinrent alors, ou peut-être toutes
ces causes à la fois, leur société, dont il était
président dans ce moment, lui envoya une
députation pour lui témoigner les regrets qu'elle
éprouvait de son départ, et l'inviter à ne pas
abandonner l'arène constitutionnelle. Mirabeau
se montra sensible à ce procédé, promit de ne
pas partir et tint parole.

Il est plus probable que le besoin et l'espoir
de se faire porter à la présidence de l'assemblée,
à une époque où ses nouvelles négociations avec
la cour commençaient à s'établir, le retinrent à
l'assemblée: il est temps que nous y revenions;
nous avons dû rompre l'ordre des temps, pour
ne pas perdre le fil des événements que nous
avions à tracer ici.

Il est plus important, à l'époque où nous
sommes qu'à celles qui ont précédé, de ne pas
nous borner au simple exposé de ses opinions
et de ses discours, mais de donner aussi un
aperçu des débats où il intervint. Il sera aisé
et intéressant, à présent que l'on sait le secret

de sa conduite, de rapprocher ses paroles de ses promesses et de ses projets.

Le départ de Mesdames avait donné lieu à des débats assez vifs dans la séance du 24 février ; dans celle du 25 on agita la question de la résidence des fonctionnaires publics, d'après le rapport du comité chargé de présenter un projet de loi sur ce sujet.

Suivant le projet du comité, cette loi atteignait, sinon tous les membres de la famille royale, au moins ceux que leur naissance approche le plus près du trône. L'abbé Maury soutint avec une grande force de raisonnement qu'il était absurde de comprendre le roi dans la catégorie des fonctionnaires publics ; que c'était dénaturer ses pouvoirs et méconnaître son inviolabilité, puisque tout fonctionnaire public était responsable et destituable, ce qui ne pouvait s'accorder avec le caractère de la royauté.

M. d'Esprémenil ne voulait pas que l'assemblée pût délibérer sur une semblable question, et blâma même l'abbé Maury de l'avoir entamée ; il ajouta qu'il interpellait tous les fidèles serviteurs du roi de déclarer s'ils avaient cessé un moment de reconnaître l'inviolabilité du roi ; il déclarait qu'aucun Français ne pouvait plus, sous peine d'infidélité à son premier serment, en prêter un nouveau qui n'avait pu ni effacer ni faire oublier l'autre.

A ces mots, un violent tumulte s'élève dans l'assemblée : le côté droit applaudit, le gauche se récrie contre ces apostasies jésuitiques, et ne veut pas laisser continuer l'orateur.

Alors le président, c'était M. Adrien Duport, dit à M. d'Esprémenil : « Monsieur, malgré ce que » vous venez de dire, vous n'avez pas oublié vous » même le serment que vous avez prêté d'être » fidèle à la nation, à la loi et au roi. Ce serait y » manquer que de dire que ce serment n'a pu » exister après celui dont vous parlez. »

Ces paroles excitèrent de vifs applaudissements dans la partie gauche de l'assemblée.

Mais M. Cazalès, en apostrophant les membres et le président lui-même, accusa celui-ci d'avoir dit que le serment d'être fidèle à la constitution était contraire à la fidélité qui avait été jurée au roi.

Des murmures s'élèvent dans la partie gauche, elle s'écrie que le président n'a pas dit cela.

Enfin l'orage allait croissant, et la chaleur des factions entre lesquelles l'assemblée était partagée rendait le débat interminable, lorsque Mirabeau prenant la parole, et obtenant un profond silence, dit :

« Comme il serait tout-à-fait indigne de nous
» de répondre à ce qu'on n'a pas dit, de supposer
» des intentions non manifestées, et de faire cir-
» culer des déclamations inutiles, je demande
» que le tort reproché à M. le président, soit
» d'abord constaté. Quant à moi, je déclare
» qu'ayant dit à M. d'Esprémenil que j'interpel-
» lais sa probité de déclarer s'il avait entendu
» la réponse de M. le président, comme M. Cazalès
» l'avait rapportée, il m'a répondu : « M. le prési-
» dent ne l'a point dit ainsi; M. Cazalès se trompe. »

» Mais ce qui n'est pas incertain, ajoute Mira-
» beau, c'est qu'il serait profondément injurieux
» pour l'assemblée nationale, c'est qu'il serait
» profondément coupable, de vouloir scinder
» pour ainsi dire le serment que nous avons prêté,
» et de séparer quelqu'une des parties qui le
» composent. Notre serment de fidélité au roi
» est dans la constitution; il est constitutionnel. »

Le côté gauche applaudit unanimement; Mirabeau reprend : « Je dis qu'il est profondément
» injurieux de mettre en doute notre respect pour
» ce serment. » De nombreux applaudissements
du même côté recommencent et se prolongent.

Mirabeau continue: « Après cette déclaration
» non équivoque et pour laquelle je lutterai avec
» tout le monde en énergie, bien décidé que je

» suis à combattre toute espèce de factieux qui
» voudraient porter atteinte aux principes de la
» monarchie, dans quelque système que ce soit,
» dans quelque partie du royaume qu'ils puissent
» se montrer ; »

(Nouveaux applaudissements long-temps pro-
longés dans la partie gauche.)

« Après cette déclaration, qui renferme tous
» les lieux, tous les temps, tous les systèmes,
» toutes les personnes, toutes les sectes, sans
» employer plus de temps en vaines irascibilités,
» passons à la question qui est à l'ordre du jour,
» et qui devrait déjà être posée; je prie aussi l'as-
» semblée d'accepter l'augure d'une réconciliation
» universelle, puisque M. d'Esprémenil est aujour-
» d'hui l'ami de l'illustre et courageux ami de
» Lamoignon¹. »

L'assemblée est saisie d'un rire universel, et
Mirabeau descend de la tribune au bruit d'applaudissements nombreux et répétés.

¹ Pour entendre ce sarcasme, il faut d'abord savoir que
M. d'Esprémenil, en parlant de l'abbé Maury dans ce débat, l'avait appelé *son illustre et courageux ami;* ensuite
on doit se rappeler que l'abbé Maury avait été un des
fauteurs des violences exercées contre le parlement de
Paris par Lamoignon, garde des sceaux, servile acolyte
de l'odieux archevêque de Toulouse; qu'il avait prêté sa

Il était aisé de voir que, dans ce discours, Mirabeau voulait surtout désigner les membres du *triumvirat* qui venaient d'avoir un succès signalé, en faisant nommer Adrien Duport à la présidence ; l'intrigue va se mêler plus que jamais aux débats de l'assemblée.

On en aura encore une preuve dans la question très importante de l'émigration, et où Mirabeau eut le mérite de défendre les vrais principes, en soutenant la cause pour laquelle il s'était déclaré.

Les émigrations nombreuses des personnes les plus riches et les plus considérables de la France inspiraient de justes alarmes, et une irritation parmi le peuple, qu'il était important de faire cesser. Ceux qui s'y laissaient aller, alléguaient différents motifs, la peur, des injustices commises envers eux, des menaces ; ils voulaient, disaient-ils, se mettre à l'abri des dangers. Ces raisons pouvaient entrer pour quelque chose dans leur détermination ; mais la principale était la

plume à chacun de ces deux ministres, et qu'enfin M. d'Esprémenil était un des membres du parlement qui furent arrêtés par leurs ordres. — Dans la pièce intitulée *la Cour plénière*, l'abbé Maury, ainsi que l'abbé Morellet et quelques autres, sont mis au nombre des esclaves qui forment le cortége du prélat ministre.

folle espérance de revenir à main armée *rétablir l'ordre* en France, de rentrer dans leurs biens, dignités et priviléges, à la tête d'armées qu'allaient leur fournir les souverains de l'Autriche, de la Prusse et de la Russie ; enfin ils s'applaudissaient de réduire le peuple à la misère qui allait résulter de l'absence des propriétaires et des riches, des salaires et des avantages que leur présense lui procurait. Ces folles considérations étaient soutenues par la mode, qui voulait qu'on allât mendier des secours et des charités au-delà du Rhin, lorsqu'on pouvait, avec de la prudence et une conduite sensée, vivre sur ses foyers, à une époque surtout où tant de ressources restaient pour arrêter les progrès de l'anarchie, et où le roi avait encore un grand pouvoir.

On avait donc renvoyé au comité de constitution d'examiner s'il serait possible de faire une loi contre l'émigration, sans violer les principes de la constitution.

Le comité propose une loi, loi très rigoureuse, et où l'on affecta d'insérer des articles qui en auraient fait un véritable code de tyrannie ; mais il demande avant de lire le projet de cette loi que l'assemblée décidât si elle voulait une loi sur l'émigration. Une grande incertitude régnait dans

l'assemblée: les uns étaient retenus par des intérêts de parti, les autres par le respect pour la
liberté des personnes, que jusque là on s'était
fait un devoir de respecter. Mirabeau monte à la
tribune; le silence s'établit, l'empressement est
général de connaître son opinion [1].

« Messieurs, c'est une motion d'ordre que
» je fais dans ce moment, et c'est un décret
» que je vais proposer ; mais je demande préa-
» lablement une permission dont j'ai rarement
» usé, je serai court ; je demande à dire deux
» mots personnels à moi.

» J'ai reçu depuis une heure six billets, dont
» la moitié m'invite à prononcer la théorie de mes
» principes, l'autre provoque ma surveillance sur
» ce qu'on a beaucoup appelé dans cette assem-
» blée *la nécessité des circonstances.* Je demande que
» dans la position où je me trouve, que dans
» une occasion où il convient à un ami de la
» liberté, qui a servi les révolutions et qui a déjà
» fait trop de bruit pour son repos, où il lui
» convient, dis-je, de prendre couleur d'une ma-
» nière très nette et très prononcée, je demande
» qu'il me soit permis de lire une page et demie
» (peu de discours sont moins longs) d'une lettre

---

[1] Séance du 28 février 1791.

» adressée il y a six ans au despote le plus absolu
» de l'Europe [1]. Les gens qui cherchent les prin-
» cipes y trouveront quelque chose de raisonna-
» ble, et du moins on n'aura plus le droit de
» m'interroger. J'écrivis à Frédéric-Guillaume,
» aujourd'hui roi de Prusse, le jour de son avé-
» nement au trône, voici comme je m'exprimais.

» On doit être heureux dans vos états, Sire :
» donnez la liberté de s'expatrier à quiconque
» n'est pas retenu d'une manière légale et par des
» obligations particulières. Donnez par un édit for-
» mel cette liberté; c'est encore là une de ces lois
» d'éternelle vérité que la force des choses appel-
» le, qui vous fera un honneur infini, et ne vous
» coûtera pas la privation la plus légère, car votre
» peuple ne pourrait aller chercher ailleurs un
» meilleur sort que celui qu'il dépend de vous
» de lui donner ; et s'il pouvait être mieux ail-
» leurs, vos prohibitions de sortir ne l'arrête-
» ront pas. Laissez ces lois à ces puissances qui
» ont voulu faire de leurs états une prison ,
» comme si ce n'était pas le moyen d'en rendre
» le séjour odieux [2]. Les lois les plus tyranni-

[1] Il entend sa lettre à Frédéric-Guillaume, roi de
Prusse, dont il a été question dans le troisième livre.

[2] Dans la mesure d'empêcher les citoyens d'un état

»ques sur les émigrations n'ont jamais eu d'au-
» tre effet que celui de pousser le peuple à
» émigrer , contre le vœu de la nature le plus
» impérieux peut-être , qui l'attache à son pays.
» Le Lapon chérit le climat sauvage où il est
» né : comment l'habitant des provinces qu'é-
» claire un ciel plus doux penserait-il à le quit-
» ter , si une administration tyrannique ne lui
» en rendait pas inutiles ou odieux les bienfaits
» de la nature. L'homme endure tout de la part
» de la providence; il n'endure rien d'injuste de
» la part de son semblable, et s'il se soumet ,
» c'est avec un cœur révolté. Le langage de la
» justice et de la raison est le seul qui puisse
» avoir un succès durable aujourd'hui, et les
» princes ne sauraient trop penser que l'Amé-
» rique anglaise ordonne à tous les gouver-
» nements d'être justes et sages , s'ils n'ont pas
» résolu de ne dominer bientôt que sur des
» déserts. »

C'était une chose très adroite à Mirabeau

d'aller et venir comme ils le désirent, il n'y a pas seulement le prétexte de je ne sais quelle sûreté qu'on invoque
à tort et à travers, il y a la jouissance attachée à l'exercice du pouvoir, jouissance qui s'étend du ministre au
dernier agent de l'autorité, et que la liberté , dont parle
Mirabeau , ferait disparaître.

dans le dessein où il était de s'opposer aux lois pénales sur l'émigration, d'énoncer son opinion par une lecture semblable, on ne pouvait ainsi le soupçonner d'avoir adopté de nouveaux principes pour favoriser les ennemis de la révolution ; il rassurait aussi, par une semblable profession de foi, ceux qui, soupçonnant ses vues et tenant à la liberté, auraient craint qu'il ne se fût vendu au despotisme et aux prétentions des contre-révolutionnaires. Il reçut donc de nombreux applaudissements ; mais plus vifs et plus nombreux du côté droit que de l'autre ; lorsqu'ils lui permirent de se faire entendre, il reprit la parole et proposa le projet de décret que voici : «L'assemblée nationale, ouï » le rapport de son comité de constitution, con- » sidérant qu'une loi sur les émigrés est inconci- » liable avec les principes de la constitution, n'a » pas voulu entendre la lecture d'un projet de » loi sur cet objet, et a décrété qu'elle passerait à » l'ordre du jour, sans préjudice des décrets » précédemment rendus sur les personnes qui » ont des pensions ou des traitements payés par » la nation, et qui sont hors du royaume. »

Le côté droit applaudit et demanda à aller aux voix, le côté gauche gardait le silence. Un de ses membres, Rewbell (prononcez *Reuble*),

le rompit en s'attachant à combattre l'avis du
comité, qui déclarait qu'une loi sur l'émigration
était impossible et contraire à la constitution.
Une nouvelle rédaction du projet fut proposée ;
elle était ainsi conçue : « Art. Ier Dans les mo-
» ments de troubles, et lors de la déclaration de
» l'assemblée nationale, la loi suivante sera mise
» en vigueur par une proclamation qui sera faite
» dans tous les départements. Art. II. Il sera
» nommé par l'assemblée nationale un conseil
» de trois personnes qui exerceront, seulement
» sur le droit de sortie du royaume et d'y ren-
» trer, un pouvoir dictatorial ; il désignera les
» absents qui seront tenus de rentrer dans le
» royaume, sous peine d'être traités comme re-
» belles, et il ne sera donné de permission de
» sortir de France que par la même autorité. »
Aux mots *pouvoir dictatorial*, de longs et violents bourdonnements se firent entendre dans
toutes les parties de la salle. « La loi n'est qu'en
» trois articles, dit M. Lechapelier qui la propo-
» sait, ainsi vous n'aurez pas besoin de beaucoup
» de patience pour l'entendre ; nous pensons que
» s'il peut en exister une, c'est celle-là : car elle
» est seule exécutable. Je continue.
» Art. III. Les réfractaires à la présente loi
» seront déchus de tous droits de citoyen fran-

» çais, et déclarés incapables de remplir aucunes
» fonctions ; leurs revenus et leurs biens seront
» confisqués. »

L'agitation et les murmures redoublent. On
demande de toute part la question préalable. Au
milieu de ce tumulte, Mirabeau prend la parole,
malgré l'opposition du côté gauche, qui commençait à se défier de lui, et parvient à se faire
écouter.

« La formation de la loi, dit-il, ne pouvant
» se concilier avec les excès, de quelque espèce
» qu'ils soient, l'excès du zèle est aussi peu fait
» que tout autre pour la préparer. Ce n'est pas
» l'indignation qui doit faire la loi ; c'est la
» réflexion, c'est la justice, c'est surtout celle-ci
» qui doit la porter. Vous n'avez pas fait à votre
» comité de constitution le même honneur que
» les Athéniens firent à Aristide, lorsqu'ils le
» laissèrent juge de la moralité du plan qu'il
» proposait ; mais le frémissement qui s'est
» fait entendre à la lecture du plan du comité
» a montré que vous étiez aussi bons juges
» de cette moralité qu'Aristide, et que vous
» aviez bien fait de vous en déférer la juridiction ;
» je ne ferai pas à l'assemblée l'injure de croire
» qu'il est nécessaire de démontrer que les trois
» articles qu'on vient de présenter auraient pu

»trouver une digne place dans le code de Dracon,
» mais qu'ils ne peuvent jamais figurer parmi les
» décrets de l'assemblée nationale de France. Ce
» que j'entreprendrais de démontrer peut-être,
» si la discussion se portait sur cet aspect de la
» question, c'est que la barbarie même de la loi
» qu'on vous propose est la plus haute preuve
» de l'impraticabilité d'une loi sur l'émigration. Je
» n'ignore pas qu'il est des cas urgents, qu'il est
» des situations critiques, où des mesures de po-
» lice sont indispensablement nécessaires, même
» contre les principes, même contre les lois re-
» çues; c'est la dictature de la nécessité[1]. Une loi
» sur l'émigration est, je vous le répète, une
» chose hors de votre puissance, parcequ'elle
» est impraticable. Il est prouvé, par l'expérience
» de tous les temps et de tous les gouvernements,
» qu'avec l'exécution la plus tyrannique, la plus
» concentrée dans les mains des Busiris, une pa-
» reille loi n'a jamais été exécutée, parcequ'elle
» est inexécutable. Je déclare que je me croirais

---

[1] Sans doute; mais il ne faut pas que le remède conserve la vie au malade en le privant de la santé. Mirabeau professe encore ici une doctrine dangereuse et en contradiction avec ses propres principes : une mesure contraire aux lois serait une mesure tyrannique, un commencement d'anarchie ; toute mesure doit être légale.

» délié de tout serment de fidélité envers ceux
» qui auraient l'infamie de nommer une commis-
» sion dictatoriale. »

De violents murmures s'élèvent dans la partie gauche; la droite applaudit avec enthousiasme. « Messieurs, s'écrie Mirabeau, la popu-
» larité que j'ai ambitionnée, et dont j'ai eu
» l'honneur de jouir comme un autre, n'est pas
» un faible roseau; c'est un chêne dont je veux
» enfoncer la racine en terre, c'est-à-dire dans
» l'inébranlable base des principes de la raison,
» de la justice et de la liberté. Je pense que je
» serais déshonoré à mes propres yeux, si, dans
» aucun moment de ma vie, je cessais de repous-
» ser avec indignation le droit, le prétendu droit
» de faire une loi de ce genre ; entendons-nous,
» je ne dis pas de statuer sur une mesure provi-
» soire, sur une mesure de police, mais de faire
» une loi sur les émigrations, contre les émigrants:
» je jure de ne lui obéir dans aucun cas, si elle
» était faite. »

Les clameurs, les murmures du côté gauche
recommencèrent comme de plus belle; on criait,
au traître ! à la vénalité ! Mirabeau ne put supporter ces insolentes apostrophes, et les déclamations insensées d'un grand nombre de membres contre des principes qui pouvaient leur dé-

plaire, mais qui n'en étaient pas moins fondés sur les droits les plus respectables de l'homme et de la société. Sa figure s'anima, et jetant un regard de mépris sur ceux qui repoussaient son projet de décret, il le répéta de nouveau, et demanda que l'on délibérât dessus.

De nouveaux débats s'engagèrent sur les propositions faites par M. Lechapelier : on demanda la question préalable ; elle fut adoptée, et son projet repoussé d'une voix unanime. D'autres avaient demandé qu'il fût renvoyé au comité de constitution, pour en présenter un nouveau. Les avis se partagèrent. Le côté gauche soutenait que la proposition du renvoi était une motion d'ajournement ; il insistait pour qu'on lui donnât la priorité sur celle qu'avait faite Mirabeau, à laquelle le côté droit demandait unanimement qu'elle fût accordée. Après des débats tumultueux, la priorité fut accordée à la motion du renvoi. La question préalable sur la motion fut alors demandée par un grand nombre de membres du côté droit, et repoussée par ceux du côté gauche ; Mirabeau réclama la parole, Goupil de Préfeln, irrité de son ton d'autorité, s'écria : « Quel est donc le titre de la dictature qu'exerce » ici M. Mirabeau ? » Une foule de députés de tous les partis quittaient leurs places, couraient au

milieu de la salle et parlaient tous à la fois ; le
président ne savait à qui entendre. «Je n'ai que
» trois mots à dire, M. le président, dit Mirabeau,
» de la tribune où il était monté ; je prie messieurs
» les interrupteurs de se rappeler que j'ai toute
» ma vie combattu le despotisme, et d'être bien
» assurés que je le combattrai toute ma vie.» (Le
côté droit applaudit, quelques voix de la gauche s'écrient, *Ce n'est pas vrai, vous l'exercez.*)
«Je prie aussi M. Goupil de se souvenir qu'il
» s'est mépris autrefois sur un Catilina dont il
» repousse aujourd'hui la dictature. Je supplie
» maintenant l'assemblée de considérer qu'il ne
» suffit pas d'intercaler, dans une proposition
» qui en contient plusieurs autres, le mot *ajour-*
» *nement,* pour la transformer en une simple
» proposition d'ajournement (une partie du côté
» gauche s'agite et murmure de nouveau); il ne
» suffit pas de compliquer deux ou trois propo-
» sitions et de les envelopper. (Les murmures de-
» viennent plus violents.) Silence aux trente voix [1]!
» reprend Mirabeau sur le ton le plus imposant.
» Il ne suffit pas, dis-je, d'amalgamer deux ou trois

---

[1] Allusion au parti de Duport, Lameth et Barnave,
qui ne comptaient que ce nombre de députés de leur
faction.

» propositions, èt de les revêtir du nom d'*ajour-*
» *nement,* pour obtenir pour elles un ajournement
» pur et simple; l'ordre du jour vaut mieux, je
» crois, sur la proposition en délibération, à
» laquelle, si l'assemblée cependant veut l'adop-
» ter, je fais cet amendement, *qu'il soit décrété*
» *que d'ici à l'expiration de l'ajournement il n'y*
» *aura pas d'attroupement.* »

Quelques murmures, plus sourds et plus dis-
simulés que les précédents, se mêlèrent encore
aux nombreux applaudissements que les membres du côté droit donnèrent à Mirabeau; mais
la contenance des trente coalisés qu'il apostro-
phait était bien moins assurée. Ils craignaient
sans doute que l'orateur qui venait de dévoiler
le secret de leur nombre ne dévoilât aussi celui
de leurs projets : aucun d'eux ne prit la parole;
ils se contentèrent d'assurer par leurs suffrages
la majorité à la motion que Mirabeau combattait, et qui finit par être décrétée malgré les vives
réclamations du côté droit, c'est-à-dire que l'assemblée décida que la proposition de la loi sur
l'émigration était ajournée, et que le comité
serait chargé de proposer une autre rédaction.

Cette séance orageuse, équivoque, et où Mirabeau montra assez ouvertement son dévouement à la cour, fut aussi la dernière où il se

signala par l'énergie de son caractère et par le talent de la parole. Sa popularité commençait à baisser sensiblement ; les journalistes jacobins et patriotes le dénoncèrent comme livré à la corruption et trompant la nation, en faveur du roi. Tout était devenu intrigue entre la cour et l'assemblée depuis quelque temps ; les jalousies, la confusion, l'hésitation, régnaient entre les divers partis ; tout portait sur Mirabeau et ses projets. Cependant les jacobins, les chauds patriotes, ceux qu'on appelait orléanistes, se serraient et s'entendaient pour profiter des fautes que pourraient faire les royalistes dans des conjonctures aussi épineuses ; et l'événement a prouvé qu'ils ne furent que trop habiles dans leur tactique, pour le malheur de la France et de la liberté.

Mirabeau venait d'être nommé membre du directoire du département de Paris : c'était pour lui un moyen de plus de suivre ses projets, de soutenir son crédit, et d'établir les opinions qui lui étaient favorables. Le 1ᵉʳ mars, il vint en cette qualité, à la tête d'une députation, instruire l'assemblée de l'organisation constitutionnelle de cette autorité.

« Le corps électoral de Paris , dit Mirabeau » placé à la barre, a terminé ses opérations, et

» l'administration s'est organisée. Nous sommes
» les enfants de la loi, et c'est au législateur que
» nous devons notre premier hommage. Nous
» partageons, comme Français, la gloire de vos
» travaux, mais comme officiers publics nous ne
» devons nous occuper que de nos fonctions.

» Le corps législatif et le monarque sont les
» représentants du peuple, et nous, nous n'en
» sommes que les mandataires. Le monarque est
» l'exécuteur de la loi ; nous sommes les organes
» du monarque dans cette exécution. Ces diffé-
» rents rapports déterminent tous nos devoirs.
» Nous ne pouvons pas exprimer la volonté du
» peuple, nous ne pouvons que vous transmettre
» ses besoins, ses vœux, ses espérances... Nous
» placerons en première ligne de nos devoirs,
» nos soins pour la tranquillité publique. De tous
» les débris des anciennes institutions et des
» anciens abus s'est formée une lie infecte, un
» levain corrupteur que des hommes pervers
» remuent sans cesse pour en développer tous les
» poisons. Ce sont des factieux, qui, pour ren-
» verser la constitution, persuadent au peuple
» qu'il doit agir par lui-même, comme s'il était
» sans lois, sans magistrats. Nous démasquerons
» ces coupables ennemis de son repos, et nous
» apprendrons au peuple que si la plus impor-

» tante de nos fonctions est de veiller à sa sûreté,
» son poste est celui du, travail, secondé par la
» paix de l'industrie active et des vertus domes-
» tiques et sociales.»

Tout entier à des combinaisons politiques, à
des négociations secrètes, à des débats publics,
on s'étonne avec raison que Mirabeau ait pu,
avec sa santé altérée et ses habitudes de société
et de plaisirs, s'occuper encore de travaux étrangers à ses études ordinaires. C'est ainsi qu'on le
vit présenter à l'assemblée un travail très étendu
sur la législation des mines, non qu'il fût tout
entier de lui, mais l'ensemble, les conséquences, les grands principes qui y brillent, sont son
ouvrage, et annoncent son immense capacité.

Le gouvernement doit-il jouir du droit de
concéder l'exploitation d'une mine à tout autre
qu'au propriétaire du terrain, s'il refuse de l'ex-
ploiter? tel fut l'objet de deux discours prononcés
cés par lui, à huit jours de distance l'un de
l'autre[1]. On y trouvera la question du droit de
propriété, qu'un possesseur du terrain oppose-
rait aux intérêts de la nation, savamment traitée.
Mirabeau se déclare pour le gouvernement, qui
peut et doit concéder, d'après des formes régu-

___

[1] Séances des 21 et 27 mars 1791.

lières et légales, une mine qui resterait sans exploitation par l'entêtement ou l'intérêt du maître du terrain; c'est ici un des cas où le gouvernement stipule pour la société contre la sévère et anti-sociale rigueur du droit de propriété.

Je m'abstiendrai de rapporter ici le discours que Mirabeau prononça sur ce sujet; quelque mérite qu'on y trouve, sa longueur et le peu de rapport qui le lie aux événements du jour m'en dispensent. J'en ai agi de même dans la question du tabac[1], où Mirabeau se déclara en faveur de la prohibition de sa culture en France, et vota pour que la vente en fût exclusivement remise entre les mains du gouvernement. Je passe à une matière d'un plus grand intérêt, je veux dire la question de la régence[2].

La séance où elle fut traitée est la dernière où Mirabeau figura dans l'assemblée : il y eut besoin de toute son adresse pour ne pas offusquer trop fortement le côté gauche, toujours en garde et en armes contre lui. Je donnerai un aperçu de son discours, où il soutient le principe de l'élection d'un régent, contre le parti opposé, qui soutenait celui de l'hérédité.

[1] Séance du 29 janvier précédent.
[2] Séance du 22 mars 1791.

Trois questions principales se présentaient; la première et la principale était celle-ci : La régence sera-t-elle héréditaire ou élective?

Seconde question : Dans le cas où le roi mineur n'aurait pas de parent réunissant les conditions requises, l'élection se fera-t-elle au moyen d'un corps électoral, ou si le régent sera nommé par la législature?

Troisième question : A quelle époque fixera-t-on l'entrée du roi au conseil?

Il commença d'abord par demander l'ajournement de ces questions, et motiva de la manière suivante ce sentiment, qui était aussi celui du côté droit, exprimé par MM. de Cazalès et Maury.

« Si je demande l'ajournement, dit-il, ce n'est » pas que je pense, comme M. de Cazalès, que la » question de la régence en présente une foule » d'autres à éclaircir; il est vrai que, n'ayant pu » rêver à ce plan, puisque j'étais extrêmement » malade , je n'ai pas un avis prononcé moi-» même. (On murmure.) Puisque vous le voulez, » je vous dirai que vous aussi vous n'en avez » pas. J'ai pensé qu'un projet de loi de plusieurs » pages , que vous n'avez pu comparer avec ses » bases, pouvait paraître à une assemblée aussi » sage que la vôtre susceptible de n'être pas dé-» cidé dans ce moment. »

L'assemblée décida, contre l'opinion de Mirabeau, que la discussion s'ouvrirait le jour même sur la question de la régence.

Barnave voulait qu'elle fût héréditaire comme la royauté; l'abbé Maury, au grand étonnement du côté gauche, demandait qu'elle fût élective: c'était aussi le sentiment de Mirabeau.

Avant d'entrer en matière sur le point principal, il repoussa les objections très fortes qu'on avait opposées à son opinion. On craignait qu'un régent électif ne devînt trop puissant et ne portât ombrage à la royauté par la popularité de l'élection. « Cette objection, dit-il, mé-
» rite d'être scrutée, parcequ'elle est raisonnable
» et même forte sous certains rapports.

» Sans doute, un régent électif obtiendrait
» plus de faveur qu'un régent héréditaire, par-
» ceque le choix de la réflexion et de la confiance
» donne et doit donner plus de crédit que celui
» du hasard; mais quelque forte que soit l'ob-
» jection, elle ne tire pas sa force des exemples
» récents qu'on a cités. Dans les secousses mora-
» les et politiques que nous avons éprouvées
» depuis deux ans, deux, trois ou dix hommes,
» s'ils avaient formé le projet qu'on suppose
» d'aller à la régence à l'aide de la faveur po-
» pulaire et des factions, en cas de succès, n'en

» auraient été qu'un peu plus vite, un peu plus
» sûrement à la potence[1]. Puisqu'on a cité Crom-
» well, je rappellerai un mot de cet homme, qui
» connaissait si bien les choses et les hommes. Il
» passait avec Lambert, son fidèle compagnon :
» les applaudissements, les cris de joie, les bra-
» vos retentissaient de toutes parts. Lambert
» était enthousiasmé; Cromwel, pour dégriser
» son ami, lui dit ces paroles : *Ils applaudiraient*
» *bien davantage s'ils nous voyaient aller à l'é-*
» *chafaud.*

» J'en reviens à la régence : sera-t-elle héré-
» ditaire ou élective? ou plutôt, car un régent
» ne succède à rien, ainsi l'expression de *régence*
» *héréditaire* est impropre, la régence sera-t-elle
» fixée d'une manière invariable, ou déterminera-
» t-on seulement le mode qui doit former la ré-
» gence? Telle est la véritable question, dans la-
» quelle je me suis aperçu, ainsi qu'en maintes
» occasions, que beaucoup d'hommes prenaient
» leur horizon pour les bornes du monde. » (Il
s'éleva des murmures.)

---

[1] Il ne serait pas mal de rapprocher ces expressions de
tout ce qu'on sait des vues de Mirabeau et du duc d'Orléans en juillet et octobre 1789; il est assez plaisant d'entendre Mirabeau parler comme il le fait ici.

« Il y a d'abord un grand aspect sous lequel
» la question n'a été ni vue, ni présentée. Plu-
» sieurs philosophes, méditant sur la royauté,
» ont considéré la monarchie héréditaire comme
» l'oblation ¹ d'une famille à la liberté publique;
» tout doit être libre dans l'état, excepté cette
» famille². Le goufre de l'anarchie est creusé par
» l'ambition et les factieux; Décius s'y précipite,
» le goufre se referme : voilà l'emblème de la
» royauté dans cette théorie.

» Le système de l'indivisibilité du privilége
» auquel tous les membres de la famille royale
» sont appelés, et qui les sépare du reste de la
» nation, conduirait à soutenir que c'est à la
» famille à nommer le régent. Le droit de proche
» parent n'a lieu qu'à la mort du roi; alors il
» s'agit de le remplacer, au lieu que, dans le cas
» de la régence, il ne s'agit pas de remplacer le
» roi, qui existe, quoique enfant, mais de rempla-
» cer la royauté, et ce cas est bien différent de
» l'autre. La royauté est à la famille, c'est à la

---

¹ *Oblation*, mot qui a la même signification qu'*of-
frande*, *consécration*.

² Mirabeau avait pourtant reconnu, dans le débat sur
le voyage de *Mesdames*, que personne, pas même le roi,
ne pouvait les empêcher de voyager et d'aller où elles
voudraient.

» famille à la faire exercer. Cette façon de voir
» constituerait le système que la famille royale
» nomme à la régence.

» Dans un autre système, fondé également sur
» le privilége de la famille royale, on pourrait
» obliger chaque roi à nommer lui-même, pen-
» dant sa vie, aussitôt qu'il aurait un enfant mâle,
» ou même lorsque la reine serait enceinte, le ré-
» gent. On préviendrait par là, en partie, les mou-
» vements du hasard et ceux de l'élection, et l'o-
» pinion publique ferait appeler le plus digne.
» Notre histoire offre plusieurs exemples de ré-
» gents désignés par les rois. Les rois ne dispo-
» saient de la régence que par testament, voilà
» le vice; c'est pendant leur vie qu'ils devraient
» la nommer.

» Troisième système. Parmi les modes d'élec-
» tion connus, on préviendrait une foule d'in-
» convénients en admettant que le régent élu
» pourra être périodiquement conservé ou rem-
» placé, car on n'élit que pour bien choisir.

» N'est-il donc aucun mode d'élection exempt
» d'inconvénients? les a-t-on tous épuisés? Est-il
» bien sûr que la véritable élection du peuple
» soit sujette aux mêmes inconvénients que celle
» d'une poignée d'aristocrates? et croit-on avoir
» fait une comparaison raisonnable, en assimi-

» lant, par exemple, les élections de Pologne,
» de cette république où cent mille gentilshom-
» mes, tous électeurs et éligibles, asservissent
» cinq à six millions d'esclaves, à celles que l'on
» pourrait disposer et déterminer dans un em-
» pire de vingt-quatre millions d'hommes libres,
» armés pour faire respecter leur volonté contre
» les factions extérieures et intérieures? Je pour-
» rais citer cent autres modes, et encore traiter ·
» d'un conseil de régence. Mais tout ceci n'est pas
» la question; considérons-la en soi, dans ses
» rapports avec la nation, avec le roi, avec la
» constitution.

     » Le hasard donne les rois, et il y aurait bien
» des lieux communs plus ou moins ronflants à
» débiter ici; faisons seulement deux observations
» un peu substantielles. Ce hasard sera sou-
» vent tellement aveugle, qu'on regrettera de ne
» pouvoir le corriger par l'élection. Je n'aurais
» qu'à supposer deux malheurs pour me faire
» entendre: voudrions-nous avoir pour régent
» cet homme faible ou coupable, ou trompé, qui
» serait alors appelé par la loi[1]?

---

[1] Allusion au duc d'Orléans, appelé à la régence par
la mort du roi et de Monsieur, d'après le principe d'hérédité.

»Ce n'est pas tout : prenons garde que la ré-
» gence peut être un règne de dix-neuf ans, c'est-
» à-dire un assez long règne; que lorsqu'un roi
» viendra à peine de naître, le parent le plus
» proche sera peut-être dans la vieillesse, et dans
» une enfance non moins inactive que celle du
» roi; et qu'il est ridicule, entre deux enfants,
» de ne pas vouloir choisir un homme. La pro-
» vidence donne des rois faibles, ignorants, ou
» même méchants; mais si nous avons un mau-
» vais régent, c'est nous qui l'aurons voulu.

» Voilà pour la nation : voyons pour le roi,
» qui est l'homme de la nation, et qu'ainsi elle
» doit doublement protéger. Veut-on consulter le
» passé ? Notre histoire future sera certainement
» moins orageuse que celle de cette ancienne
» monarchie où tous les pouvoirs étaient confon-
» dus. Cependant plusieurs circonstances sem-
» blables peuvent encore se reproduire : or dans
» combien de cas n'aurait-il pas été dangereux
» que le parent le plus proche de la couronne
» eût été régent ? Quand on n'examine pas cette
» question de fort près, on est d'abord frappé
» de cette idée : puisque le parent le plus proche
» pourrait être roi, pourquoi ne serait-il pas
» régent ? Mais voici entre ces deux cas une
» différence très sensible : un roi n'a d'autres rap-

» ports qu'avec le peuple, et c'est par ces rap-
» ports seulement qu'il doit être jugé. Un régent
» au contraire, quoiqu'il ne soit pas chargé de
» la garde du roi mineur, a mille rapports avec
» lui ; et il peut être son ennemi, il peut avoir
» été celui de son père.

  » On a dit qu'un régent, soutenu de la faveur
» populaire qui l'aurait choisi, pourrait détrô-
» ner le roi. Prenez garde que cette objection ne
» soit encore plus forte contre le parent le plus
» proche. Le premier ne pourrait réussir qu'en
» changeant la forme du gouvernement ; il aurait
» contre lui la saine partie de la nation, et tous
» les autres membres de la famille royale ; le se-
» cond au contraire pour régner, même en vertu
» de la loi, n'aurait qu'un crime obscur à com-
» mettre, et n'aurait plus à craindre de concur-
» rents. Qu'importe que la garde du roi ne lui
» soit pas confiée, a-t-il plus d'un pas à franchir ?

  » Mais voici d'autres raisons, tirées de notre
» constitution. La véritable théorie du gouver-
» nement ne conduit-elle pas à l'élection de la ré-
» gence ? Quand un roi est mineur, la royauté
» ne cesse pas, elle devient inactive, elle s'ar-
» rête comme une montre qui a perdu son mou-
» vement : c'est à l'auteur de la montre à lui re-
» donner son mouvement. Plus on creuse le sys-

» tème d'élection , plus on le trouve conforme
» aux véritables principes. Un, régent n'est qu'un
» fonctionnaire public [1]. N'est-il pas dans l'esprit
» de la nouvelle constitution que toutes les fonc-
» tions publiques soient électives, hors la royauté?
» Il est encore dans l'esprit de notre constitu-
» tion que l'égalité soit respectée partout où elle
» peut l'être : or l'élection de la régence conser-
» verait une espèce d'égalité entre les membres
» de la famille royale. D'un autre côté un régent
» n'est réellement autre chose qu'un premier mi-
» nistre irrévocable pendant un certain temps ;
» car pendant la régence tout se fait au nom du
» roi : or, quand un roi mineur ne peut pas choi-
» sir son ministre , à qui est-ce à le choisir, si ce
» n'est pas au corps législatif? L'ordre des idées
» conduit donc à ce résultat, et par conséquent
» au système d'élection.

» Il faut plus de talent à un régent qu'à un
» roi ; le premier imprime naturellement moins
» de respect , et c'est peut-être pour cela que
» presque toutes les régences ont été orageuses.
» Or, par l'élection on aurait le moyen de con-

___

[1] A la différence du roi, qui, dans les principes de la
vraie monarchie professés par Mirabeau, n'est pas un
fonctionnaire.

» fier provisoirement l'exercice de la royauté au
» membre de la même famille qui en serait le
» plus digne après, le roi. On parviendrait par
» là à donner une grande leçon au roi mineur,
» en lui présentant, sous le nom d'un régent,
» l'exemple d'un bon roi ; mais ceci devient en-
» core un avantage pour la nation. Eh ! puisque
» quelques règnes de bons princes, clair-semés
» dans l'espace des siècles, ont préservé la terre
. des derniers ravages du despotisme, que ne
» feraient pas pour l'amélioration de l'espèce hu-
» maine quelques bonnes administrations rap-
» prochées les unes des autres, à la faveur de
» l'élection de la régence ?...

　　» Le système des élections est donc convena-
» ble, messieurs, et en même temps très plausi-
» ble, très favorable, avec quelque légèreté qu'on
» l'ait traité dans un premier aperçu. »

　　On n'est pas peu étonné de voir Mirabeau, après
un pareil discours, et cet exposé des motifs en
faveur de l'élection, ajouter : « Tout ce qu'on a
» dit des dangers d'un régent porté au pouvoir
» par la faveur populaire est exagéré et déraison-
» nable ; ce qui ne l'est pas, ce me semble, c'est
» que le choix du régent étant de soi indifférent
» dans notre système constitutionnel, il vaut
» mieux suivre la pente de nos goûts, de nos

» habitudes, et fixer le régent à l'avance et sous
» un mode invariable, parceque, suivant l'opinion
» la plus générale, la délégation de la régence
» au parent le plus proche tient davantage aux
» idées reçues ; qu'il serait peut-être dangereux
» d'offrir le spectacle d'une régence élective à
» côté d'une royauté héréditaire ; que le parent
» le plus rapproché du trône sera censé s'être
» mieux préparé à remplir les fonctions de la
» royauté ; qu'il sera plus intéressé à ne pas la
» laisser affaiblir qu'aucun autre membre de la
» famille royale, attendu qu'il sera plus près de la
» recueillir. » D'après ces motifs et les vues particulières des deux partis dans cette question,
l'assemblée décida que la régence appartien-
drait en ligne directe au parent majeur le plus
proche par les mâles, suivant l'ordre d'hérédité du trône ; mais que, dans le cas où le roi
mineur n'aurait aucun parent réunissant les
qualités exigées pour être régent, celui-ci serait élu. Le mode d'élection fut ajourné, on
arrêta seulement qu'elle ne pourrait pas être
déléguée à la législature ; les femmes furent ex-
clues de la régence.

Mirabeau rendait compte au roi des motifs
qu'il avait eus de soutenir telle ou telle opinion
dans l'assemblée, et lui faisait part de tout ce

qu'il pensait d'utile à la défense du trône, dont il était en quelque sorte regardé comme le champion. Cette correspondance était devenue considérable, et le roi la conservait soigneusement comme des matériaux précieux à l'histoire de la monarchie. On regrettera toujours que des pièces aussi importantes aient péri dans la révolution. On a su, et madame Campan a confirmé la connaissance qu'on en avait, qu'après les événements du 20 juin 1792, au château des Tuileries, où le peuple se porta en armes, le roi fit déposer, entre les mains de M. Campan, le portefeuille dans lequel elles se trouvaient, craignant que, dans une nouvelle incursion, elles ne fussent trouvées au château. Mais après le 10 août elles furent brûlées avec la correspondance des frères du roi, pour les soustraire aux recherches qui furent faites des papiers de la cour chez ceux qui avaient été attachés à son service.

Outre cette correspondance régulière avec le roi, Mirabeau avait de fréquentes conférences chez M. de Montmorin, où se trouvaient presque toujours MM. Malouet et Bertrand de Molleville ; il se livrait, avec une ardeur infatigable, à ces diverses occupations, sans que l'état de dépérissement de sa santé en ralentît l'activité. « Je ne sais pas, disait » un jour M. de Montmorin à M. de Molleville,

» s'il a jamais existé une tête de la force de Mira-
» beau. Non seulement aucune difficulté ne l'ar-
» rête, mais il en est bien peu dont il ne trouve
» moyen de tirer parti ; avec un pareil instru-
» ment on peut faire et défaire une révolution. »

. Cependant, au moment où il en allait donner
de nouvelles preuves, et peut-être sauver la
France de l'anarchie où elle se précipitait, il fut
arrêté dans sa carrière. La force de son tempérament ne put résister aux attaques auxquelles il
le soumettait ; il ne s'épargnait aucun des excès
dont il avait conservé la funeste habitude depuis
sa jeunesse : il ne cessa pourtant point d'assister
aux séances de l'assemblée, mais depuis les débats sur la régence il n'y parlait plus.

Il était le seul que son état n'alarmait pas.
Une seule pensée le tourmentait : il redoutait
pour le succès de ses desseins un homme dont
la popularité et les grands services lui portaient
ombrage, M. de La Fayette ; il avait eu avec lui
quelques conversations, où le général avait laissé
percer un sentiment de connaissance et de dés-
approbation des menées que l'on faisait à la cour
pour opérer la dissolution de l'assemblée. M. de
La Marck ne lui avait pas laissé ignorer ce que ce
prétendu rival avait écrit à M. de Bouillé sur
ses projets ; aussi ne cessait-il de répéter à M. de

Montmorin et au roi que la première condition de toute entreprise sérieuse était d'en éloigner M. de La Fayette. Je l'ai entendu, chez M. de Montmorin, et en présence de M. Malouet, déclamer contre le général, répéter ce que quelques gens accréditaient, qu'il voulait se faire faire connétable de France, idée en contradiction avec tout ce que M. de La Fayette avait fait et avec la nature de son caractère, fort éloigné d'une pareille ambition.

Celle de Mirabeau touchait à son plus haut période; richesses, honneurs, pouvoir, rien ne manquait à ses désirs, lorsque la mort vint le frapper et l'enlever à ses amis, à la France et à l'espoir du roi, qui perdit courage, et ne pensa plus qu'à s'éloigner lorsqu'il se vit privé d'un tel homme.

FIN DU SIXIÈME LIVRE.

LIVRE SEPTIÈME.

MÉMOIRES

SUR LA VIE ET LES ÉCRITS

DE MIRABEAU.

~~~~~~

LIVRE SEPTIÈME.

MORT DE MIRABEAU, HONNEURS QUI LUI SONT RENDUS APRÈS SA MORT.

(2 avril 1791. — 27 novembre 1793.)

———

Parmi les amis de Mirabeau qui ne le quit-
tèrent point pendant sa maladie, et l'assistèrent
jusqu'au dernier moment, on doit mettre en
première ligne MM. de La Marck, de Talleyrand,
Frochot et Cabanis, son médecin, à qui nous
devons un récit intéressant de sa maladie[1]. Les

[1] Il est intitulé *Journal de la maladie et de la mort
d'Honoré - Gabriel - Victor Riquetti Mirabeau; par*

journaux en ont publié dans le temps les moindres circonstances; mais peut-être a-t-on mis trop d'importance à en recueillir les plus minutieuses, ou même quelques unes altérées par l'amour du merveilleux; j'aurai soin de les remarquer.

Ce qu'on ne saurait révoquer en doute, c'est la sensation que produisit la nouvelle de sa mort. On la regarda comme une calamité, et, pour rendre l'expression de la perte qu'on venait de faire plus sensible, les spectacles furent fermés, sur la demande d'un grand nombre de personnes interprètes du sentiment des autres, quoique dans ce deuil général il y eût sans doute autant de douleur factice que de réelle, de la part de gens qui, loin de regretter Mirabeau, le regardaient comme un homme dangereux, dont on devait s'applaudir de la perte. Cependant les royalistes, qui connaissaient ses derniers projets, voyaient avec peine un événement qui leur ôtait les espérances qu'ils avaient placées sur lui. Les patriotes étaient sincères dans leurs regrets, parceque, ne connaissant

P.-J.-G. *Cabanis, docteur en médecine, de la société philosophique de Philadelphie*, brochure in-8°. Paris, 1791.

qu'imparfaitement ses engagements secrets avec la cour, ils n'avaient point cessé de voir en lui le soutien de leur parti et le défenseur de la révolution.

Plusieurs membres du côté gauche étaient bien aises d'être délivrés d'un pareil rival, dont d'ailleurs ils commençaient à soupçonner les intentions, mais ils n'en partageaient pas moins les démonstrations extérieures du regret public.

Sa mort causa peut-être un chagrin plus réel au roi qu'à tout autre. « Ce monarque, dit » M. de Bouillé, privé de l'appui de ce député, » fut obligé d'en revenir à son premier projet » d'évasion, dont on connaît la fatale issue '. » Au reste, quels que fussent les sentiments qu'elle inspirât aux différents partis, elle opéra un changement subit dans l'assemblée, dans les espérances des factions et les projets de la cour.

Pendant les six jours qui précédèrent sa mort, Mirabeau n'avait cessé de recevoir des visites de

---

' Il s'agit de l'évasion de la famille royale et de son arrestation à Varennes. M. Bertrand de Molleville nous apprend dans ses *Mémoires* que Louis XVI se plaignait amèrement du conseil que lui en avait donné le baron de Breteuil, émigré, et l'un des plus insipides importuns de l'émigration ; il en était *la mouche du coche*.

tout ce qu'il y avait de personnes puissantes
et recommandables à Paris ; le roi envoyait deux
fois par jour savoir de ses nouvelles. On crut
qu'une aussi violente crise serait passagère, ou
qu'elle était l'effet du poison ; mais quand cette
dernière présomption ne serait pas entièrement
détruite par le rapport des médecins, elle le
serait par les antécédents qui ont immédiatement
précédé l'irruption violente qui l'emporta.

Personne, mieux que son ami Cabanis, n'en
pouvait être instruit [1]. Depuis l'instant où il
le vit pour la première fois, jusqu'au moment
de sa mort, il ne le perdit presque pas de vue.
Le récit qu'il en fait a de quoi intéresser, et
met en évidence un des traits de Mirabeau,
qui s'affectionnait et s'attachait avec une sincérité dont on aurait cru peu susceptible un
caractère tel que le sien, ardent, impétueux,

[1] Cabanis était de la société formée ou plutôt habituée à
Auteuil, chez madame veuve Helvétius. Celle-ci était une
belle femme, jeune encore alors, qui aimait les plaisirs, faisait du bien, et cultivait les lettres. Elle avait pour Cabanis
une affection et des égards particuliers, peut-être intimes.
Cabanis grand, fluet, faible, avait une mauvaise santé.
On lui doit plusieurs ouvrages, entre autres son traité des
Rapports du physique et du moral de l'homme. Il fut membre du conseil des cinq-cents, et mourut sénateur.

positif, et, comme disent les latins, *propositi tenax*[1]. J'en vais donner un aperçu.

« Ce fut le 15 juillet 1789, dit Cabanis, que
» je vis Mirabeau pour la première fois. Comme
» j'arrivais de Paris, et qu'on ignorait à Ver-
» sailles ce qui s'y passait, j'entrai dans la salle
» de l'assemblée pour y parler à quelques dé-
» putés; Mirabeau me suivait des yeux : tandis
» que je parlais à cinq ou six de ses collègues,
» il demanda mon nom à Garat le jeune[2] et à
» Volney, tous deux mes amis intimes. Il m'a-
» borda avec l'intérêt qu'il ne manquait jamais
» de témoigner à ceux qui avaient l'esprit cul-
» tivé, et me fit toutes les avances d'une amitié
» solide et bienveillante. »

Revenant ensuite à la maladie qui l'emporta

---

[1] C'est celui que Salluste donne à Catilina, conspirateur odieux, sans doute, mais homme de cœur.

[2] C'est celui qui fut député aux états-généraux par le
tiers-état du pays de Labourd ; membre de l'Institut, ministre de la justice; il eut la pénible commission d'annoncer au roi le décret de mort porté contre sa majesté. Il
est faux qu'il ait soustrait des pièces à la décharge de
Louis XVI, comme M. Bertrand de Molleville l'en a accusé. Sa vie publique a été très agitée, très mélangée.
On a de lui un très grand nombre d'écrits. Il était sénateur
au moment où Bonaparte fut renversé de son trône, etc.

dans la force de l'âge (quarante-deux ans), Cabanis nous apprend qu'il avait la jaunisse lorsqu'il
le vit. Les travaux immenses qu'exigeait le débat
des affaires ne lui permettaient pas de prendre du
repos ou d'employer des remèdes convenables.
Dans le courant de cette année (1789), il eut
de nombreuses attaques de fièvre; une ophthal-
mie rebelle le tourmenta beaucoup à l'époque
de l'établissement de l'assemblée à Paris [1]. Il
passa l'hiver dans les remèdes, et fut quelquefois obligé de porter un bandeau sur les yeux.
Vers le printemps de l'année suivante, il fut incommodé d'une glande assez considérable sous
l'oreille gauche. Cabanis, qu'il consulta, crut
voir en lui une humeur âcre qui, si elle ne parvenait pas à sortir, lui causerait quelque maladie dangereuse. Il avait d'ailleurs habituellement
des douleurs d'entrailles, une affection rhuma-
tismale équivoque, une inflammation légère des
yeux, surtout de l'œil gauche, et un gonflement
de jambes plus ou moins sensible. Ces incommodités paraissaient et disparaissaient de temps
à autre et alternativement, de manière qu'il
n'était jamais sans l'une ou l'autre.

Cet état ne l'empêchait point ou peu de se

[1] 19 octobre 1789.

livrer à ses travaux ; il assistait régulièrement à l'assemblée, recevait des visites, s'intéressait avec le plus grand zèle aux affaires publiques. Une imprudence qu'il fit accrut encore son mal. Il prit des bains chargés de sublimé corrosif; ils produisirent ce que l'action du minéral opère toujours, plus ou moins sensiblement, sur le genre nerveux: toute l'habitude de son corps devint lourde et languissante, les forces tombèrent rapidement ; l'estomac souffrait et faisait mal ses fonctions: mais, ce qui est plus digne de remarque, cette âme si forte, qu'aucun revers ne pouvait abattre, perdit son énergie; le découragement s'empara de lui, il se livra à une douloureuse mélancolie. L'idée d'une mort prochaine, les préparatifs de ce dernier passage, remplacèrent les projets des grands travaux et des espérances qui avaient toujours soutenu son énergie naturelle; enfin les jouissances de la gloire, mobile de toutes ses actions, perdirent tout leur charme et leur attrait pour lui.

Vers l'époque de décembre 1790, il eut des coliques très violentes à la suite d'un verre d'eau glacée qu'il but rapidement ; on le crut empoisonné. Un bain et un vomitif que lui donna M. Jaubert, médecin du quartier, qu'on envoya chercher en l'absence de Cabanis, qui était

à Auteuil auprès de madame Helvétius, malade
elle-même, opérèrent d'heureux effets; le surlendemain il était sur pied et ne se souvenait
plus de rien.

« Avant l'assemblée nationale, remarque Ca-
» banis, Mirabeau menait la vie d'un homme de
» lettres fort assidu, mais en même temps la
» plus active. Il compensait par un exercice vio-
» lent et souvent répété ses grands travaux de
» cabinet, et, moyennant ce mélange, sa forte
» constitution ne s'était jamais ressentie de ses
» excès. Mais, du moment où il fallut qu'il as-
» sistât aux séances d'une assemblée où il y avait
» continuellement des luttes à soutenir ou des
» questions à discuter, il n'en fut plus de même.
» A dater de cette époque, son seul exercice con-
» sistait dans le trajet de sa demeure à la salle
» des séances, et même, depuis qu'il était à Paris,
» il ne faisait ce trajet qu'en voiture. Ce change-
» ment d'habitude aggrava son état; sa prési-
» dence ¹ vint encore ajouter à toutes ces causes
» de destruction; elle exigea de lui une repré-
» sentation, des travaux, une assiduité qu'il ne
» supportait qu'avec peine. Vers la même époque
» il éprouva des douleurs d'estomac, des cris-

_____
¹ 29 janvier 1791.

» pations, qui, quoiqu'elles ne fussent pas de
» longue durée, le mettaient dans un état d'irri-
» tation difficile à peindre. L'homme le plus
» robuste était devenu susceptible d'être agité
» par la plus légère impression ; ses muscles res-
» taient toujours ceux d'un Hercule, ses nerfs
» étaient ceux d'une femme vaporeuse. »

Ses amis, témoins de ces tristes alternatives,
ne cessaient de lui prêcher la modération et
la retenue dans les plaisirs ; mais quoiqu'ils
ruinassent sa constitution déjà affaiblie, il en
sentait en quelque sorte un plus grand besoin
pour se rattacher à l'existence et la sentir.
L'épuisement qui en était la suite, joint à la
disposition de ses nerfs, le jetait dans une
mélancolie sombre, qui lui rendait de plus en
plus nécessaire de fortes sensations pour s'en
tirer. Ce régime fut le sien jusqu'au premier
jour de la maladie dont il mourut. Tout Paris
a su dans le temps que, peu avant cette époque,
il fit encore une orgie chez une actrice de l'O-
péra, nommée Coulomb ; qu'il y but et y man-
gea avec excès, et s'y livra à de plus perni-
cieux peut-être encore. C'est mal à propos qu'on
a répété que c'était là qu'il avait été empoisonné,
les uns disent dans un pâté d'anguille, les autres
dans un verre de vin qu'on lui versa. Cette fa-

ble sera assez réfutée dans la suite, par ce que nous rapporterons. Le véritable poison qui accéléra sa fin, fut l'intempérance où il s'abandonnait dans ces moments si peu dignes d'un caractère aussi bien et aussi fortement organisé que le sien.

Il avait nouvellement acquis un domaine à la porte d'Argenteuil, près Saint-Denis; il s'y rendait les samedis, tantôt pour y passer le dimanche tout entier, tantôt pour y respirer l'air un moment, y jouir de l'aspect d'un beau ciel, et voir des travaux qui faisaient son amusement. Il disait à cette occasion qu'occuper un grand nombre d'ouvriers était un bienfait public, et il se livrait à ce goût comme à une agréable distraction. Il avait fait annoncer dans le pays qu'on trouverait toujours chez lui de l'ouvrage et de bons salaires; le curé d'Argenteuil était autorisé à donner sur lui des *bons* en pain, viande, gros linge pour les malades et les nécessiteux invalides.

C'est dans cette campagne, que, dans la nuit du samedi au dimanche 27 mars, il fut attaqué d'une colique à peu près semblable, mais moins forte que celle qu'il avait déjà éprouvée.

L'affaire des mines était à l'ordre du jour à l'assemblée nationale, il avait déjà parlé sur ce su-

jet, et, quoique l'impression de son discours eût
été ordonnée, on en avait peu goûté les principales dispositions. Il prit donc le parti de revenir à la charge, et de parler une seconde fois.
On eut beau lui représenter que ses forces et
l'état de sa santé ne lui permettaient pas une pareille épreuve, il se rendit à la séance et y parla
cinq fois sur ce sujet, non sans de grands efforts et aux dépens des derniers restes de sa
vie.

Un ami de M. Cabanis le rencontra ce jour-là
même sur la terrasse des Feuillants, où on l'avait
fait prier de passer après la séance. Mirabeau lui
peignit sa situation physique et l'effet des derniers efforts qu'il venait de faire : sa physionomie l'annonçait évidemment. « Vous vous tuez,
» lui dit cette personne. — Peut-on faire moins
» pour la justice et pour une si grande cause[1] ? »

---

[1] Le désir de calomnier Mirabeau a fait dire à quelques
personnes qu'il ne s'était opiniâtré à ce travail des mines,
que parceque des intéressés aux décisions proposées lui
avaient promis de grandes sommes ; il n'en avait pas besoin alors ; outre des largesses de la part du roi, il en recevait 16 mille francs par trimestre, ainsi qu'il est prouvé
par le *procès-verbal d'interrogatoire du sieur Comps,
son secrétaire, qui avait tenté de se suicider.* (Voyez *plus
bas.*)

Une foule tumultueuse les entourait; chacun voulait lui parler d'affaires. Les uns lui présentaient des mémoires, les autres demandaient quelques minutes d'attention. — « Arrachez-moi » d'ici, dit-il à celui qui était avec lui, j'ai besoin de » repos, et si vous n'avez pas d'engagement pour » la journée, faites-moi le plaisir de me suivre à » la campagne. » Ils y allèrent; mais Mirabeau n'y resta qu'un jour et voulut revenir à Paris.

Cabanis, qui vint l'y trouver, s'aperçut, dès l'abord, de son état désespéré. « Aucun malade, » dit-il dans sa relation, ne m'avait jamais si dé- » cidément paru frappé à mort; mon émotion » lui fit sentir, ainsi qu'aux personnes qui l'en- » touraient, ce que je pensais de sa situation.

» — Mon ami, je sens très distinctement qu'il » m'est impossible de vivre plusieurs heures dans » des anxiétés aussi douloureuses; hâtez-vous, » cela ne peut durer. » Une saignée du pied, des » vésicatoires, lui rendirent quelque tranquillité. » — Je serais satisfait si on m'avait laissé remplir » un devoir dont mon ami Frochot dira la na- » ture. » Il était question de son testament, qui » fut renvoyé au lendemain. »

Le mieux qu'il avait éprouvé ne se soutint pas; des spasmes se manifestèrent en diverses parties du corps et à la région du diaphragme.

C'était le troisième jour de sa maladie déclarée.

Le soir, la société des Amis de la constitution (les Jacobins) envoya une députation à la tête de laquelle était Barnave, pour savoir de ses nouvelles; il y fut très sensible, mais apprenant qu'un membre de cette société, son collègue à l'assemblée (Pétion), n'avait pas voulu en être, il en parut affecté.

La maladie faisait de rapides progrès, et le lendemain son état devint tout-à-fait alarmant. « Malgré une légère amélioration dans le pouls, » dit Cabanis, il me fut impossible de voir Mi- » rabeau vivant; il sentait lui-même qu'il n'était » déjà plus, et les assistants ont remarqué que » nous parlâmes toujours lui et moi de sa vie, » comme au passé, et de lui, comme d'un homme » qui avait été, mais qui avait cessé d'être.

» Jusque là son courage était resté dans les » bornes de la fermeté, de la résignation, de la » patience; mais à ce moment il prit un carac- » tère plus imposant, plus élevé; l'aspect de sa » fin, qu'il voyait s'approcher, donnait à ses pen- » sées quelque chose d'abandonné, d'affectueux, » de calme. Tant qu'il avait espéré guérir, il avait » éloigné ses amis, pour laisser opérer les remè- » des et ne point en troubler l'action par des émo- » tions vives; mais dès qu'il eût perdu tout es-

»poir, il voulut les voir près de lui, converser
»sans cesse avec eux, tenir sa main sans cesse
»dans les leurs, et rapprocher dans un court
» espace toutes les jouissances qu'une longue vie
»pouvait donner à un cœur aimant et affectueux
»comme était le sien. »

Depuis plusieurs années il était lié d'amitié
avec M. le comte de La Marck, que nous avons
vu précédemment employé par le roi dans l'exécution de ses projets, il en avait reçu de nombreuses preuves de dévouement et de zèle ; il le
demanda avec instance, son intention étant de
le faire son exécuteur testamentaire, ce qu'il ef-
fectua dès le jour même.

Les dangers de mort devenant de plus en plus
imminents, Cabanis fut bien aise de consulter
un confrère; on choisit le célèbre Petit, un des
premiers médecins de la capitale. Le malade,
instruit de son arrivée, opposa une grande résistance et ne voulut pas le voir. Cabanis n'en
convint pas moins avec son collègue de donner le quinquina au malade; il en éprouva
quelque bien, mais ce bien dura peu et il
fallut recourir aux vésicatoires, aux sinapismes,
qui produisirent leurs effets ordinaires. Enfin il
se détermina à voir M. Petit. « Je vais, lui dit-il
»en le voyant, parler avec franchise à l'homme

» qui passe pour le mieux aimer ce ton. J'ai
» toujours cru qu'on ne devait avoir pour mé-
» decin que son ami : voilà mon ami et mon
» médecin , en montrant Cabanis ; il a ma con-
» fiance entière et exclusive , mais il est plein
» d'estime pour vos lumières et de respect pour
» votre caractère moral. Il m'a cité de vous des
» mots qui contiennent en quelque sorte toute
» la révolution , et des traits qui prouvent
» qu'au milieu des institutions sociales , et mal-
» gré la culture peu commune que vous avez
» donnée à votre esprit, vous êtes encore resté
» l'homme de la nature. J'ai donc pensé qu'un
» pareil homme , si j'avais le bonheur de le
» rencontrer , serait devenu mon ami , ce qui
» m'a déterminé à vous voir. »

Malgré son mal, Mirabeau conservait tout le
sentiment des intérêts du monde : il s'informait
toujours de ce qui se passait à l'assemblée nationale ; il parlait souvent des affaires de l'extérieur,
et s'occupait des vues cachées de l'Angleterre.
« Ce Pitt, disait-il, est le ministre des prépara-
» tifs ; il gouverne avec ce dont il menace plutôt
» qu'avec ce qu'il fait. Si j'eusse vécu, je crois
» que je lui aurais donné du chagrin. »

Après l'examen que le docteur Petit fit de son
état , le malade lui demanda de déclarer avec

franchise quel était son pronostic: « J'estime, lui
» dit le médecin , que nous vous sauverons , mais
» je n'en répondrais pas. »

Après le départ de celui-ci, Cabanis s'assit
auprès du lit de Mirabeau. « Le mot du docteur,
» dit le malade , est sévère, je l'entends. »

L'après-dîner il se résout à faire son testament,
demande M. de Mautort, son notaire, et s'entretient, en l'attendant, avec M. Frochot, des
devoirs qui lui restent à remplir. « J'ai des dettes
» dont je ne connais pas la quotité, lui dit-il; je
» ne connais pas mieux la situation de ma for-
» tune, et j'ai des obligations importantes et
» chères à mon cœur. » M. Frochot rapporte ces
paroles à M. de La Marck, qui répond : « Allez
» lui dire que si sa succession ne suffit pas aux
» legs qu'il fera, j'adopte ceux que son amitié re-
» commandera à la mienne. Il faut lui donner
» encore un bon moment. »

La nuit suivante sa poitrine s'embarrassait de
plus en plus, l'angoisse croissait, le malaise était
très grand. « Cependant son esprit, dit M. Cabanis,
» avait une telle activité, que les idées lui faisaient
» oublier les souffrances; il provoquait continuel-
» lement la conversation pour enrayer le mouve-
» ment de sa tête, ou rompre l'enchaînement pé-
» nible des idées. »

Aussitôt que le jour parut, il fit ouvrir les fenêtres, et dit à M. Cabanis, d'une voix ferme et d'un ton calme : « Mon ami, je mourrai aujour-
» d'hui : quand on en est là, il ne reste qu'une
» chose à faire, c'est de se parfumer, de se cou-
» ronner et de s'environner de fleurs, afin d'entrer
» agréablement dans le sommeil dont on ne se
» réveille plus ; allons, ajouta-t-il, qu'on se pré-
» pare à me raser, à me laver, à faire une toilette
» tout entière. »

M. Cabanis observa à son ami que son accès n'étant pas fini, le moindre mouvement pourrait être fort dangereux et devenir mortel. Il prend, un moment après, la main de Cabanis, et lui dit : « Mon bon ami, je mourrai dans quel-
» ques heures, donnez-moi votre parole que vous
» ne me quitterez plus. Je veux finir avec un senti-
» ment doux. » Il demanda M. de La Marck. Quand il fut arrivé, s'adressant à M. Cabanis, « J'ai,
» dit-il, des choses à vous communiquer à tous
» deux... J'ai beaucoup de peine à parler, croyez-
» vous que je serai plus en état de le faire dans un
» autre moment ? — Vous êtes bien fatigué, lui dit
» M. Cabanis, reposez-vous ; mais, si vous le pou-
» vez, parlez dès ce moment même. » Il baissait à vue d'œil. « J'entends, répondit-il; en ce cas asseyez-
» vous sur mon lit, vous là, vous ici. » Alors il se

mit à parler pendant trois quarts d'heure sur
ses affaires particulières, sur les personnes qu'il
laissait après lui; enfin sur l'état des affaires
publiques. Quand il eut fini, il fit appeler
M. Frochot, il lui prit les deux mains, dont il
mit l'une dans celle de M. de La Marck et l'autre
dans celle de M. Cabanis. « Je lègue, ajouta-t-il,
» à votre amitié, mon ami Frochot; vous avez vu
» son attachement pour moi; il mérite le vôtre. »
Bientôt après il perdit la parole.

« Les mains glacées du malade restèrent dans
» les nôtres, dit son ami, pendant plus de trois
» heures; son agonie fut calme pendant tout ce
» temps, mais vers les huit heures du matin les
» douleurs se réveillèrent. Alors il me fit signe de
» lui donner à boire, mais il refusa tout ce que
» je lui présentai; il fit le mouvement d'un
» homme qui veut écrire, nous lui donnâmes
» une plume et du papier; il écrivit très lisible-
» ment *dormir*. Je fis semblant de ne pas l'en-
» tendre [1]; il fit de nouveau signe de lui rapporter
» le papier et la plume, et il écrivit : « Croyez-
» vous que la mort soit un sentiment dangereux? »
» Voyant que je n'adoptais pas sa demande, il
» écrivit encore : « Tant qu'on a pu croire que

---

[1] Il demandait de quoi le faire dormir, de l'opium.

» l'opium fixerait l'humeur, on a bien fait de ne
» pas le donner, mais maintenant qu'il n'y a plus
» de ressource que dans un phénomène inconnu,
» pourquoi ne pas tenter ce phénomène, et peut-
» on laisser mourir son ami sur la roue pendant
» plusieurs jours peut-être ? »

On envoya préparer une potion calmante, on
l'en prévint ; mais le remède tardant à venir :
« On me trompe, dit le malheureux agonisant.
» —Non, l'on ne vous trompe pas, le remède arrive,
» nous l'avons tous vu ordonner par le médecin.
» —Ah ! les médecins, les médecins, s'écria-t-il,
» en se tournant vers M. Cabanis avec un air de
» colère et de tendresse, n'étiez-vous pas mon
» médecin et mon ami, ne m'aviez-vous pas pro-
» mis de m'épargner les douleurs d'une pareille
» mort ? Voulez-vous que j'emporte le regret de
» vous avoir donné ma confiance ? » Ce sont les
dernières paroles qu'il ait prononcées ; il se tourna
sur le côté droit dans un mouvement convulsif,
et les yeux s'étant élevés vers le ciel, il expira.
dans les bras de ses deux amis, MM. de La Marck
et Cabanis, le samedi 2 avril 1791, vers les
huit heures et demie du matin, à l'âge de 42 ans
et quelques mois.

A peine Mirabeau venait d'expirer que M. de
La Porte fit passer au roi, avec le billet que voici,

le récit de cet événement. Quelques faits n'y sont pas exacts : par exemple, Comps ne fut point mis en arrestation au Châtelet, mais seulement dans sa chambre. Au reste, on voit ici l'inquiétude qu'on avait à la cour sur les papiers de Mirabeau, et qu'on craignait qu'ils ne tombassent en des mains ennemies.

SIRE,

« Quoique j'aie bien dû penser que votre majesté est instruite de ce qui s'est passé dans les derniers instants de M. de Mirabeau, je crois cependant devoir lui rendre compte de ce qui est venu à ma connaissance par une voie sûre. Je craignais que quelques papiers ne fussent tombés dans des mains suspectes, et je me suis procuré ces renseignements, qui doivent ôter toute inquiétude, puisque M. le comte de La Marck a été à portée d'enlever tous ceux qui pouvaient intéresser votre majesté.

Samedi soir, 2 avril.

»M. de Mirabeau, après un vomissement, s'est endormi; il s'est réveillé à quatre heures, en demandant s'il n'avait pas rêvé tout haut, si l'on n'assassine pas quelqu'un dans sa maison,

»Il n'y avait dans la chambre qu'une fille, nom-
»mée Henriette, qui lui répond que non. — Il
»demande la clef de son secrétaire; Henriette
»appelle le valet de chambre, nommé Lesels,
»qui monte à la chambre du secrétaire nommé
»Comps. La porte en était fermée: Comps s'y
»promenait à grands pas. Lesels lui demande
»la clef du secrétaire de son maître; Comps ré-
»pond qu'il ne l'a point; Lesels lui dit d'ouvrir la
»porte, Comps refuse; on lui répond qu'on l'en-
»foncera. Lesels dans ce moment entend Comps
»tomber; il fait enfoncer la porte, et trouve
»Comps couvert de sang; il lui demande ce qui
»l'a porté à vouloir se tuer: *Pour un crime de
»plus,* répond Comps, *ce n'est pas la peine.* —
»Lesels lui redemande la clef du secrétaire de
»son maître. — Elle est dans le mien. — Don-
»nez la clef de votre secrétaire pour l'ouvrir.
» — Elle est cassée. — Je vais envoyer chercher
»un serrurier pour l'ouvrir. — Lesels dit alors
»qu'il a la clef en question, mais qu'il ne la re-
»mettra qu'à M. le comte de La Marck, qui
»arrive à cinq heures. La clef du secrétaire
»était dans les cendres de la chambre de Comps.
» — On croit que M. de La Marck a retiré les pa-
»piers intéressants ; mais tous les papiers de
»M. de Mirabeau ne peuvent pas avoir été en-

»levés, et l'on vient de me dire que M. Voidel
»s'était transporté chez M. de Mirabeau à une
»heure de l'après-midi. — Peu après la mort,
»le juge de paix avait apposé les scellés. Dès
»huit heures et demie du matin, la justice avait
»fait arrêter Comps, et l'avait fait constituer
»prisonnier au Châtelet. — Comps est un jeune
»homme de condition, ayant la tête fort chaude,
»et faisant des vers. Mirabeau se l'était attaché
»depuis quatre ans, et l'aimait beaucoup, par-
»ceque Comps s'était battu deux fois pour lui [1],
»et était toujours prêt de mettre l'épée à la
»main pour défendre son patron. Il s'était donné
»trois ou quatre coups de canif à la gorge, et
»deux autres dans le ventre: aucun n'est dange-
»reux. — On est inquiet de son propos, *pour
»un crime de plus;* on craint qu'il n'ait vendu
»quelque papier important de Mirabeau. M. de
»La Marck avait avec lui le sieur Pellinck lors-
»qu'il a ouvert le secrétaire de M. de Mirabeau.»

Ainsi finit cet homme dont tant d'événements,
de fautes, d'actions blâmées des uns, approuvées
des autres, dont tant de traits de force de carac-

---

[1] Il est inutile de faire observer que ces derniers détails ne sont pas plus exacts que l'emprisonnement de
Comps au Châtelet.

tère et d'un grand talent, distinguent la courte
et brillante carrière. Le récit où je suis entré ici
sur sa maladie, et les circonstances de sa mort,
sont une image fidèle du néant des grandeurs,
des espérances et de la gloire des hommes; tout
disparaît dans ces combats terribles entre la vie
et la mort, l'être et le néant. Mirabeau supporta
avec une assez grande fermeté la vue de cet abîme
inévitable où tout vient s'engloutir. Jusqu'au
dernier moment, ses regards furent tournés vers
les intérêts de ce monde; il s'en détacha avec
peine, et, comme a dit une femme célèbre [1], « ce
» fut dans la plénitude des sentiments qu'ils font
» naître, qu'il cessa d'exister. »

On a accrédité plusieurs anecdotes peu exac-
tes sur ses derniers moments ; on lui a prêté des
mots qu'il n'a pas prononcés. J'en recueillerai ici
deux ou trois qui peuvent mériter quelque attention ; mais je n'imiterai certainement pas
plusieurs écrivains qui ont mis à des paroles
dites sans liaison, ou suggérées par le moment,
une importance qu'il n'y attachait pas lui-même.

On a prétendu, dit M. Cabanis, qui devait en
être instruit mieux que qui que ce fût, que Mirabeau avait en mourant prononcé cette phrase

___

[1] Madame de Staël.

remarquable : « J'emporte dans mon cœur le » deuil de la monarchie, dont les débris vont » être la proie des factieux[1]. » C'est là un précis, et un précis très exagéré, de quelques conversations pendant sa maladie sur les affaires publiques ; mais non un discours particulier semblable à celui qu'on a rapporté.

Ce fut la veille du jour qu'il mourut, qu'entendant tirer le canon, il se réveilla en sursaut, et s'écria : « N'est-ce pas là le commencement des » funérailles d'Achille. »

Il n'est pas vrai qu'il dit à son valet de chambre : « Soutiens ma tête, tu n'en soutiendras ja- » mais une aussi forte. » Mais il l'est que le voyant accablé de chagrins, il lui dit : « Pour- » quoi t'affliges-tu ; si je meurs, je te laisserai des » rentes qui te feront vivre et te rappelleront de » moi. »

L'amour du merveilleux, et le grand intérêt qu'on prenait à lui, ont donné du prix à des détails peu exacts de ses derniers moments. Mais

---

[1] Ce furent surtout les membres du côté droit de l'assemblée qui accréditèrent ce propos ; ils y trouvaient deux motifs, celui de ranger Mirabeau parmi les défenseurs de la monarchie, et de signaler des factions qui voulaient la détruire.

est-ce de ce côté qu'il faut apprécier un homme comme Mirabeau? Il ne dit et ne fit rien pendant sa maladie et au terme de sa vie, qui ne se rencontrât chez tout autre, doué de quelque sensibilité, et entouré d'autant de témoignages d'amitié que lui : j'ai dù en rappeler néanmoins les principaux, parceque tout intéresse de ce qui a du rapport à un personnage aussi justement célèbre.

La nouvelle de sa mort produisit la plus vive sensation dans l'assemblée nationale. Les regrets furent partagés à divers titres par tous les membres. Un silence morne indiqua assez l'étonnement dont chacun était frappé. Ce fut alors que le député Barrère prit la parole et dit :

« Les grands services que Mirabeau a rendus » à sa patrie et à l'humanité sont connus ; les re- » grets publics éclatent de toutes parts ; l'assem- » blée nationale ne témoignera-t-elle pas aussi les » siens d'une manière solennelle ? Ce n'est pas » sur les bords de la tombe qui vient de s'ou- » vrir que je réclamerai de vaines distinctions ; » c'est à l'opinion publique, c'est à la postérité » à lui assigner la place honorable qu'il a mé- » ritée ; c'est à ses collègues à consigner leurs » justes regrets dans le monument authentique de » leurs travaux. Je demande que l'assemblée

» dépose dans le procès-verbal de ce jour le
» témoignage des regrets qu'elle donne à la perte
» de ce grand homme, et qu'il soit fait, au nom
» de la patrie, une invitation à tous les membres
» de l'assemblée d'assister à ses funérailles.

Tout le monde partagea ce sentiment et témoigna la tristesse profonde que lui causait cet
événement: plusieurs autres membres, et entre autres M. de Liancourt[1], parlèrent à la
louange du défunt. Il fut décidé que l'assemblée en corps assisterait à son convoi, et que
M. de Talleyrand serait invité à faire sur-le-
champ la lecture du discours sur les successions dont Mirabeau l'avait chargé au moment
de sa mort.

Parmi les nombreuses députations que reçut
l'assemblée dans cette circonstance, il faut distinguer celle du département de Paris. M. de
La Rochefoucauld[2], son président, fit part à

[1] Aujourd'hui duc de La Rochefoucauld Liancourt, pair
de France, le même qui, en 1792, mit aux pieds de
Louis XVI, pour sauver ce monarque, toute sa fortune,
se montant à deux millions, ne réservant pour lui que
cent louis de rente. (Voyez les *Mémoires de Bertrand de
Molleville*.)

[2] Ce n'est pas le duc de La Rochefoucauld Liancourt,
grand-maître de la garde-robe du roi, et député de la no-

l'assemblée de la proposition adoptée par cette
administration de placer Mirabeau au.rang des
grands hommes qui ont bien mérité de la patrie; et de consacrer cet usage par un monument public ; il donna lecture du réquisitoire
du procureur syndic, M. Pastoret, et de l'arrêté
du département qui en adoptait les conclusions. Cette pièce m'a paru liée trop étroitement au sujet pour ne pas la faire connaître ici.

« Les peuples anciens, disait M. Pastoret[1], ren-
»fermaient dans des monuments séparés leurs

blesse de Clermont en Beauvaisis dont nous venons de
parler, mais le duc de La Rochefoucauld, député de la noblesse de Paris ; celui-ci fut assassiné à Gisors, le 14 septembre 1792, à l'âge de quatre-vingt-treize ans.

[1] M. Pastoret est connu comme homme de lettres,
savant, et homme public. Il embrassa le parti monarchique constitutionnel pendant la révolution, et y est resté
attaché. Son caractère modéré et ennemi de l'intrigue
l'a fait échapper aux coups du parti contraire. Il a servi
la cause royale après le 18 *fructidor*. Ancien conseiller
de la cour des aides de Paris, il fut élu, au mois de février 1791, procureur syndic du département de la Seine;
député à l'assemblée législative, le 3 octobre suivant;
nommé au conseil des cinq-cents en 1795, le 18 fructidor l'enveloppa dans sa proscription. En 1799 il revint en
France. On a de lui différents ouvrages. Il est marquis
et pair de France aujourd'hui.

» prêtres et leurs héros. Cette espèce de culte qu'ils
» rendaient à la piété et au courage, rendons-le
» aujourd'hui à l'amour du bonheur et de la li-
» berté des hommes ; que le temple de la reli-
» gion devienne le temple de la patrie ; que la
» tombe d'un grand homme devienne le temple
» de la liberté.

» On sait qu'une nation voisine recueille reli-
» gieusement dans l'un de ses temples les ci-
» toyens dont la mémoire est consacrée par la
» reconnaissance publique. Pourquoi la France
» n'adopterait-elle pas ce sublime exemple ? pour-
» quoi leurs funérailles ne deviendraient-elles
» pas une dépense nationale ? »

M. Pastoret exprime ensuite le vœu que le
directoire du département aille à l'assemblée nationale lui demander qu'elle consacre par un
décret cet usage, et qu'elle en fasse la première
application à l'homme illustre que la nation venait de perdre.

Ce fut en conformité de ce vœu que la députation se rendit à l'assemblée ; elle demanda : 1° que
le nouvel édifice de Sainte-Geneviève fût désormais destiné à recevoir les cendres des grands
hommes, à dater de l'époque de notre liberté [1] ;

[1] Il a été dit ailleurs que ce monument avait été
rendu à sa première destination ; c'est aujourd'hui une

2° que l'assemblée nationale seule puisse juger à quels hommes cet honneur sera décerné; 3° qu'Honoré-Gabriel Riquetti de Mirabeau en soit jugé digne ; 4° que les exceptions qui pourraient avoir lieu pour quelques grands hommes morts avant la révolution, Descartes, Voltaire, Jean-Jacques, Montesquieu, ne puissent être faites que par l'assemblée nationale ; 5° que le directoire du département de Paris soit chargé de mettre promptement la nouvelle église de Sainte-Geneviève en état de remplir sa destination, et de faire inscrire au-dessous du fronton : *Aux grands hommes la patrie reconnaissante* '.

Ces propositions furent accueillies et décrétées avec empressement, après que le rapport du comité, auquel elles avaient été renvoyées pour la forme, eut été entendu ; on ajouta seu-

---

basilique consacrée aux exercices religieux des missionnaires; ils s'y font avec pompe et régularité. On a effacé du frontispice l'inscription *Aux grands hommes la patrie reconnaissante*, pour y substituer celle-ci : *D. O. M. Lud. XV instituit, Lud. XVIII restituit.* Les bas-reliefs du fronton sont remplacés par l'*apothéose de la croix.*

' Le nom de Panthéon fut donné à l'édifice ; on dit encore le *quartier du Panthéon*, même *l'église du Panthéon.*

lement qu'en attendant que l'église de Sainte-Geneviève fût disposée pour sa nouvelle destination, le corps de Mirabeau serait déposé à côté des cendres de Descartes, dans le caveau de l'ancienne église.

Toutes les associations, les sociétés et clubs patriotiques, voulurent prendre part au deuil public, et, comme on dit communément, jeter des fleurs sur la tombe de l'illustre mort. La société des Jacobins arrêta : 1° qu'elle assisterait en corps à ses obsèques ; 2° qu'elle porterait le deuil huit jours ; 3° qu'elle le reprendrait chaque année le 2 avril ; 4° qu'elle ferait exécuter en marbre le buste de Mirabeau.

La pompe funèbre se fit le lundi 4, et jamais cérémonie de cette espèce n'eut une tenue plus solennelle.

A cinq heures, le cortége commença à se former; un détachement de cavalerie de la garde nationale parisienne l'ouvrait ; après la cavalerie venaient les sapeurs et canonniers des soixante bataillons ; sur les côtés on voyait marcher une députation des invalides ; une autre des soixante bataillons de la garde nationale parisienne marchait sur seize de hauteur, précédée de l'état-major ; à la tête duquel était M. de La Fayette. Les cent-suisses et les gardes de la prévôté de l'hôtel du roi précédaient la musique de la garde nationale ; un roulement lugubre des tambours et le son des instruments funèbres rendaient la cérémonie silencieuse et semblaient exprimer la tristesse que chacun était censé éprouver.

Le clergé précédait le corps. On avait projeté de le transporter dans un riche corbillard ; mais le bataillon de la Grange-Batelière, dont Mirabeau était commandant, voulut se charger de ce fardeau. En conséquence, le corps, entouré de gardes nationaux les armes basses, était porté alternativement par seize d'entre eux; le drapeau du même bataillon flottait sur le cercueil. Une *couronne civique* y avait été placée pour tenir lieu des attributs féodaux qu'on portait autrefois dans les cérémonies funèbres des gens de haute condition.

Ensuite l'assemblée nationale , escortée par le bataillon des vétérans et celui des enfants , les électeurs, les députés de quarante-huit sections, la municipalité , les juges des tribunaux de Paris, les officiers municipaux de diverses communes rurales du département , la société des amis de la constitution , les ministres du roi , la société de 1789 , toutes les sociétés fraternelles et tous les clubs patriotiques de Paris, suivaient l'assemblée nationale. La marche était fermée par un détachement considérable de cavalerie et d'infanterie.

Ce cortége, qui occupait une étendue de plus d'une lieue, marchait dans le plus grand ordre, au milieu d'une double haie de gardes nationaux et d'une foule innombrable de peuple, de tout sexe et de tout âge, attirée par la curiosité et le désir d'être témoin d'un pareil spectacle.

Après trois heures d'une marche silencieuse, on arriva à Saint-Eustache : l'église était tendue de noir, un sarcophage élevé au milieu du chœur. Après le service d'usage pour les morts, Cérutti, un des admirateurs, sinon des amis de Mirabeau, prononça son oraison funèbre, dont nous allons extraire quelques passages. Lorsqu'il eut fini, le cortége reprit sa marche pour se rendre à Sainte-Geneviève ; le même ordre, le même silence ont continué de régner dans cette réunion immense, qui n'arriva qu'à minuit au lieu de sa destination, et qui déposa le corps de Mirabeau auprès de celui de Descartes.

Dans l'oraison funèbre prononcée par Cérutti, l'orateur considère le défunt sous les rapports du législateur et du politique : mais dans ce qu'il en dit, c'est bien plus le langage de l'enthousiasme et des regrets qu'il faut s'attendre d'y trouver,

qu'un jugement impartial et libre d'affection ;
Cérutti a répété ce qu'on entend toujours dire
sur la tombe des morts, et même dans la chaire
de vérité, lorsqu'on en veut célébrer la mémoire ;
l'exagération, la partialité président trop souvent
à ces discours arrachés par l'usage plus que dictés par le sentiment. Ici cependant une douleur
sincère de la perte d'un homme aimé et admiré,
perce à travers les formules ordinaires des orai-
sons funèbres ; quelques traits éloquents distinguent aussi ce monument de l'estime et de la
reconnaissance publique pour celui qui en est
l'objet.

« Le voilà pour jamais descendu dans l'ombre
» éternelle, celui qui tant de fois monta et triom-
» pha dans la tribune législative ! Le voilà étendu
» au milieu du sanctuaire, celui qui, debout
» pour la patrie, en était la plus haute colonne !
» Le voilà parvenu au terme de ses jours avant
» d'être arrivé au terme de sa carrière. »

Pour peindre ce que Mirabeau fit en deux ans
pour la révolution, l'orateur en passe en revue
les principales époques ; il suit les démarches et
l'activité du défunt pour sauver la liberté des
dangers qui la menacèrent pendant cette période
orageuse.

« Tant de travaux, continue-t-il, ont confirmé

» l'infatigable moteur de la révolution, et la
» tombe dévore celui qui étouffa le despotisme !
» Frappé à mort, presque subitement, sous le
» poids d'une maladie affreuse, il a vu se dissou-
» dre et s'écrouler son existence d'un regard aussi
» ferme qu'il avait vu tomber le gouvernement.
» Ses dernières pensées ont été des considérations
» publiques, et un bienfait national.

» Les mouvements d'un peuple alarmé qui en-
» tourait sa maison et consacrait d'avance sa
» mémoire, calmait ses souffrances ; il agran-
» dissait encore ses esprits agonisants : nulle idée
» pusillanime n'a dégradé son âme aux bords de
» l'éternité, et deux majestueuses images rem-
» plissaient sa verte imagination, la postérité et
» l'assemblée nationale. Il a désiré d'être entendu
» encore, d'être entendu de celle-ci quand il ne
» serait plus ; il lui a légué le dernier trésor de ses
» méditations. Un pontife patriote, son ami (l'évê-
» que d'Autun, Talleyrand), a porté au milieu
» des législateurs ce tribut sacré [1]. L'admiration
» et la douleur ont écouté en silence et applaudi

---

[1] Il s'agit du discours *sur les successions*, que Mirabeau
remit à M. de Talleyrand, pour qu'il en fît lecture à
l'assemblée, ce qu'il exécuta.

Il y a bien peu de philosophie, ce semble, à s'occuper
de ce que feront ou ne feront pas de nos faibles produc-

» en gémissant. Le trône est ému en apprenant
» la chute de son rempart ¹. Accourant au bruit
» de cette catastrophe imprévue, le peuple con-
» sterné se montrait tantôt immobile de déses-
» poir, et tantôt tumultuaire de désolation...

» O toi, que je célèbre sans art et sans affec-
» tation, si ma voix pénètre au sein des morts,
» compte parmi les singularités de ta vie, et cet
» hommage que tu n'attendais pas de moi, et
» celui de ta section qui a disputé ta cendre à ses
» quarante-sept autres rivales de son admiration.
» Ces guerriers en deuil t'ont possédé au milieu
» d'eux un moment; ils accompagnent ta dé-
» pouille à ta demeure éternelle ². Ils viennent

tions, quelques atomes animés, quand on est aux portes
de l'éternité.

¹ Cérutti professe ici publiquement l'opinion qu'eut
toujours Mirabeau, qu'un trône constitutionnel est le
meilleur appui de la liberté et des libertés.

² C'est bien ici qu'il faut dire *vanitas vanitatum et
omnia vanitas*. Vingt mois après, les cendres de Mirabeau
sont ignominieusement retirées de leur tombeau, et portées au cimetière public en présence des mêmes hommes
qui lui prodiguaient tant de regret et d'admiration. Le
tombeau n'est plus une demeure éternelle. Qui n'a été
peiné des efforts qui, depuis peu, ont été tentés pour
faire subir le même sort aux cendres de Voltaire et de
Rousseau, déposées dans le même souterrain ?

» avec une religieuse confiance te recommander
» aux prières de ces pontifes, médiateurs de
» l'Être suprême : te voilà devant lui, te voilà
» rejoint aux principes de l'univers ! Les pages de
» notre constitution toucheront en ta faveur le
» père des mortels. Ah ! combien tu dois dédai-
» gner en ce moment les vanités humaines que
» tu avais la faiblesse humaine de rechercher !
» Combien tu dois gémir de n'avoir point séparé
» tant d'actions magnanimes de quelques actions
» moins pures !... Mais je ne suis chargé, dans
» ce jour de deuil, que de montrer la plus no-
» ble partie de toi-même. Que le voile de l'oubli,
» plus épais et plus sombre encore que celui de
» la mort, couvre les égarements et les lacunes de
» ta gloire ! Ombre fameuse, repose en paix dans
» le sein de la renommée ! »

Il n'en fut pas ainsi : Mirabeau ne trouva pas
même au fond du tombeau le repos qu'on
doit y attendre. Sa mémoire fut tourmentée,
déchirée, calomniée ; ses ennemis, les jaloux de
sa célébrité, de faux amis du trône, qui n'en
étaient que des valets largement salariés, élevèrent
leurs clameurs contre lui ; enfin nous le verrons,
par une lâche et insigne légèreté, arraché de sa
dernière demeure pour s'y voir remplacer par le
plus hideux des sycophantes que la haine de la

liberté ait enfantés, ou vomis sur le sol de la France [1].

Si Cérutti fut le seul qui prononça, dans ce moment solennel, l'éloge de Mirabeau, de nombreux écrivains s'acquittèrent du même soin dans les feuilles publiques et des notices de sa vie. On en rassembla les principales pour en former à cette époque un recueil intéressant [2] où le célèbre député est peint par ses amis et ses ennemis. Vous y apercevrez ce que l'admiration, quelquefois outrée d'un côté, et la haine ou la prévention de l'autre, avaient déjà pu dire de lui et de ses ouvrages peu après qu'il eut cessé de vivre. Mais cet écrit, comme tous ceux de la même date où il est question de lui, veut être lu avec discernement. Beaucoup de faits y sont altérés de récits populaires, de fausses anecdotes, de faits mensongers, reproduits

[1] Quelque fanatisme qu'on ait supposé ou reconnu à Marat, il n'est pas invraisemblable que cet énergumène ait été encouragé par les ennemis de la liberté pour la salir et la décrier par ses atroces libelles. Il ne demandait que trois cent mille têtes pour assurer le bonheur du peuple; plus généreux ou plus modéré, un orateur de nos jours n'en a demandé que soixante mille.

[2] Il est intitulé, *Mirabeau jugé par ses amis et ses ennemis;* un volume in-12. Paris, 1791.

vingt fois depuis, rapportés avec le ton de la confiance et de la vérité. Les éloges ampoulés, ou inconséquents de ses amis, nuisaient plus peut-être à sa juste réputation que les censures outrées et vides de sens de ses détracteurs.

Parmi ces derniers, il faut compter d'abord cet esprit incendiaire et furibond, ce Marat dont il est permis de soupçonner la bonne foi, et qui, dans sa rage patriotique, semblait avoir conjuré la ruine de tout principe d'ordre et de civilisation [1]. Il inséra dans le n° 419 de son journal *l'Ami du peuple* (avril 1791) l'article suivant :

« Peuple, rends grâce aux Dieux, ton plus »redoutable ennemi vient de tomber sous la

---

[1] Cet homme odieux, et dont le nom renferme toutes les idées de crime et de démence politique, avait pris le titre d'*ami du peuple*, et en avait gagné la confiance. C'était un petit homme très brun, trapu, au regard dur et féroce. Il naquit de parents calvinistes, en 1744, et fut long-temps inconnu. Son journal lui donna de la célébrité, le fit craindre des aristocrates et rechercher des *enragés*, espèce d'hommes qui ont toujours perdu le parti pour lequel ils se déclarent. Il vivait avec une religieuse assez jolie, qui l'avait suivi. Charlotte Corday, fille courageuse, délivra la France de cette espèce de brigand aux dépens de sa propre vie, le 14 juillet 1793.

» faux de la parque, Riquetti n'est plus. Il meurt
» victime de ses nombreuses trahisons, victime
» de ses trop tardifs scrupules, victime de la bar-
» bare prévoyance de ses complices atroces, alar-
» més d'avoir vu flottant le dépositaire de leurs
» affreux secrets[1].

» Frémis de leur fureur, et bénis la justice cé-
» leste. Mais que vois-je ! des fourbes adroits,
» dispersés dans les groupes, ont cherché à sur-
» prendre ta pitié, et déjà, dupe de leurs faux
» discours, tu regrettes ce perfide comme le plus
» zélé de tes défenseurs; ils t'ont représenté sa
» mort comme une calamité publique, et tu le
» pleures comme un héros qui s'est immolé pour
» toi, comme le sauveur de la patrie.

[1] Marat adopte ou feint d'adopter le bruit que les jacobins affectèrent de répandre que Mirabeau avait été empoisonné par les partisans de la cour et les associés à ses projets, parceque ceux-ci l'ayant vu montrer de l'hésitation et de l'incertitude sur le succès de l'entreprise, et voulant s'en retirer, ils craignirent que, pour se mettre à l'abri des suites de sa trahison, Mirabeau ne les dénonçât au peuple et à l'assemblée, déclarant qu'il ne s'était en apparence rendu leur complice que pour mieux les dévoiler.

Fable atroce, et démentie par les pièces, mais qui, dans le moment, ne laissa pas que de produire quelques effets, à la vérité très passagers.

» Garde-toi de prostituer ainsi ton encens;
» garde tes larmes pour tes défenseurs intègres ;
» souviens-toi qu'il était l'un des valets nés du
» despotisme, qu'il ne fronda la cour que pour
» capter tes suffrages ; qu'à peine nommé aux
» états-généraux pour défendre tes intérêts, il
» lui vendit les droits les plus sacrés ; qu'après la
» chute de la Bastille, il se montra le plus ardent
» support du monarchisme; qu'il abusa cent fois
» de ses talents pour replacer dans les mains du
» monarque les ressorts de l'autorité ; que c'est
» à lui que tu dois tous les funestes décrets qui
» t'ont remis sous le joug et ont rivé tes fers.

» Jamais il n'éleva la voix en faveur du peuple
» que dans des cas de nulle importance. Après
» l'avoir trahi mille fois consécutives, un seul
» jour, depuis la journée des poignards [1], il re-
» fusa de tremper dans une nouvelle conspi-

---

[1] 28 février 1791. Le peuple de Paris s'était porté à Vincennes, ce jour-là, pour démolir le donjon, entraîné par l'idée qu'on voulait rétablir cette prison, et poussé aussi par ceux qui étaient bien aises d'entretenir les troubles populaires, afin d'en accuser le nouvel ordre de choses; la garde nationale, commandée par M. de La Fayette, s'y rendit, et ce ne fut pas sans quelque peine qu'elle parvint à chasser les démolisseurs; une

» ration , et ce refus devint pour lui l'arrêt de sa
» mort. »

Marat , comme on voit , n'ignorait point entièrement les vues secrètes de Mirabeau et ses
liaisons suspectes aux patriotes ; mais ce qu'il
dit du poison dont il le fait mourir · n'était
qu'un bruit répandu avec affectation par l'un
et l'autre parti , qui s'en rejetaient réciproquement le crime , ou s'en accusaient par des motifs
opposés.

Pour donner plus de poids à son système sur
la. mort de Mirabeau , Marat publia dans sa

sorte d'émeute eut même lieu au faubourg Saint-An-
toine.

Cette circonstance devint un motif ou un prétexte, pour
beaucoup de personnes attachées à la cour, de se rendre
au château, où, disaient-elles, il était très à craindre que
le peuple ne se portât. Elles arrivèrent donc auprès du
roi, au nombre de trois à quatre cents, armées de pistolets, d'épées et de *poignards*. Le général de la garde
nationale fut invité par celle-ci « d'aller témoigner à sa
majesté son étonnement que des gens sans mission vins-
sent protéger le roi, comme si la garde nationale n'était
plus digne ou capable de remplir un pareil devoir. » Le
général exigea de sa majesté qu'elle renvoyât cette troupe
imprudente, et fit distribuer à ses soldats les épées , les
pistolets, les *poignards* dont elle était armée : de là le
nom de *journée des poignards.*

feuille le prétendu aveu de son secrétaire Comps, qu'il avait été payé, disait-il, pour empoisonner son maître, et qu'il s'était coupé la gorge de désespoir de l'avoir fait, ajoutant : « que les » commissaires saisis de l'affaire, tous vendus » à la faction des conspirateurs, l'avaient fait » rétracter. »

Si l'on consulte les pièces d'instruction relatives à cette affaire, on verra qu'elles détruisent les allégations de *l'Ami du peuple*. J'en vais donner l'aperçu.

L'une de ces pièces est le procès-verbal de l'ouverture du corps de Mirabeau [1], faite en présence de commissaires de la section, de plusieurs médecins et de chirurgiens, de beaucoup de personnes de divers états, et de celles nommées par le peuple réuni en grand nombre devant la porte de la maison.

Ce procès-verbal, après avoir relaté les différentes opérations et l'examen des parties fait par les gens de l'art et quelques uns des assistants, se termine ainsi : « D'après les faits rapportés ci-dessus, les médecins et chirurgiens » soussignés estiment que l'ouverture du cadavre n'offre de cause qui puisse être regardée

---

[1] Dimanche, 3 avril 1791.

» comme mortelle que l'état où ont été trouvés le
» péricarde, le cœur et le diaphragme[1]. »

En lisant attentivement ce que nous avons rapporté de la maladie de Mirabeau d'après son médecin, en se reportant aux antécédents qui l'ont précédée, on sera en effet facilement convaincu que l'état des organes essentiels à la vie, devenu mortel par les progrès du mal, ne peut être dû qu'aux causes indiquées et préparées d'avance par tout ce qui a été dit de la conduite de Mirabeau.

Beaucoup de gens n'en persistèrent pas moins dans leur prévention; ils trouvèrent mauvais que les médecins n'eussent pas inséré dans le procès-verbal qu'ils n'avaient reconnu dans l'ouverture du corps aucune trace, aucun indice de poison : comment, disaient-ils, une pareille omission pouvait-elle être volontaire? Si elle ne le fut pas, ne suppose-t-elle pas que, parmi les quatre-vingt-dix signataires du procès-verbal, la majorité tenait au soupçon du poison?

Il n'y a, comme je viens de l'exposer, que la connaissance de la maladie et des causes qui l'ont aggravée qui puisse répondre à cette ob-

[1] Le procès-verbal d'ouverture porte aussi qu'on trouva dans l'estomac quelques excoriations.

jection, comme elle y répond effectivement.
Mais elle n'en resta pas moins un prétexte suffi-
sant aux partisans du poison pour leur permettre de dire qu'il avait été mis en usage dans
la mort de Mirabeau.

L'embaumement du corps fut exécuté le même
jour et le procès-verbal en fut dressé. On y lit
« que le cadavre a été renfermé dans un cercueil
» de plomb, recouvert d'une lame de même mé-
» tal. Sur la réquisition de M. Lavilette, et d'a-
» près les ordres transmis par M. de Mautort,
» notaire, qui avait reçu le testament, son cœur
» fut embaumé séparément, mis et renfermé
» également dans une boîte de plomb. Le corps
» et le cœur ainsi renfermés restèrent exposés
» dans le jardin de l'hôtel, sous la tente où s'était
» fait l'embaumement, jusqu'à leur enlèvement
» pour l'inhumation. »

Ces détails paraîtraient trop minutieux s'il
s'agissait d'un homme moins célèbre que celui
qui nous occupe; mais on les trouvera d'autant
mieux placés ici, qu'il peuvent servir à réfuter
les faux bruits et les faits controuvés sur les circonstances de sa mort.

C'est par le même motif qu'on lira sans doute
avec intérêt ce qui concerne la tentative de
suicide de son secrétaire Comps, sur laquelle

Marat s'est plu à bâtir la fable que l'on a lue.

Lorsque cet événement fut connu dans la maison, les officiers de police s'y transportèrent le samedi 2 avril, jour même de la mort du comte. Après avoir rempli les formalités d'usage, ils procédèrent à l'interrogatoire des diverses personnes qui pouvaient donner des éclaircissements sur l'action du sieur Comps, et à celui de Comps lui-même.

Il résulte du procès-verbal qu'ils en dressèrent, que le comte de Mirabeau ayant demandé son secrétaire vers minuit et demi, on monta chez celui-ci pour lui dire de descendre; qu'on trouva sa porte fermée, et que n'ayant pas pu ou voulu l'ouvrir, on fut obligé de la défoncer; qu'on trouva le sieur Comps ensanglanté, ayant trois blessures au cou.

Interrogé si c'était lui qui s'était fait ces blessures, a répondu que, s'étant jeté sur son lit, tout en eau et extrêmement agité avec les symptômes les plus marquants de poison, après de longues agitations, il s'est trouvé dans sa chambre dans l'état où on l'a vu; qu'il ne se rappelle pas s'être porté de coups. Ces réponses ne satisfaisant pas, il fut interrogé de nouveau, et, sommé de répondre catégoriquement si c'était lui qui s'était porté les trois coups à la gorge, et pour quel motif, a répondu qu'il n'en sait rien, et ne peut se rappeler cela dans le moment; que de très grands intérêts politiques, qu'on a craint qu'il ne dévoilât un jour, sont la preuve que tout le temps qu'il a été auprès de M. de Mirabeau il s'y est conduit en galant homme.

Une femme de service dans la maison du comte à déclaré que le sieur Comps était enfermé dans sa chambre lorsqu'on alla l'y demander; que lorsqu'on y entra après avoir défoncé la porte, le sieur Comps s'est présenté droit aux personnes présentes et a dit: « Un moment plus tard mon crime était consommé. » Le sang découlait de son cou et sa chemise était ensanglantée; plusieurs autres témoins ont fait la même déclaration. Cette femme a ajouté qu'un moment après, M. l'abbé du Saillant étant entré chez elle, y avait apporté un couteau à manche d'écaille, et un canif de bureau, dont la lame était toute teinte de sang, et que M. l'abbé du Saillant a déclaré avoir trouvé ce couteau et ce canif dans la chambre de Comps. Dans sa déclaration, M. Pellenc[1], autre témoin présent, attesta que le sieur Comps avait donné la veille des

---

[1] C'était un homme de lettres attaché au cabinet de Mirabeau, et qui lui fut très utile pour ses travaux.

preuves d'aliénation mentale, en disant qu'on
voulait le faire pendre par le peuple, et autres
choses semblables.

Pendant qu'on procédait à ces interrogatoires,
Mirabeau cessait de vivre; ce qui n'empêcha pas
que M. Maugis, l'un des administrateurs de
police de la municipalité, étant survenu, inter-
rogeât de nouveau le sieur Comps, en présence
de beaucoup de témoins. Il ne put tirer de lui
que des paroles entre-coupées dont le sens était
qu'il était resté plusieurs jours sans rien prendre, que cela lui avait porté à la tête, et que
calculant diverses craintes dont il ne donnerait
pas le détail, il s'était empoisonné. Il a ensuite
ajouté que s'il avait dit qu'on l'avait forcé de
prendre un bouillon, il reconnaît que c'était
pour son intérêt qu'on l'y avait déterminé; que
c'était le délire de son imagination qui lui avait
fait croire qu'il était empoisonné. Enfin, ayant
repris un peu de force et étant sorti de ce grand
abattement, il dit que, la tête montée des prétendus empoisonnements du comte de Mirabeau,
il a cru lui-même être frappé; observant en outre
qu'il est des détails de la confiance que M. de
Mirabeau avait en lui qu'il ne voudrait pas que
l'on sût; que le soir il avait entendu dire à M. Pellenc qu'il y avait beaucoup de monde aux envi-

rons de la cuisine de M. de Mirabeau, et qu'on pouvait empoisonner les mets du comte ; qu'étant remonté au salon , il y avait encore entendu parler de poison, et qu'il avait été frappé de deux espèces de marmelades que M. de Mirabeau avait demandées, et comme on ne les apportait pas, on lui en donna de faites par son cuisinier ; que M. de Mirabeau ne les trouva pas bonnes ; qu'en ayant pris lui-même, il ne les trouva pas bonnes non plus ; que le soir, au milieu de ces idées, il avait demandé de l'orangeade, qu'il la prit avec une espèce de répugnance ; que, toujours plus échauffé, toujours plus ardent, il s'était jeté sur son lit, sans pouvoir y trouver de repos ; qu'il s'est senti comme des convulsions horribles qui l'ont forcé de se lever ; qu'il s'est levé dans une agitation extrême, est descendu chez M. de Mirabeau , a trouvé la porte fermée ; qu'il l'a cru mort ; que, désespéré et dans un état qu'il ne peut rendre, il est remonté chez la femme de charge , laquelle lui a offert de l'orangeade qu'il a refusée ; qu'alors il est rentré dans sa chambre, s'y promenant en long et en large, toujours persuadé qu'il avait été empoisonné.

Interrogé de nouveau si c'est le désespoir qui l'a déterminé à se blesser , et si c'est avec un

canif, a répondu que oui. Après cet interrogatoire subi par le sieur Comps, il fut décidé par
l'administrateur de police Maugis qu'il resterait
en état d'arrestation dans sa chambre, sous la
surveillance d'un officier de la garde nationale,
jusqu'à nouvel ordre.

Les renseignements obtenus du sieur Comps
sur sa tentative de suicide ne suffisaient pas à
l'instruction de l'affaire; son esprit paraissait
obsédé de quelque idée qui l'empêchait de répondre; on résolut donc de le laisser tranquille,
et le 16 du même mois d'avril, M. Maugis revint avec le commissaire de police lui faire subir
un second et dernier interrogatoire, auquel il
répondit « que les déclarations qu'il avait faites
» le 2 n'étaient que le malheureux effet du dé-
» lire où l'avait jeté le désespoir de perdre M. de
» Mirabeau; qu'il nie toutes ces déclarations,
» comme le fruit d'une imagination égarée, et
» que sa douleur seule a produit tout ce qui s'é-
» tait passé; qu'il voit avec peine que dans ces
» moments d'égarement il avait compromis ma-
» dame du Saillant et M. Pellenc; que sa vie en-
» tière ne suffira pas pour lui faire oublier cette
» fausse inculpation¹. »

---

¹ C'est à cette déclaration que Marat fait allusion dans

Les pièces d'où ces détails authentiques ont été extraits étant restées ensevelies dans les greffes de la justice, les partisans de l'empoisonnement n'ont pu en tirer les inductions qu'elles semblent présenter en faveur de leur système ; mais loin cependant qu'on eût pu conclure rien de positif dans ce sens, ils prouvent que le soupçon de poison ne prit aucune consistance parmi tant de personnes présentes, qui avaient un si grand intérêt et tant de moyen de le vérifier.

L'interrogatoire du sieur Comps, au surplus, porta sur quelques autres points relatifs à son service auprès du comte de Mirabeau ; on lui demanda entre autres à qui appartenaient vingt-deux mille francs qui se touvaient dans son secrétaire : A M. le comte, répondit-il ; qu'est-ce que c'était que les seize mille francs en assignats qu'il avait dans la poche de côté de son habit : Ce sont les seize mille francs de M. le comte, que M. Talon m'a remis [1].

La dernière déclaration, ou si l'on veut la ré-

sa diatribe contre Mirabeau, quand il dit que l'on obligea son secrétaire à rétracter son premier interrogatoire.

[1] J'ai fait connaître ailleurs ce M. Talon ; il fit une fortune immense dans l'emploi de distributeur des dépenses secrètes du roi.

tractation du sieur Comps ayant été reçue, et le procès-verbal en ayant été clos, l'administrateur prononça sa mise en liberté, sous la condition de se représenter lorsqu'il en serait requis.

J'ai pensé que ces détails peu connus devraient trouver place ici ; ils pourront servir à éclaircir un fait sur lequel beaucoup de gens élèvent encore des doutes; mais si ce qu'on vient d'en rapporter ne convertit personne, il faut renoncer à l'espoir d'y parvenir.

La mort de Mirabeau enfanta une foule d'écrits, de brochures, d'éloges, de vers : Joseph Chénier fit une ode dont l'enthousiasme, beaucoup plus que le génie poétique, fait tout le mérite. Dorat Cubières, si connu par la singularité de ses poëmes patriotiques, en fit un à cette occasion; il le lut au lycée du Palais-Royal neuf jours après la mort de Mirabeau.

« O regrets ! ô douleur ! il n'est plus le grand homme,
» Par qui la France enfin, digne émule de Rome,
» De ses nombreux tyrans a terrassé l'orgueil.
» Muets et consternés autour de son cercueil,
» Nous l'ornons de cyprès, nous l'arrosons de larmes,
» Et chaque citoyen, plongé dans les alarmes,
» Croit voir la liberté toucher à son déclin.
» Mirabeau ne vit plus, le peuple est orphelin. »

Ces vers ne sont ni beaux, ni riches, mais on les préférera sans doute à ceux-ci, où M. de Cubières, prêchant sans mission, nous peint fort mal à propos sous les couleurs d'un prêtre irréligieux M. l'évêque d'Autun, ce qui n'est ni vrai ni décent.

> « Le sage Talleyrand, pontife citoyen,
> » De la foi, de la loi, respectable soutien,
> » Debout à ses côtés, ranimait son courage,
> » Et d'un doux avenir lui présentait l'image,
> » Retenait son esprit sur ses lèvres errant.
> » Ah ! qu'il est beau d'offrir au mortel expirant,
> » Au lieu d'un Dieu vengeur, prêché par la Sorbonne,
> » Le consolant espoir d'un père qui pardonne !
> » Dans ce culte de paix Talleyrand affermi
> » N'a point déshonoré le trépas d'un ami ;
> » Il veut que, secouant le joug de nos ancêtres,
> » Nous mourrions désormais sans le secours des prêtres ;
> » Et Mirabeau, lui-même, en vrai législateur,
> » S'est joint sans fanatisme à son divin auteur. »

Ces vers, car je ne dirai pas cette poésie, se terminent par une espèce de dialogue entre le roi, le peuple et le corps législatif.

> « Vainement j'ai voulu, terminant mes regrets,
> » Suspendre enfin ma lyre aux funèbres cyprès.

» Voici les derniers mots qu'une douleur trop juste
» Dicte au peuple, au monarque, à l'assemblée auguste :

LE PEUPLE.

» Je perds mon défenseur en perdant Mirabeau.

LE ROI.

» Il était mon soutien.

L'ASSEMBLÉE.

» Il était mon flambeau. »

Pour honorer sa mémoire, le conseil de la commune de Paris ordonna que son buste serait placé en société de ceux de M. Necker, de M. de La Fayette et de M. Bailly. Il prit également un arrêté portant que la rue de la Chaussée-d'Antin, appelée depuis rue du Mont-Blanc, porterait le nom de Mirabeau [1].

On vit paraître aussi dans le public plusieurs projets de monuments à sa gloire, celui de M. Benoît de la Mothe fut un des plus remarquables.

[1] Le lecteur ne doit pas confondre les diverses municipalités qui ont gouverné Paris; celle qui ordonna ces dispositions était composée en majorité de constitutionnels royalistes; elle différait beaucoup de celle qui lui succéda, et surtout de celle qui se forma au 10 août 1792, pour opérer l'insurrection qui anéantit la monarchie.

On y voyoit un tombeau ouvert, dans lequel la mort faisait signe à Mirabeau de descendre; il pose un pied sur le bord de la tombe et entraîne avec lui le despotisme et le fanatisme. A la gauche du héros et un peu en arrière, on voit la France éplorée; elle s'efforce de l'arrêter au moment où il entre dans le cercueil : d'une main elle le retient par son vêtement, de l'autre, elle lui montre la constitution. Sous les pieds de la constitution, représentée par une jeune femme, est le serpent de l'envie, qui, dardant sa langue acérée, voudrait la blesser. Auprès d'elle est le niveau de l'égalité, la corne d'abondance, des écussons mutilés, des fers brisés, le sceptre de la justice et de la raison ; sur le devant du tombeau devaient être placées ces deux lignes rimées :

« Homme, qui que tu sois, honore Mirabeau,
» Il entraîne avec lui tes tyrans au tombeau ! »

Le lecteur pensera facilement que ce n'est ni pour la beauté de ce projet, ni pour le génie qui y brille que nous l'avons rapporté, mais pour donner une idée de l'enthousiasme qu'inspirait Mirabeau, et des efforts que chacun faisait pour honorer sa mémoire.

Les lettrés de province voulurent rivaliser ceux de la capitale ; un abbé de la petite ville des Sables, M. l'abbé Gaudin, fit imprimer un *Éloge civique de Mirabeau,* dans lequel si l'auteur a donné des preuves de son admiration pour l'illustre mort, il n'en a pas toujours été de même du goût et de la réserve qu'on doit apporter dans un éloge. J'en citerai un passage, auquel tous les autres né ressemblent malheureusement pas. « On a souvent comparé Mira- »beau à Démosthènes ; en effet, il se trouve »entre eux plusieurs traits d'une ressemblance »frappante. Tous les deux dédaignèrent ces or- »nements qui ne consistent que dans la ca- »dence, le choix et l'arrangement des mots; tous »les deux, profondément occupés du sujet qu'ils » avaient à traiter, ne puisèrent qu'en lui seul »leurs preuves et leurs moyens de défense : la »concision, la véhémence, les aperçus vastes »et rapides, que le genie seul peut découvrir, et »qui sont des traits de lumière dès qu'il vient »à les répandre ; voilà les armes qu'ils savent »tous les deux employer, peut-être avec un »égal succès. »

M. Pujoulx, littérateur connu par quelques ouvrages qui ne sont pas sans mérite, célébra Mirabeau dans une pièce jouée sur un de nos

petits théâtres, intitulée *Mirabeau à son lit de
mort*. Le .prix de semblables productions tient
toujours à l'à-propos et à l'intérêt du sujet, plutôt qu'à la manière dont il est traité ; c'est aussi
ce qu'on .peut dire de cette pièce : il en est de
même de *l'Ombre de Mirabeau*. L'action se passe
dans celle-ci en conversations sur le défunt entre
divers députés et des hommes célèbres. Chacun en fait l'éloge suivant sa façon de voir les
choses : à Cicéron et Démosthènes succèdent
Voltaire , Rousseau , Mably , commé les pré-
curseurs de la révolution. Le roi de Prusse,
Frédéric II ,· se montre aussi en scène ; il
prend la défense du despotisme , et finit par
ces vers :

« Comme toi Frédéric aurait faît à ta place ;
» A la mienne, jaloux de son autorité,
» Comme moi Mirabeau se serait comporté ! »

Mirabeau reçut donc l'encens, tant bon que
mauvais, des artistes, poëtes , écrivains de son
temps , tandis que ses détracteurs et une foule
de suppôts de la contre-révolution le défiguraient
dans leurs diatribes de la manière la plus ridicule et la plus exagérée : c'est un sort commun
à tous les hommes qui ont joué un grand rôle ;

il en partagea encore un autre avec eux, celui de se voir représenté sous tous les costumes, en pied, en buste, couronné, traîné par des serpents ou inspiré par des furies : mais de ces bouffées de haine ou de louanges la célébrité de Mirabeau n'a point éprouvé d'altération ; il se présente à la postérité avec la haute stature et l'auréole de talent que nous lui avons reconnues.

Mais ce que la jalousie ou la fureur des partis n'avait pu faire pour flétrir sa mémoire, un hasard vint en procurer le moyen à ses détracteurs et affliger ceux qui lui étaient restés attachés.

Le récit où nous allons entrer pour expliquer cet incident tient de trop près à une des principales époques de sa carrière politique, pour ne pas lui donner toute l'étendue qu'exige l'importance du sujet.

Dans les recherches qui furent faites au château des Tuileries après les funestes événements du 10 août, on trouva, d'après les indications données par un ouvrier du château, une armoire cachée derrière le lambris et fermée d'une porte de fer, dont le roi avait la clef. Elle contenait différents papiers relatifs aux affaires de la cour, et particulièrement celles qui concernaient les malheureux et imprudents projets qui la perdirent.

Dans le nombre des pièces qui s'y trouvèrent il y en avait plusieurs où il était question de Mirabeau, mais particulièrement un compte rendu par l'intendant de la liste civile des moyens employés auprès du célèbre député pour l'attacher aux intérêts du roi.

Une pareille découverte ne pouvait manquer de produire une vive sensation dans la convention nationale, qui siégeait alors et qui s'occupait du procès du malheureux Louis XVI, si on peut appeler *procès* l'acte irrégulier d'une assemblée accusatrice et juge tout à la fois dans une cause qui ne pouvait ressortir de son tribunal.

Ce fut à la séance du 5 décembre 1792 qu'on révéla cette prétendue trahison. Écoutons le député Ruhll, l'un des plus aveugles et fougueux démagogues de ce temps ; voici comme il s'exprima :

« Dans plusieurs des pièces examinées par la » commission, Mirabeau se trouve compromis. » Trop long-temps le peuple s'est créé des idoles » pour les encenser. Mirabeau était un traître ; le » ciel en a fait justice. Je demande que le sanc- » tuaire de la loi ne soit plus souillé par l'image

» d'un homme que vous décrèteriez d'accusation
» s'il existait[1]. Je demande en outre que ses cendres
» soient retirées du Panthéon, et qu'à l'avenir ces
» honneurs ne puissent être déférés aux hommes
» qui paraîtront avoir bien mérité de la patrie, que
» dix ans après leur mort. »

Un pareil discours, quoique applaudi, n'en
excita pas moins la plus grande surprise dans
l'assemblée. Tout le monde gardait le silence,
lorsque Manuel montant à la tribune :

« Citoyens, s'écria-t-il, Mirabeau a dit dans
» cette même tribune qu'il n'y avait pas loin du
» Capitole à la roche Tarpéienne : quand il l'a dit,
» il ne parlait que des vivants ; il ne pensait pas
» qu'un jour on proposerait ici de faire descendre
» le bourreau dans les tombeaux pour y flétrir la
» cendre des morts. Je ne fais point ici l'apologie
» de Mirabeau, mais j'observe qu'il n'est pas
» jugé, qu'il n'est qu'accusé, et qu'il doit avoir
» les mêmes droits qu'il aurait eus de son vivant.
» S'il vivait, vous l'entendriez ; il faut donc lui
» nommer un défenseur officieux... Je ne m'éten-
» drai pas à présent sur le détail des services qu'il
» a rendus. Mettez, si vous voulez, sa mémoire

---

[1] On sait que le buste de Mirabeau était dans la salle de
l'assemblée.

» en état d'arrestation, mais ne le condamnez
» pas sans l'entendre : je demande qu'un comité
» soit spécialement chargé de l'examen de sa
» vie. »

Camille Desmoulins, qui depuis perdit la vie
sur l'échafaud de la terreur, le même que ses
opinions outrées firent appeler *le procureur général de la lanterne* [1], et dont les *Révolutions de
Brabant* se font encore rechercher pour l'origi-
nalité du style et des idées, se leva dans l'intention de répondre à Manuel; mais son discours se
borna à une altercation avec Pétion. « J'interpelle
» Pétion de me répondre, dit-il : j'allai le voir
» quelques jours après l'enterrement de Mira-
» beau; je lui demandai pourquoi il ne s'y était
» pas trouvé. J'ai vu, me répondit-il, un plan de
» conspiration écrit de sa main. »

A cette interpellation, Pétion, qui en parut
embarrassé, répondit : « J'ai toujours été con-
» vaincu que Mirabeau joignait à de grands ta-
» lents une profonde immoralité; il avait des
» relations coupables; je crois qu'il reçut de

---

[1] Par allusion au fameux réverbère qu'on voit encore,
place de Grève, au-dessus de la boutique d'un épicier,
et où le peuple fit périr quelques victimes de sa fureur,
dans les premiers jours de la révolution.

» Talon une somme de quarante-huit mille francs :
» mais quelque indice , quelque persuasion que
» j'aie de ces faits , je n'en ai pas la preuve. Au
» reste , on ne nous a pas parlé d'un fait exact ;
» c'est un plan rédigé par Mirabeau pour faire par-
» tir le roi à Rouen. Mirabeau avait des liaisons
» avec la cour ; il allait souvent à Saint-Cloud ,
» là il avait des conférences secrètes ; et c'est
» par ces motifs que je n'allai pas à son con-
» voi. »

Il n'est pas indigne de l'histoire d'entrer dans ces
détails, parcequ'ils font connaître les hommes du
temps et l'anxiété des esprits ; ils jettent du jour
sur les contradictions et les obliquités de conduite , si on peut parler ainsi , de ceux qui ont
fait parler d'eux dans la révolution. Leur rôle
ressemble à celui de quiconque se trouve dans
les mêmes circonstances ; les vices comme les
vertus, le courage comme la peur, s'y montrent
sous toutes les formes ; et ce que nous avons vu
à Paris pendant vingt-cinq ans s'est reproduit
de nos jours, avec des chances différentes à la
vérité, chez des peuples qu'on aurait crus peu
susceptibles des mêmes agitations.

La dénonciation contre Mirabeau ne fut pas
admise dans cette séance , mais renvoyée au
comité d'instruction publique, pour en faire un

rapport. Le buste de Mirabeau fut voilé jusqu'à ce qu'on eût prononcé sur son accusation.

Si les anciens amis de Mirabeau gémirent d'un événement qu'ils regardaient comme un complot contre la liberté, le parti opposé en fit un sujet de triomphe. Les jacobins et les royalistes y trouvèrent des motifs, les premiers de redoubler de surveillance et de précautions contre ceux qu'ils pourraient soupçonner, les seconds de présenter les grands acteurs de la révolution comme autant d'ambitieux toujours prêts à trahir le peuple, du moment que le monarque a bien voulu descendre jusqu'à mettre un prix à leur trahison.

Le rapport se fit long-temps attendre, et ce ne fut que onze mois après[1] que Joseph Chénier, digne d'un rôle plus estimable que celui qu'on l'a vu jouer, le prononça à la tribune.

« Citoyens, dit-il, parler du génie sans moralité, des talents sans vertu, c'est assez vous désigner et vous nommer Mirabeau; je viens vous entretenir de cet homme remarquable, investi long-temps de la confiance du peuple, mais qui, devenant infidèle à la cause sacrée qu'il avait défendue avec tant d'énergie, oublia

[1] A la séance du 27 novembre 1793.

» sa gloire pour sa fortune, et ne songea désormais
» qu'à rebâtir le despotisme avec les matériaux
» constitutionnels...

» Lorsque, le 2 avril, les citoyens, se pressant
» en foule dans cette grande rue qui ne porte
» plus le nom de *Mirabeau,* revenaient sur leurs
» pas, et d'une voix triste s'entre-disaient, *il n'est*
» *plus,* oh! vous savez, citoyens, quel hommage
» unanime obtint alors sa mémoire : il eut tous
» les honneurs du triomphe; le peuple entier
» partagea l'enthousiasme de regrets qu'avait in-
» spiré aux membres les plus purs de l'assemblée
» constituante une mort si peu attendue, si ra-
» pide, et qu'on crut accélérée par la vengeance
» du despotisme. Chacun de nous dans ce temps
» se rappelait, non ses opinions anti-populaires
» sur la sanction royale, sur le droit de la paix
» et de la guerre, et sur d'autres questions d'une
» égale importance, mais les motions vraiment
» civiques, animées par son éloquence entraî-
» nante, mais les paroles solennelles qu'il avait
» adressées à Brezé, mais celles non moins mé-
» morables qui terminent son beau discours à
» la nation provençale, lorsque, dans les premiers
» jours de la révolution, s'élevant contre les pa-
» triciens, il s'écriait : *Les priviléges passeront, mais*
» *le peuple est éternel.*

»Son souvenir serait aujourd'hui sans tache,
»sa gloire serait inattaquable, s'il n'avait pas
»perdu de vue cette grande vérité qu'il avait
»énoncée lui-même; si, corrompu d'avance par
»des besoins de luxe, séduit par les conseils
»de l'ambition, entraîné par la confiance or-
»gueilleuse que lui inspiraient les ressources
»de son esprit vaste et puissant, il n'avait pas
»conçu le projet insensé d'être tout à la fois
»l'homme de la cour et l'homme du peuple.
»Ignorait-il que les rois sont déjà vengés des
»orateurs populaires quand ils ont eu le hon-
»teux bonheur de les corrompre? Ignorait-il
»que les rois n'ont jamais hésité à briser entre
»leurs mains ces déplorables instruments de
»leur despotisme?...

»Il paraît que ce fut dans le mois de juin
»1790 que la cour conçut le projet de corrompre
»Mirabeau; c'est ce que nous apprend une lettre
»adressée au traître La Fayette, ainsi conçue, et
»écrite de la main de Louis XVI [1]:

«Nous avons une entière confiance en vous,
»mais vous êtes tellement absorbé par les devoirs

---

[1] Il y a dans le texte original, *du tyran;* mais l'application de cette épithète à Louis XVI est si atroce, que
je n'ai pas eu la force de l'écrire.

» de votre place, qui nous est si utile, que vous
» ne pouvez suffire à tout. Il faut donc se servir
» d'un homme qui ait du talent, et qui puisse
» suppléer à ce que, faute de temps, vous ne
» pouvez pas faire. Nous sommes fortement per-
» suadés que Mirabeau est celui qui conviendrait
» le mieux par la force et par l'habitude qu'il a
» de manier les affaires de l'assemblée. Nous
» désirons en conséquence et nous exigeons du
» zèle de M. de La Fayette qu'il se prête à se con-
» certer avec Mirabeau sur les objets qui inté-
» ressent le bien de l'état, celui de mon service et
» de ma personne. »

» C'est dans les premiers jours du mois de
» mars de l'année suivante, continue Chénier,
» que le projet de corruption fut exécuté. On lit,
» en effet, dans une pièce du 2 mars de cette an-
» née, adressée à Louis XVI, et signée *La Porte,*
» ce qui suit :

« Sire, lorsque j'ai rendu compte ce matin de
» la conversation que j'ai eue avec M. de Luchet [1],
» je ne croyais pas entendre parler si prompte-
» ment de ce que je croyais être le véritable sujet

---

[1] Le marquis de Luchet, auteur de quelques ouvrages peu recherchés, était un ami de confiance de
Mirabeau.

» de la visite. Je vous envoie, sire, ce que je viens
» de recevoir à deux heures : les demandes sont
» bien claires; M. de Mirabeau veut avoir un
» revenu assuré pour l'avenir, soit en rentes
» viagères constituées sur le trésor public, soit
» en immeubles [1]. »

» En voilà plus qu'il n'en faut pour déterminer
» le jugement de la convention nationale. Vaine-
» ment objecterait-on que, dans toutes ces pièces,
» il n'existe point une ligne écrite de la main de
» Mirabeau. Qu'on pèse les circonstances, l'esprit
» de ceux qui écrivaient, de ceux à qui les écrits
» étaient adressés, l'intérêt qu'ils avaient à gar-
» der mutuellement un profond silence; et, j'ose
» l'affirmer, il n'est point de jury qui ne déclarât
» unanimement que Mirabeau s'était vendu à la
» cour...

» Citoyens, votre comité vous propose d'ex-
» clure Mirabeau du Panthéon français, afin
» d'inspirer une terreur salutaire aux ambitieux et
» aux hommes vils dont la conscience est à prix,
» afin que tout législateur, tout fonctionnaire
» public, tout citoyen sente la nécessité de s'unir
» étroitement au peuple, et se persuade qu'il

[1] Voyez le surplus de cette lettre au roi dans le sixième livre.

»n'existe de vertu, de liberté, de bonheur, de »gloire solide que par le peuple et avec lui. »

Ce discours fut suivi de décret portant que le corps de Mirabeau sera retiré du Panthéon, et celui de Marat mis à sa place ' !

L'exécution de ce décret ne fut différée que le temps nécessaire pour en faire les préparatifs et procéder à l'exhumation.

Le cinquième jour sans-culottide ², pour parler le langage barbare du temps, le commissaire de police du quartier du Panthéon, accompagné de deux membres de la section et du cortége prescrit par le décret, se rendirent au temple où reposait Mirabeau. Le cortége s'étant rangé sur la place, un des huissiers de la convention s'avança vers la porte d'entrée, et y fit lecture du décret qui en excluait les restes. Retirés du caveau où ils étaient placés, on les remit aux commissaires du quartier et de la section ; ils les firent conduire au lieu ordinaire des sépultures (le cimetière) pour y demeurer à titre de dépôt jusqu'à nouvel ordre.

Trois jours après, et suivant les ordres du comité d'instruction publique, deux membres

---

' 26 fructidor an II, vendredi, 12 septembre 1794.

² Lundi, 21 septembre 1794.

du comité civil de la section se transportèrent
de nouveau au lieu du dépôt du cercueil ; ils en
firent distraire celui de bois [1], et ordonnèrent
qu'on pratiquât des ouvertures à celui de plomb,
afin de donner lieu à l'évaporation des vapeurs
qui pourraient s'y trouver, après quoi le corps
en étant retiré fut renfermé dans une bière et
porté au cimetière de Clamart.

Cette insigne violation de l'asile de la mort
fit faire une découverte intéressante, qui montrait la vénération durable que portaient à Mirabeau quelques uns de ses amis.

Dans le cercueil de bois était placé un par-
chemin que j'ai sous les yeux, et où on lit ces
mots :

« L'an 1791, dans les jours de septembre,
» Jacques Brice, François Comps, premier secré-
» taire, ami intime de Mirabeau, Jean-François
» Vitry, qui aime ce grand homme comme son
» frère, et Jean-Hippolyte Dudoit La Villette, qui
» lui a rendu les derniers devoirs, sont venus
» en pèlerinage à son tombeau. Ils ont trouvé le
» cercueil endommagé, et, du consentement de
» M. de La Marck, son exécuteur testamentaire

[1] Le corps était dans un cercueil de plomb renfermé
dans un second de bois.

» et son généreux ami , ils ont ordonné ce nou-
» veau cercueil , et l'ont fait placer sous leurs
» yeux. A Paris , ce 3 octobre 1791. *Signé* J. - B. ,
» de Comps , J.-F. Vitry , Jean-Hippolyte Dudoit
» La Villette '. »

L'outrage de cette exhumation , fait à la mémoire de Mirabeau , resta profondément gravé
dans le cœur de ses amis et de ses admirateurs,
qui se promirent bien de l'en venger à la première occasion favorable; il leur tardait d'en
faire connaître l'odieux , et de le laver du reproche de trahison dont Chénier l'avait flétri dans
son rapport.

Il était évident en effet, pour quiconque a
connu les alternatives cruelles où les hommes
marquants se sont trouvés dans la révolution ,
que c'était une chose absurde et injuste de qua-
lifier de crime et de trahison la préférence que,
pour sauver sa vie, ou venir au secours de
l'état , on donnait à un parti plutôt qu'à un
autre.

Les dominateurs, dans l'ivresse de leur triomphe , n'ont jamais voulu reconnaître cette vérité,

' Procès-verbal du commissaire de police de la section
du Panthéon, du cinquième sans-culottide, ans II et III ,
vendémiaire an III.

quoiqu'une fatale expérience leur ait appris que, vainqueurs aujourd'hui , ils pouvaient être vaincus demain, et que si la justice ne leur prescrivait pas la modération, leur intérêt leur en faisait une loi. Sans tenir compte de cette maxime, nous avons vu chaque faction ou parti triomphant employer vis-à-vis de ses ennemis abattus les mêmes rigueurs, les mêmes pro-scriptions dont lui-même avait gémi si long-temps ; c'est ainsi que, depuis la convention jusqu'à nos jours, le cri de la raison et de l'équité s'est vainement fait entendre , lorsqu'un changement de gouvernement a fait passer le pouvoir d'une main dans une autre. Le sang , les exils, les larmes, ont toujours marqué ces funestes passages, et le plus fort s'y est montré également insensible à l'humanité, à la justice, et à cette religion même au nom de laquelle il a plus d'une fois manqué à sa foi et à ses serments.

De pareils hommes ont dû regarder Mirabeau comme un traître; ce jugement était bien plus aisé à prononcer que l'examen à faire de ses motifs et de sa conduite.

Mirabeau ne crut pas trahir la patrie ni ses engagements envers elle, en prêtant l'appui de sa popularité et de ses talents au roi; c'était une double voie pour parvenir à la célébrité et au pouvoir que lui promettaient les grands événements de l'époque. Trop d'extravagances commençaient à signaler les révolutionnaires outrés [1], pour ne pas s'apercevoir qu'ils allaient précipiter le vaisseau de l'état dans des abîmes, si la main de quelque homme puissant en œuvres et en paroles ne venait à son secours. Se dévouer à une pareille tentative, vouloir sauver la liberté en la rattachant, non à la cour, non aux courtisans, mais à l'autorité royale, pouvait-il constituer le crime de trahison, même aux yeux des républicains réels ou prétendus d'alors? Ajoutez à cette considération l'esprit particulier qui animait Mirabeau, et qui le portait à envisager tout ce qui se passait bien différemment que ses contemporains.

Comme tous ceux qui séduisirent les autres et se séduisirent eux-mêmes par l'espoir d'une liberté qu'on semblait étouffer par les moyens mêmes qu'on employait pour l'établir, il avait été conduit à la certitude de s'élever à une grande puissance par la faveur populaire, et le concours de quelques ambitieux subalternes qui lui étaient dévoués. Mais, trompé plusieurs fois dans son

---

[1] Fin de 1790.

attente, il crut qu'il parviendrait à son but en se rapprochant de la royauté dégagée des influences extérieures qui la défiguraient aux regards des peuples; il conçut donc le dessein d'établir une monarchie constitutionnelle par une voie plus directe que celle qu'on avait suivie jusqu'alors: c'était à la fois servir son ambition, et ne point tromper l'attente de la nation, qui avait une grande confiance en lui.

Qu'il se soit trompé dans ses calculs, qu'il ait méconnu la force du torrent dans lequel il aurait été entraîné peut-être ; que, comme tous les grands acteurs de cette révolution, il ait péri des mains de ses collègues, devenus ses ennemis, c'est ce qu'il est permis de croire par ce qui s'est passé depuis. Cependant l'époque où il se déclara contre l'anarchie, où il appela la royauté au secours de l'état en péril, lui laissait de grandes espérances: on ne peut donc lui faire un crime, appeler trahison les démarches que nous lui avons vu faire auprès du roi et de la reine ; elles n'avaient rien d'hostile, elles ne tendaient point à des proscriptions, au rétablissement du despotisme et des abus. Un grand intérêt national le faisait mouvoir; ce serait trop favoriser la doctrine insolente des triomphateurs, que de vouloir, pour de pareils faits, livrer la mémoire d'un grand homme au mépris de la postérité, et à la haine de ses contemporains.

De pareilles considérations étaient faites pour déterminer les amis de Mirabeau à le justifier du crime de trahison. Les temps étaient devenus moins orageux ; la constitution. de l'an III, fondée sur des bases raisonnables, avait rappelé l'ordre et l'ensemble dans toutes les parties de l'organisation sociale ; et ce régime, sous lequel la France fit de si grandes choses et repoussa l'Europe conjurée contre elle , permettait de faire entendre la vérité, sans craindre la fureur des démagogues ou la vengeance des partisans du despotisme. Ce n'était point vainement qu'on l'invoquait dans l'assemblée des représentants du peuple ; les deux conseils n'offrirent qu'un petit nombre de traîtres, et beaucoup d'amis sincères de la liberté, si honteusement sacrifiée depuis à l'ambition d'un soldat.

M. Cabanis était membre du conseil des cinqcents ; il fut le premier à prendre la défense de son ami ; l'occasion s'en offrait naturellement ; un artiste distingué, M. Boze, venait faire à l'assemblée l'hommage de la gravure du beau portrait de Mirabeau en pied.

« En acceptant l'hommage du citoyen Boze, »dit M. Cabanis, vous vous souviendrez de l'é-

» nergie avec laquelle l'homme célèbre dont
» cette gravure reproduit les traits attaqua le
» despotisme et les abus dans le temps de leur
» toute-puissance ; vous reporterez vos regards
» sur les éclatants services qu'il a rendus à la li-
» berté, dans les premières époques de notre
» révolution. Vous n'oublierez pas surtout que
» ses productions éloquentes et les lumières
» qui s'y trouvent répandues font partie du mo-
» nument élevé par les lettres et la philosophie
» à la gloire de la nation, et qu'elles entrent dans
» le legs immortel d'idées saines, fortes et libé-
» ratrices que la France a faite au genre humain,
» et le siècle présent à la postérité. »

A M. Cabanis succéda M. Briot. Si le premier
se montra l'ami et l'admirateur de l'accusé,
M. Briot dépassa dans son discours les limites
d'une impartiale modération ; je lui reprocherais
aussi une exubérance d'opinions politiques dont
quelques unes soutinrent mal l'épreuve de l'expérience et de la politique.

« Représentants du peuple, dit M. Briot, si l'a-
» mitié n'avait pas des droits sacrés, j'aurais
» disputé à notre collègue Cabanis l'honneur
» de vous offrir un hommage qui doit être cher
» aux législateurs de la France ; c'était un mo-
» ment attendu par les amis de la philosophie,

» que celui où l'image de Mirabeau reparaîtrait
» dans le temple de la législation. Ainsi, vain-
» queur encore une fois des préventions et de
» l'envie, l'homme de la révolution s'avance sans
» obstacle vers la postérité, et marche vers le
» temple où la patrie et la reconnaissance publi-
» que le rappellent. Je rends grâces au génie du
» fier ennemi des rois, je salue du haut de la pre-
» mière tribune du monde celui qui force les
» tyrans à se courber devant la tribune législa-
» tive, et oppose à un autre Philippe un nouveau
» Démosthènes. A quels noms sont attachés de
» plus grands souvenirs ?...

» Loin de justifier un nom dont la gloire est
» le domaine des nations et de la postérité, ce
» sont elles qui le jugeront et ordonneront un
» jour à la France de reporter au Panthéon son
» urne renversée, et d'offrir des sacrifices expia-
» toires à ses mânes. S'il fallait cependant répon-
» dre à des accusations, sous les fondements de
» cette tribune impérissable, créée par lui, j'évo-
» querais sa grande ombre ; elle obtiendrait, en
» paraissant, le silence du respect et de l'admi-
» ration.

» ... C'est quand tous les nuages seront dissi-
» pés, toutes les préventions détruites, qu'il sera
» permis de réclamer pour les cendres de Mira-

» beau la place qui leur est due au temple de
» mémoire. Peut-être que quelque honneur sera
» accordé à ceux qui oseront élever la voix pour
» demander le rappel d'une loi dont il faut per-
» dre le souvenir, un grand acte de justice que
» quelques années retardent encore ; apprendre
» à la vertu , aux talents persécutés , que le temps
» leur apportera des consolations, des jouissan-
» ces, et que la postérité fera toujours la répa-
» ration équitable des injustices contemporaines.»

L'impression de ce discours, ainsi que de celui de M. Cabanis, ordonnées , M. Le Noir de la
Roche , que nous voyons aujourd'hui comte et
pair de France, parla aussi en faveur de Mirabeau. Il s'attache d'abord à faire connaître les
ouvrages et les actions remarquables de son
ami, il ajoute ensuite : « Ces traits innombrables
» de la vie de Mirabeau serviront toujours de
» réponse à ceux qui, oubliant les temps et les
» circonstances , ont été si disposés à donner
» aux opinions et aux événements un effet rétroac-
» tif dont les lois mêmes n'ont pas été exemptes.
» Aux yeux de l'observateur impartial, Mirabeau
» a mieux préparé la république que la plupart
» de ceux qui se sont déclarés ses accusateurs ;
» et si quelque chose peut consoler son ombre
» de l'affront qu'on lui a fait subir , c'est de voir

» l'affranchissement de sa patrie et la liberté
» française appeler la liberté du monde.

» En vous présentant, citoyens collègues, ces
» réflexions sur un homme dont on peut avouer
» les fautes sans affaiblir les qualités, je n'ai été
» ému que par un seul sentiment, celui de ne
» rien dérober à la gloire nationale de ce qu'elle
» peut légitimement revendiquer...

» Si jamais les ennemis de la gloire et de la
» prospérité française fondaient leurs espéran-
» ces sur nos dissensions, le génie de Mirabeau
» viendrait combattre au milieu de vous; et vo-
» tre fermeté, dirigée par votre sagesse, oppose-
» rait à leurs efforts une impénétrable barrière.

» Je demande la mention honorable au procès-
» verbal de l'hommage du citoyen Boze et le
» renvoi à la bibliothèque. » Cette proposition
est adoptée à la grande satisfaction des amis de
l'illustre député.

Cependant ce triomphe n'avait que peu d'importance aux yeux du public; on savait que la
célébrité de Mirabeau, le mérite de ses actions
et de ses ouvrages, étaient indépendants de ce
qu'en avaient pensé la convention et les hideux
membres qui la dominaient à l'époque où ils
ordonnèrent son exhumation : on ne mit aucune
importance aux torts dont les républicains lui

faisaient un si grand crime ; en un mot, son changement apparent, sa vénalité, ses intrigues avec la cour, les événements de sa vie politique, furent toujours vus sous des rapports différents, suivant les circonstances, les intérêts et les personnes qui le jugèrent.

Cette diversité d'opinions sur une même personne est encore un des traits qui distinguent particulièrement Mirabeau ; peu d'hommes, aucun peut-être, n'ont subi autant de censures, ou recueilli plus d'éloges de leurs contemporains. J'ai mis au rang des objets qui se rattachent à sa célébrité, de réunir ici les principaux jugements que ses amis ou ses ennemis nous en ont laissés.

Je commence par celui qui semble lui avoir voué plus de haine dès l'origine de l'assemblée nationale ; je parle de Mounier, homme d'une trop grande sensibilité, susceptible de trop d'émotion, pour le poste qu'il occupa dans les séances orageuses des premières époques de la révolution. Il voit partout dans Mirabeau un des complices du 6 octobre, et, à ce titre, il accumule contre lui toutes les inculpations; fait suspecter ses vues, ses desseins, sa conduite, et ne peut supporter qu'on puisse regarder un pareil homme comme utile à la France, ou qu'on ait pour lui des égards et des ménagements. C'était en 1790 qu'il parlait ainsi ; depuis, M. Mounier s'est rangé du bord d'un homme bien autrement formidable à cette liberté dont le secrétaire des états du Dauphiné avait le premier arboré l'étendard, en 1788.

« Si le comte de Mirabeau, dit-il, fut utile à
» la France, quel sera donc celui qu'il faudra
» considérer comme l'ennemi de la patrie? Il est
» vrai qu'il a parlé quelquefois de justice, de
» modération, d'autorité royale; mais ces ten-
» tatives il les faisait en tremblant; elles n'étaient
» jamais avantageuses, ou plutôt elles étaient
» funestes. Des cris de rage s'élevaient du sein
» même du parti auquel il est le plus constam-
» ment attaché[1]; ils lui reprochaient sa défec-
» tion, et le forçaient bientôt à surpasser ses
» rivaux en délire démocratique pour reconqué-
» rir sa popularité, objet de ses plus ardents
» désirs, parcequ'elle est son seul moyen de puis-
» sance.

» Je sais qu'encouragé par ses nombreuses
» contradictions, on a cru possible de l'employer
» à la défense des bons principes[2]; mais ceux

[1] Mirabeau vivait lorsque M. Mounier écrivait ceci.

[2] Il fait allusion aux démarches de M. Malouet et de M de Montmorin, en mai 1789, dont il a été parlé dans le troisième livre.

» qui avaient conçu cette espérance ignoraient-
» ils donc que le comte de Mirabeau n'a jamais
» été l'un des chefs du parti dominant; que, dans
» ses conversations particulières, il les censure
» eux et leur constitution, dont il reconnaît les
» vices, dont il n'a dicté qu'un petit nombre de
» décrets que cependant il a puissamment se-
» condés par ses diatribes sanguinaires; mais
» qu'il est toujours ramené aux chefs de parti par
» la facilité de jouer à leur service un rôle im-
» portant, d'y trouver un sujet plus convenable
» à son genre d'éloquence, celui des menaces, des
» injures, des déclamations, et surtout par l'im-
» possibilité de braver la haine de la multitude.

» Par une fatalité exclusivement réservée au
» comte de Mirabeau, on a changé pour lui un
» des axiomes les plus certains de la morale. On
» croit que les autres ne peuvent pas faire le mal
» sans intérêt; on paraît croire que c'est le mal
» qu'il préfère, et que, pour faire le bien, il
» faut qu'il soit corrompu; il ne peut jamais se
» montrer juste impunément, sans être accablé
» de soupçons injurieux. Voyez dans sa con-
» duite au sujet du droit de paix et de guerre,
» ce qu'on peut attendre de son utilité pour l'au-
» torité royale. Ceux qui ont le plus d'influence
» sur le parti dominant .avaient prédit huit jours

»d'avance son opinion sans la connaître, ils
»l'avaient accusé d'être un vil stipendié ; c'est
»lui-même qui s'en est plaint. Ils avaient donc
»eu quelque motif de penser qu'il devait
»combattre leur système. Il fut alors obligé de
»s'envelopper dans un style obscur et entor-
»tillé, dont il fait un assez fréquent usage. Il
»n'osa plus proposer de reconnaître que le
»monarque eût le droit de faire la paix et la
»guerre. Il fit à son projet tous les retranche-
»ments désirés par le club des jacobins, et leur
»fut assez soumis pour le rendre digne d'eux et
»de la foule des affidés qui environnaient la
»salle, et qui, témoins de la satisfaction de leur
»protégé, s'écriaient : La nation a gagné con-
»tre le roi.

»Il est donc démontré, conclut M. Mounier,
»que le comte de Mirabeau ne fut jamais utile
»qu'aux factieux qui ont plongé la France dans
»un abîme d'infortunes. C'est à lui qu'ils doi-
»vent d'avoir mis en doctrine que les représen-
»tants du peuple peuvent calomnier et persécuter
»impunément, et il les surpasse tous dans l'art
»d'attiser la fermentation populaire par des dis-
»cours véhéments. Il les surpasse tous dans l'art
»d'enivrer la multitude par de perfides louan-
»ges. Il n'en est pas qui se joue de la vérité avec

» plus d'audace. Ne l'a-t-on pas entendu, le
» jour où il célébrait la dévastation de l'hôtel de
» Castries comme un acte de justice et d'hon-
» neur, louer les brigands d'avoir respecté un
» portrait du roi, quand il n'y avait point de
» portrait du roi [1]; d'avoir témoigné les plus
» grands égards pour madame la maréchale de
» Castries, tandis qu'elle était à Lausanne, et de
» n'avoir commis aucun vol, lorsque des sommes
» d'argent ont été volées? Il n'est point de déma-
» gogue qui menace avec autant d'arrogance de
» la hache de ses satellites ceux qui s'opposent
» à ses fureurs. C'est surtout depuis son dernier
» triomphe et sa rentrée dans le club des ja-
» cobins, que, se croyant assuré de l'impunité, il
» a osé mépriser l'Europe entière, et prononcer
» le mot de *mépris.*

 » En terminant son plaidoyer [2], le comte de
» Mirabeau a dit que le secret de la procédure
» est dans le cœur des juges, tel *qu'il sera buriné*
» *dans l'histoire par les traits de la plus implacable*
» *vengeance.* Oui, la sévère et l'impartiale histoire

---

[1] C'était un buste du roi; la différence n'est pas considérable. Quant à la dame qui était dans la maison, on
n'a pu se tromper sur sa qualité.

[2] M. Mounier entend le discours que Mirabeau prononça pour sa défense à la séance du 2 octobre 1790

» conservera les *traits de la plus implacable ven-*
» *geance,* mais c'est la justice et la raison qu'elle
» vengera. Quand l'homme vicieux qui, par son
» hypocrisie, a su surprendre l'estime de son siè-
» cle, ne saurait égarer ses jugements, comment
» donc pourrait le tromper celui dont la conduite
» publique et privée fut le scandale de tous ses
» contemporains ! »

Quelle aigreur, quelle partialité dans ce tableau ! On s'étonne qu'un homme de sens
comme Mounier ait pu entasser ainsi des accusations vagues, des soupçons injurieux, des
exagérations de toutes couleurs, contre un homme
tel que Mirabeau. C'est le langage de la passion ;
et cependant des écrivains qui ont eu le temps
de la réflexion ont répété depuis, et sans réflexion, les mêmes phrases, le même langage,
ne voulant pas même se donner la peine d'en
vérifier la source.

M. le marquis de Ferrières, le même dont j'ai
eu si souvent occasion de citer le témoignage,
juge Mirabeau bien différemment; il l'avait vu
et entendu plus long-temps que M. Mounier,
qui s'enfuit peu de jours après le 6 octobre, et
croyait, comme on l'a dit peut-être avec trop de
légèreté dans le temps, voir la fatale lanterne
à sa poursuite.

« Mirabeau, dit M. de Ferrières, joignait aux
» talents naturels qui font les grands orateurs,
» une étude réfléchie de l'art oratoire. Il savait
» que l'homme de génie parle encore plus aux
» sens qu'il ne parle à l'esprit; aussi son geste,
» son regard, le son de sa voix, tout, jusqu'à la
» manière de se mettre et d'arranger ses che-
» veux, était calculé sur une connaissance ap-
» profondie du cœur humain. Son éloquence
» rude, sauvage, mais rapide, animée, remplie
» de métaphores hardies, d'images gigantesques,
» maîtrisait les délibérations de l'assemblée. Son
» style dur, souvent rocailleux, mais expressif,
» abondant, gonflé de mots sonores, semblables
» à un fort marteau entre les mains d'un artiste
» fort habile, façonnait à sa volonté les hommes
» qu'il ne s'agissait point de convaincre, mais
» qu'il fallait étourdir, subjuguer. Mirabeau leur
» imprimait toutes les formes, tous les mouve-
» ments, toutes les passions.

» Sans rejeter les manœuvres et les ressources
» de l'intrigue, Mirabeau s'y prêtait en homme
» supérieur qui la souffre par complaisance;
» alliant avec franchise à sa gloire ceux qu'il lui
» était utile d'allier à ses projets, il avait l'art
» de les intéresser à ses succès, parcequ'ils pou-
» vaient les regarder souvent comme leur propre

» ouvrage. Exempt de cette petite jalousie de la
» médiocrité qui veut tout faire, il employait les
» écrits des autres lorsqu'ils étaient propres à
» seconder ses vues; il en abandonnait l'honneur
» à ceux qui les lui avaient communiqués, il
» leur permettait de dire, *C'est moi qui ai fait*
» *ce plan, qui ai dressé ce mémoire;* et les asso-
» ciait ainsi à ses triomphes dans la tribune en
» les y faisant pour ainsi dire monter avec lui.»

Je joindrai à ce portrait de Mirabeau le jugement qu'en porte M. Bertrand de Molleville,
un des plus ardents défenseurs de la prérogative
royale, et qui voyait des scélérats et des impies
dans tous ceux qui ne partageaient pas son opinion sur ce point.

« Après avoir exposé la perte que le roi fit à
sa mort, il ajoute : «Ainsi finit cet homme d'une
» espèce bien rare, sans doute, mais la plus
» funeste de toutes, quand elle n'est pas la plus
» précieuse. Il avait assez d'énergie, assez d'am-
» bition, et plus de talent qu'il n'en fallait pour
» remplir avec une grande distinction les em-
» plois les plus éminents; en un mot, pour être
» un grand homme, si la violence de ses passions
» et son amour pour l'argent[1] n'en eussent pas

[1] M. de Molleville s'exprime mal : personne n'aimait

»toujours fait un homme vil, et souvent un
»scélérat. On citerait bien difficilement une seule
»époque de sa vie qui ait été exempte ou d'er-
»reurs ou de crimes. Si la mort ne l'eût pas
»enlevé sitôt, il eût réparé, par d'importants
»services, une partie du mal qu'il avait fait;
»il eût peut-être sauvé la monarchie. Mais la
»providence, qui laisse quelquefois triompher
»les pervers et opprimer la vertu, permet bien
»rarement que la route ignominieuse du crime
»conduise à celle de la véritable gloire. Les
»honneurs extraordinaires décernés à Mirabeau
»par l'assemblée et par la capitale ont été de
»courte durée, parcequ'ils furent accordés à
»des services coupables, à une conduite, bien
»moins digne d'éloge que de mépris et de pu-
»nition. S'ils eussent été la récompense des in-
»tentions et du plan dont il s'occupait dans les
»trois derniers mois de sa vie, ils eussent été
»immortels, parcequ'ils auraient été l'hommage
»et le prix du véritable patriotisme. »

J'ai voulu rapporter ce jugement, où la passion
ne se montre pas moins que dans celui de

---

moins l'argent pour lui que Mirabeau; il l'aimait pour le
dépenser; car, malgré les sommes qu'il reçut, il mourut
presque insolvable.

M. Mounier : on a pu voir, par les nombreux détails où je suis entré dans ces mémoires, jusqu'à quel point les accusations du ministre sont exagérées ou mal fondées. Ce fut long-temps une mode en France et dans l'étranger, de ne voir que des crimes dans la révolution, et des criminels dans les hommes d'un grand caractère, que la force des choses ou leur conviction y avaient entraînés. M. Bertrand de Molleville, retiré en Angleterre, devait tenir le même langage; mais il est assez bizarre de le voir reconnaître dans Mirabeau les qualités et les talents qui en font un grand homme d'état, et ne trouver aucune époque de sa vie qu'il n'ait signalée par des crimes ou par des erreurs.

Mallet-Dupan [1], un des écrivains de la révolution qui en ont parlé avec le plus de sens et d'animosité, s'est essayé dans le *Mercure britan-*

---

[1] Mallet-Dupan rédigea la partie politique du *Mercure de France* jusqu'au 3 mai 1792, qu'il partit avec une mission du roi auprès des princes français. M. Peuchet lui succéda dans la rédaction de cet ouvrage; les affaires des émigrés ayant pris une très mauvaise tournure, la république triomphant de ses ennemis sur tous les points, Mallet-Dupan se retira en Angleterre, où il entreprit avec succès le *Mercure britannique*, qu'il continua jusqu'à sa mort.

nique, qu'il rédigeait depuis qu'il s'était retiré en Angleterre, à donner une idée de Mirabeau, dont je veux faire part à mes lecteurs, parcequ'il fut aussi un des contemporains de cet homme célèbre.

« Mirabeau, dit cet écrivain, arriva aux états-
» généraux, noyé de dettes et perdu de réputa-
» tion, avec le dessein bien formel d'acquérir
» fortune, places et éclat. Nul parti ne le recher-
» chait; on redoutait encore plus son immoralité
» qu'on n'estimait ses talents. Sa pénétration
» jugea bien vite çette cohue factieuse des com-
» munes, dont l'inexpérience, la pétulance et la
» vanité allaient briser la monarchie en croyant
» la réparer.

» Il professa de très bonne heure le mépris
» invariable que lui inspiraient ces écervelés,
» prenant leurs lectures pour des codes, leurs
» complots pour de la politique, leurs déclama-
» tions pour de l'éloquence, et leurs adages anar-
» chiques pour le plus beau système de liberté'.

' Mallet-Dupan, avec d'excellentes idées comme pu-
bliciste, était le plus insipide déclamateur: il confond ici
avec quelques députés ignares et présomptueux, les Mounier, les Lally-Tolendal, les Clermont-Tonnerre, les
Maury, les Malouet, les Casalès, les Barnave, etc., qui

« Plus d'une fois Mirabeau témoigna son in-
» dignation et même quelque jalousie de la su-
» périorité de crédit qu'obtenaient sur lui ces
» novices frivoles et présomptueux.

» Deux passions se partagèrent Mirabeau dès
» qu'il fut aux états-généraux, l'amour de la
» popularité, et l'amour du ministère ; mais jus-
» qu'aux derniers mois de sa vie, la seconde de-
» meura subordonnée à la première, parcequ'elle
» présentait pour l'orateur beaucoup moins de
» chances d'entrer au conseil par la vœu libre
» du roi, que de s'y introduire par contrainte,
» en faisant redouter son influence sur l'assemblée
» nationale et sur le peuple.

» Mirabeau, d'ailleurs, avait trop de sagacité
» pour méconnaître que s'il altérait son crédit
» populaire, il chancellerait bientôt dans le mi-
» nistère sans pouvoir y être utile ; or la violence
» des conjonctures ne pouvait se concilier avec le
» rôle de tribun du peuple et de serviteur du roi :
» il fallait qu'il finît par embrasser exclusive-
» ment l'un ou l'autre. Après s'être balancé pen-
» dant deux ans entre ces deux partis, il s'exé-

certes, quoique membres de l'assemblée nationale, ne
donnaient point des *adages anarchiques pour un système
de liberté.*

» cuta enfin, et se livra entièrement au raffer-
» missement de la monarchie. Ses plans dans ce
» but eussent-ils réussi? ses moyens équivalaient-
» ils à la force des obstacles ? Je suis loin de le
» croire[1]. »

Mallet Dupan ne pensait pas que Mirabeau
eût participé aux scènes des 5 et 6 octobre à
Versailles. « Nous avons cherché très long-temps,
» dit cet écrivain sévère, à approfondir le mys-
» tère de cet effroyable événement. Nous avons
» comparé des rapports de toutes les espèces, et
» recueilli des autórités suffisantes. Ces informa-
» tions nous ont convaincu que Mirabeau ne
» participa ni à la méditation ni à l'exécution
» de ce crime, dont les ressorts peu uniformes ne
» furent jamais bien connus. »

J'ai parlé assez au long de ce point historique
dans ces mémoires ; je ne prétends pas l'agiter
de nouveau ici. Je n'ai cité ce jugement de Mallet à cet égard que pour signaler la légèreté
avec laquelle certains écrivains ont affirmé que
Mirabeau était un des auteurs, complices ou
provocateurs de ces scènes désastreuses. Mallet
Dupan était contemporain de Mirabeau; il fré-
quentait MM. de Saint-Priest, de Montmorin,

---

[1] *Mercure britannique*, n° 33, 25 janvier 1800.

Malouet et les membres les plus distingués du
côté droit, et cependant il doute : on ne le soup-
çonnera sûrement pas de partialité en faveur de
Mirabeau ; on ne peut donc qu'admirer l'assurance avec laquelle d'autres écrivains, moins à
portée d'être instruits, plus susceptibles de prévention, ont , sans hésiter, classé Mirabeau
parmi les brigands du 6 octobre.

Ce n'aurait pas été l'opinion d'un autre contemporain, dont le portrait de Mirabeau, tracé
par sa plume élégante, doit aussi trouver place
ici. M. de Lévis, aujourd'hui pair de France,
député des états-généraux en 1789, et qui n'a
pas besoin de descendre de la tribu de *Léoi*
pour être un homme de mérite et un écrivain
judicieux , parle ainsi de notre célèbre orateur [1] :

« Le comte de Mirabeau aimait la liberté par
» sentiment, la monarchie par raison, et la no-
» blesse par vanité, jusque là qu'il fit faire des
» livrées à ses gens dès que ses moyens le lui
» permirent, dans un temps où tout le monde
» les leur ôtait. Il dissimulait avec adresse cet
» attachement, que le parti populaire ne lui au-

[1] *Souvenirs et portraits*, 1780-1789, par M. de Lévis.
Paris, 1813.

» rait pas pardonné [1], et je l'entendis répondre à
» des députés républicains alors, mais qui depuis
» ont bien changé, et qui le consultaient sur les
» moyens de détruire cette institution : Cela ne
» sera pas difficile ; mais songez, messieurs,
» qu'il faudra toujours un patriciat en France.

» On l'a taxé d'orgueil : accusation injuste,
» car il n'avait ni hauteur ni arrogance, compa-
» gnes inséparables de l'orgueil ; mais il avait la
» conscience de sa supériorité, et quelquefois il
» s'exprimait avec une naïveté qui choquait la
» médiocrité et l'envie.

» Dans ce moment solennel où la vérité re-
» couvre ses droits, au lit de la mort, il dit à
» son valet de chambre qui lui soutenait la tête :
» Hélas ! tu supportes la plus forte de la France.
» Mais cette phrase, qui paraît si orgueilleuse,
» n'était qu'une expression de regret sur la situa-
» tion où il laissait sa patrie.

» Peu de temps auparavant je lui avais en-
» tendu dire, avec l'expression de la douleur la

---

[1] Les hommes jouissant d'une grande popularité dans
la révolution ont impunément suivi ou conservé les
usages de leur goût. Robespierre était frisé, poudré, en
habit bourgeois, que ses acolytes étaient en carmagnole
et les cheveux gras.

» plus vraie : Nous périssons, et nous n'aurons
» pas même les tristes horreurs de la guerre ci-
» vile : la France meurt par la dissolution[1]. »

» La nature avait formé le comte de Mirabeau
» bon et sensible ; mais la violence de ses pas-
» sions et la dureté d'un père égoïste et bizarre
» l'avaient égaré et lui avaient fait même commet-
» tre des actions coupables[2]. Pendant toute sa vie,
» les circonstances furent opposées à son bon-
» heur et à sa considération, mais elles furent
» favorables au développement de ses talents.
» Ses fautes et ses malheurs lui avaient même fait
» perdre les habitudes de la bonne compagnie;
» il en avait été repoussé, et il était trop fier
» pour se soumettre à des humiliations.

» Lorsqu'en 1789 sa célébrité le fit rechercher,
» il entrait dans un salon avec un air embarrassé

---

[1] Il n'est pas aisé de comprendre ce que signifie ce mot
meurt, appliqué à une nation. Il n'y a que l'invasion ou
la conquête qui puisse faire périr ou cesser d'être une
nation, telle que la Pologne, par exemple. L'anarchie,
la guerre civile même, tourmentent, affaiblissent une
nation, mais ne la tuent pas.

[2] Ceci n'est point exact: la dureté du marquis a jeté
son fils dans des égarements de plus d'une espèce, mais
n'a point donné lieu à des *actions coupables* de la part
du comte.

»qui ne cessait que lorsque la conversation s'en-
»gageait; alors il retrouvait bien vite sa place,
»qui était la première.

»Il était d'une société douce et d'un commerce
»aimable, trouvait du plaisir à dire des choses
»obligeantes. Je me souviens que, pendant qu'il
»était président de l'assemblée nationale, M. Tron-
»chet, vieillard vénérable et déjà cassé, lisait un
»rapport long et d'un médiocre intérêt: on fai-
»sait du bruit; Mirabeau, pour le faire cesser,
»dit, en agitant la sonnette : Messieurs, veuillez
»vous rappeler que la poitrine de M. Tronchet
»n'est pas aussi forte que sa tête. — Je ne con-
»nais de lui qu'une réplique maligne. Rivarol
»venait de sortir d'une maison où il avait cou-
»tume de passer la soirée avec Mirabeau et quel-
»ques uns de ses amis ; tout-à-coup il rentre en
»poussant les hauts cris, il se plaint qu'on a
»voulu l'assommer à coups de bûche: « Et re-
»marquez, messieurs, dit gravement Mirabeau,
»combien l'imagination de Rivarol agrandit les
»objets; je gagerais que cette bûche n'est rien
»autre chose qu'une canne.

»Le comte de Mirabeau, continue le duc de
»Lévis, était d'une taille moyenne; il était fort
»gros quand je l'ai connu, au commencement
»de la révolution, mais encore leste. Ses yeux

» étaient pleins de feu, et tous ses traits n'avaient
» rien de désagréable, quoique la petite vérole
» eût terriblement maltraité son visage. Son front
» était bas; il avait conservé à quarante ans une
» forêt de cheveux, chose rare en France avec tant
» d'esprit et d'intempérance. L'expression natu-
» relle de sa physionomie était un sourire ironi-
» que; à la tribune, ses manières étaient nobles, sa
» voix forte et criarde; ses gestes justes et pro-
» noncés. On ne s'attendait pas, connaissant l'im-
» pétuosité de son caractère, à l'entendre parler
» lentement, quelquefois avec recherche, quoi-
» qu'il méprisât l'affectation dans les autres. Son
» style était rempli d'images, mais dur et ingrat.
» Il se plaisait à faire des reproches même inat-
» tendus; s'ils étaient justes, l'expression était
» ordinairement bizarre et les mots s'étonnaient
» de se trouver ensemble. On reconnaît ces dé-
» fauts dans les ouvrages qu'il a publiés, ainsi
» que dans ses *Lettres à Sophie*, production qui
» prouve une âme ardente et une tête forte, mais
» qui manque de délicatesse et de goût [1].

« Presque toujours en butte à la violence des
» partis, il supportait avec une égale patience les
» interruptions et même les injures. Il ne fallait

---

[1] La Harpe ne pensait point ainsi. (*Voyez plus bas.*)

» pas moins qu'une accusation injuste et grave
» pour exciter sa colère : mais alors il ne se con-
» tenait plus ; son talent se développait dans
» toute sa force, comme un torrent qui rompt
» ses digues ; ou plutôt, il tonnait, et son élo-
» quence foudroyante accablait ses adversaires :
» on eût dit un géant qui accablait des pygmées.
» Ses raisonnements étaient solides et pressants,
» sa dialectique serrée sans être subtile ; jamais
» il ne permettait d'écarts à sa riche imagina-
» tion ; ses idées avaient de la grandeur, et ses
» sentiments de la noblesse.

» On a douté de son courage. Ce reproche,
» toujours bien peu vraisemblable lorsqu'il s'a-
» dresse à un militaire français, était démenti
» par sa conduite pendant la guerre de Corse, où
» il s'était bien montré. Ce qui avait donné lieu
» à cette accusation, c'était qu'il refusait des
» défis politiques, ou plutôt qu'il les avait ajour-
» nés après l'assemblée ; il avait même fini par
» rédiger une circulaire assez plaisante, adressée
» à ceux qui lui avaient proposé de se battre
» avec lui : Monsieur, je vous ai mis sur ma
» liste, mais je vous préviens qu'elle est large,
» et que je ne saurais faire de passe-droit.

» Rien ne prouve mieux, à mon gré, la supé-
» riorité de cet homme extraordinaire, dit, en

» finissant ce portrait, M. de Lévis, que ce nom-
» bre d'écrivains distingués qui s'empressaient de
» lui prêter leur plume ; les talents s'attachent
» au génie par un attrait semblable à celui qui,
» dans la nature, retient les satellites dans l'orbite
» des grands astres. »

Mirabeau lui-même a avoué cette espèce de
contribution qu'il levait sur le talent et les travaux de ses amis, dans ses *Lettres à Chamfort;*
ses écrits en ont été souvent moins parfaits, et
sans les traits de génie dont il relevait les productions de l'amitié ou de l'amour-propre, il en
est qu'on aurait à peine reconnues pour lui appartenir. Quelle différence entre ce qui sortait
entièrement de sa plume, et ces morceaux de
rapport dont parle M. de Lévis ! mais pendant
les travaux de l'assemblée constituante, lui aurait-il été possible de prêter l'appui de son crédit
et de son éloquent débit à la tribune, à une
aussi grande variété d'objets que celle qu'il em-
brassait, sans secours, sans aide dans la rédaction ou du moins l'ébauche de ses discours ?
C'était, au reste, un plaisir qu'il faisait à ses amis
de recevoir d'eux quelque plan de rapports ou
opinions écrites, pour les employer; leur orgueil
en était flatté, et le triomphe du brillant orateur
leur semblait commun avec lui.

Pour peu qu'on ait lu attentivement ces mémoires, on a pu y trouver des preuves de ressemblance du portrait tracé par l'auteur élégant des *Souvenirs;* son témoignage est confirmé par les faits, et son jugement réfute les absurdités accréditées par la haine ou la jalousie. Je pourrais donc m'en tenir à ce qu'il en dit; mais, jaloux de faire connaître au lecteur les diverses opinions sur le célèbre député, j'y joindrai encore celles de quelques écrivains qui ont pu en avoir une sans qu'elle ait été dictée par une influence étrangère à leur conviction.

Et d'abord je place en première ligne, parmi ces auteurs, madame de Staël; non qu'elle ait mieux apprécié Mirabeau que son noble contemporain que je viens de citer, mais parcequ'elle tient un rang dans le monde littéraire qu'on ne saurait lui disputer sans injustice et sans ignorance.

Ce n'est pas précisément Mirabeau qu'elle a voulu juger, ce sont ses rapports de mérite, de talent et de droits à la célébrité avec M. Necker, qui ont été l'objet de sa pensée : elle aurait pu même tirer un meilleur parti pour l'instruction de ses lecteurs de cette comparaison, mais peut-être aurait elle été conduite forcément à reconnaître que l'un avait reçu de la nature un bien autre génie, une profondeur, une force que n'avait pas l'autre; et c'est ce qu'elle était bien loin de vouloir reconnaître : ce point de vue la rend injuste ou exagérée dans le portrait qu'elle en trace [1].

« Mirabeau se hâta, dit-elle, de proclamer » les principes les plus désorganisateurs, lui dont » la raison, isolée de son caractère, était parfai- » tement sage et lumineuse. M. Necker a dit de » lui qu'il était *tribun par calcul et aristocrate par* » *goût.* Il attachait un grand prix à sa naissance. » En parlant de la Saint-Barthélemy, on l'a enten- » du dire, *L'amiral de Coligni, qui, par paren-* » *thèse, était mon cousin :* tant il saisissait avec » soin l'occasion de rappeler qu'il était bon gen- » tilhomme.

» Ses goûts dispendieux lui rendaient l'argent » nécessaire, et l'on a reproché à M. Necker de ne » lui en avoir pas donné à l'ouverture des états- » généraux. Les autres ministres s'étaient chargés » de ce genre d'affaires, auquel le caractère de » M. Necker n'était point propre. D'ailleurs, Mi- » rabeau, soit qu'il acceptât ou non l'argent de la » cour, était bien décidé à se faire le maître et

---

[1] *Considérations sur les principaux événements de la révolution française*, tom. Ier, pag. 257.

» non l'instrument de cette cour, et l'on n'aurait
» jamais obtenu de lui qu'il renonçât à sa force dé-
» magogique que cette force avant ne l'eût conduit
» à la tête du gouvernement. Il proclamait la réu-
» nion de tous les pouvoirs dans une seule assem-
» blée, bien qu'il sût parfaitement qu'une telle or-
» ganisation politique était destructive de tout
» bien; mais il se persuadait que la France serait
» dans sa main, et qu'il pourrait, après l'avoir pré-
» cipitée dans la confusion, la retirer à volonté. La
» morale est la science des sciences, à ne la consi-
» dérer que sous le rapport du calcul, et il y a
» toujours des limites à l'esprit de ceux qui n'ont
» point senti l'harmonie de la nature des choses
» avec les devoirs de l'homme. *La petite morale tue*
» *la grande,* répétait souvent Mirabeau; mais l'oc-
» casion de la grande ne se présentait guère, selon
» lui, dans le cours de la vie.

» Il avait plus d'esprit que de talent, et ce n'é-
» tait jamais qu'avec effort qu'il improvisait à la
» tribune. Cette même difficulté de rédaction le
» fit avoir recours à ses amis pour l'aider dans ses
» ouvrages; mais cependant après sa mort aucun
» d'eux n'aurait pu écrire ce qu'il savait leur in-
» spirer. Il disait, en parlant de l'abbé Maury:
» Quand il a raison, nous disputons; quand il a
» tort, je l'écrase. Mais c'est que l'abbé Maury

» défendit souvent, même de bonnes causes, avec
» cette faconde qui ne vient point de l'émotion in-
» time de l'âme.

» Si l'on avait admis les ministres dans l'as-
» semblée nationale, M. Necker, qui, plus que
» personne, était capable de s'exprimer avec force
» et avec chaleur, aurait, je le crois, triomphé
» de Mirabeau; mais il était réduit à envoyer des
» mémoires, et ne pouvait entrer dans la discus-
» sion. Mirabeau attaquait le ministre en son
» absence, tout en louant sa bonté, sa générosité,
» sa popularité avec un respect trompeur, singu-
» lièrement redoutable, et pourtant il admirait
» sincèrement M. Necker, et ne s'en cachait point
» à ses amis; mais il savait bien qu'un caractère
» aussi scrupuleux ne s'allierait jamais avec le
» sien, et il voulait en détruire l'influence.

» M. Necker était réduit au système défensif;
» l'autre attaquait avec d'autant plus d'audace
» que ni les succès, ni la responsabilité de l'ad-
» ministration ne le regardaient. M. Necker,
» en défendant l'autorité royale, abdiquait né-
» cessairement la faveur populaire. Cependant
» il savait, par expérience, que le roi avait des
» conseillers secrets et des plans particuliers, et
» il n'était pas assuré de lui faire suivre la mar-
» che qu'il croirait la meilleure. Les obstacles de

» tous genres entravaient chacun de ses pas ; il
» ne pouvait parler ouvertement sur rien ; néan-
» moins la ligne qu'il suivait toujours, c'était celle
» que lui traçait son devoir de ministre. La nation
» et le roi avaient changé de place : le roi était
» devenu de beaucoup, et de beaucoup trop, le
» plus faible. Ainsi donc M. Necker devait dé-
» fendre le trône auprès de la nation, comme
» il avait défendu la nation auprès du trône.
» Mais tous ces sentiments généreux n'embarras-
» saient pas Mirabeau ; il se mettait à la tête
» du parti qui voulait gagner à tout prix de l'im-
» portance politique, et les principes les plus
» abstraits n'étaient pour lui que des moyens
» d'intrigue. »

Quelque esprit que montre madame de Staël à
donner l'avantage à son père sur Mirabeau, elle
ne peut empêcher qu'on ne doive à l'orgueil, à
la jalousie et à une petite crainte de celui-ci la
division et l'opposition qui régnèrent entre eux ;
il n'y en eut que trop de preuves pendant le cours
des séances de l'assemblée nationale. Qui doute
que si, dès les premières discussions sur la
vérification des pouvoirs, M. Necker eût accueilli,
comme il le pouvait et le devait, les ouvertures
que lui fit Mirabeau, il n'eût prévenu les funestes
effets du ressentiment de celui-ci, et acquis un

vigoureux défenseur des droits légitimes du trône et de la constitution monarchique ? *L'effrayante immoralité* de Mirabeau lui fit peur, et sous ce vain prétexte il livra la cour aux violentes attaques du plus puissant de ses ennemis. Ce n'était pas de l'argent que demandait Mirabeau à ·M. Necker, mais, ce qu'il avait toujours désiré, une juste part dans le pouvoir et dans la confiance du roi. L'argent sans doute devenait nécessaire à un homme dans sa place, mais pour lui ce n'était qu'une conséquence de ses vues, et non le motif qui le faisait mouvoir. On ne *donne point d'argent* d'ailleurs à un homme comme Mirabeau, et dans sa position on récompense avec munificence ses services, ses talents et son zèle.

Ce que madame de Staël dit encore du prix qu'il mettait à la noblesse, et qu'elle répète après beaucoup d'autres, n'est pas dans le sens de l'illustre député. Peu lui importait la noblesse; mais puisqu'il y en avait une dans l'opinion, malgré les décrets, son orgueil aurait été humilié d'être moins qu'un autre, même sous ce rapport, dans l'opinion. L'humilité philosophique ou chrétienne était une vertu étrangère à Mirabeau; et il ne voulait pas qu'on pût dire : *Vous traitez mal les nobles parceque vous né l'êtes pas.* Ses jugements sur eux étaient d'autant plus

impartiaux, et de poids, qu'il n'était inférieur à
aucun de ses plus grands détracteurs en naissance et en condition [1].

Voici encore ce qu'un autre écrivain, qui a
vu aussi Mirabeau, et qui a cherché à en donner
une idée, a dit de son caractère et de ses habitudes. Quoique ce tableau répète à quelques
égards ce qui précède, je le rapporte néanmoins,
parcequ'il est une confirmation de tout ce qu'on
en a dit, et une preuve de plus que ce n'est
point à une admiration fugitive, ou à l'engoue-
ment, qu'est due cette réputation à laquelle il
est parvenu, mais à un mérite réel et à des talents supérieurs [2].

« Cet homme, dit M. Beaulieu, fut sans con-
» tredit un des personnages les plus extraordi-
» naires de la fin du dix-huitième siècle. C'est
» dans la violence des passions, toutes extrêmes

---

[1] Après la mort du marquis de Mirabeau en 1790, le
comte devint marquis; mais on continua chez lui de
dire *M. le comte.*

[2] *Essais historiques sur la révolution*, par M. de Beaulieu, le même qui, se repentant sans doute d'avoir écrit
avec quelque sang-froid et impartialité ce livre, en a fait
un autre, depuis quelques années, sur le même sujet, où
toutes les règles du bon sens et de la logique semblent
méconnues ou violées.

» chez lui, et non dans la bassesse du cœur, qu'il
» faut chercher la source de ses vices. Il eut un
» père extrêmement dur, qui tyrannisa son carac-
» tère fier. Né pour l'indépendance, il se révolta
» contre ce père ; l'autorité du roi fut alors em-
» ployée à le persécuter, et il jura de détruire l'au-
» torité du roi, si jamais l'occasion s'en présentait.

» Mirabeau fut démagogue par vengeance, roya-
» liste par principes, révolutionnaire par ambi-
» tion, et conspirateur pour sauver sa vie [1] ;
» comme tous les hommes qui ont été victimes
» du pouvoir arbitraire, la liberté fut l'objet de
» tous ses vœux, et il est difficile de croire qu'une
» grande âme puisse en former de différents ;
» comme tous ceux que de violentes passions dé-
» vorent et que la religion ne retient pas, il cher-
» cha toutes les jouissances, épuisa tous les moyens
» de se satisfaire, et flétrit la gloire du grand
» homme pour contenter les caprices de l'homme
» passionné.

» Dans l'intérieur de la société, Mirabeau était
» extrêmement aimable ; il jouait comme un en-
» fant avec ses amis, qu'il aimait de bonne foi et

[1] Je laisse ces jugements tels qu'il plaît à l'auteur de les
énoncer ; la lecture de ces *Mémoires* doit faire connaître
à quel point ils sont hasardés ou en contradiction avec
les faits.

»qui lui étaient très attachés. Sa conversation
»était pleine d'agrément et de gaieté. Il polis-
»sonnait avec ses voisins, même dans l'assem-
»blée, leur faisait des niches tout en écoutant
»ce qu'on disait à la tribune; puis on le voyait
»tout-à-coup, à l'instant même où il venait de
»donner une tape, se lever avec fierté et faire
»changer de face à la délibération. »

Ces traits, rapportés par l'auteur des *Mémoires
sur la révolution*, sont confirmés par ce que dit
M. Cabanis dans le *Journal de la maladie de
Mirabeau.*

« Le public, dit-il, le croyait très colère et
»très vindicatif; l'impétuosité de ses goûts et de
»ses opinions l'exposait, il faut en convenir, à
»des violences de premier mouvement. Cepen-
»dant cet homme si facilement irrité par les
»provocations ou par les obstacles était celui
»qui savait le mieux maîtriser son âme. Quoi-
»qu'il fût susceptible de profonds ressentiments,
»puisqu'il avait beaucoup d'énergie et de dignité
»dans le caractère, il sacrifia cependant toujours
»ses passions personnelles au succès des affaires
»publiques. Dans les orages de l'assemblée, ja-
»mais on ne l'a vu s'emporter de manière à
»perdre la liberté de son jugement et l'à-propos
»de ses ressources.

» Dans les occasions où le rapprochement des
» personnes qu'il aimait le moins pouvait avoir
» une utilité générale, ajoute M. Cabanis, il n'a
» jamais fait grande résistance. On l'a vu plus
» d'une fois dans ce genre faire des sacrifices
» dont peu de personnes auraient été capables.
» Lorsqu'il décriait les opinions, les écrits ou
» les démarches des autres, ou qu'il censurait
» leurs vues, rarement le vit-on y compromettre
» les personnes; il savait, à cet égard, faire une
» distinction équitable. Pour peu qu'on intéressât
» sa générosité, il n'était point d'injure qu'on ne
» pût lui faire oublier. »

M. Charles de Lacretelle a dit, dans un de ses
essais historiques [1], en parlant des derniers moments de Mirabeau, « qu'en se livrant à des tra-
» vaux, des passions, des intrigues qui auraient
» épuisé la force des hommes les plus robustes,
» il n'avait pas renoncé à la fureur de ses goûts
» libertins, et consacrait ses moments de loisir
» aux assauts de la débauche. Comme il avait
» chassé l'amour de son cœur à force de vices et
» d'excès, il recourait à de périlleux moyens et
» violents breuvages pour rallumer la fièvre de
» ses désirs. »

[1] *Histoire de l'assemblée constituante.* 1821, tom. Ier,
pag. 129.

Outre qu'il n'est pas aisé de comprendre comment, avec des drogues et des moyens périlleux, on pourrait remplacer l'amour dans le cœur d'un homme qui l'en aurait chassé, on ne voit pas où M. de Lacretelle a lu ou appris que la mort de Mirabeau ait été le résultat de breuvages propres à irriter ses désirs. Le *Journal* de M. Cabanis, déjà cité, n'en dit pas un mot, quoiqu'il entre dans tous les détails de la maladie, et que l'auteur ne dissimule aucune des inconséquences et aucun des torts de son ami, sous le rapport du ménagement qu'exigeait sa santé.

L'écrivain de l'histoire partiale de l'assemblée constituante s'est donc rendu ici l'écho des bruits calomnieux ou exagérés qu'ont répandus sur Mirabeau ses nombreux détracteurs? Il n'était pas nécessaire qu'il fît usage d'un breuvage pour abréger ses jours par des provocations à la débauche; sa maladie n'était point de nature à éteindre chez lui les désirs virils, ce fut même parcequ'il y céda que le mal s'aggrava : depuis long-temps les germes intérieurs s'en faisaient apercevoir. Dès l'époque de sa détention à Vincennes, il fut attaqué de maux de reins, de coliques néphrétiques, d'ophthalmies, etc. Était-ce à des potions aphrodisiaques qu'étaient dus ces maux? Lorsque, dès le commencement de 1790, il se plaignit d'incommodité, qu'il refusa d'observer le régime que la prudence lui prescrivait, qu'il se livrait à des travaux pénibles, à des veilles, était-il nécessaire qu'il ajoutât à ces causes de destruction des débauches provoquées par les moyens qu'imagine M. de Lacretelle? Si donc les orgies, les excès sensuels, n'ont été qu'exagérés sous la plume d'auteurs comme celui-ci, du moins peut-on assurer que le breuvage dont sa mort ne fut qu'un juste et légitime résultat, suivant eux, n'est lui-même qu'un mensonge imaginé pour avilir la mémoire de Mirabeau.

Il a donné de ses penchants et de son caractère des idées dont l'histoire de sa vie atteste l'exactitude; c'est surtout dans ses *Lettres à Sophie* qu'il s'est peint avec franchise et naïveté. On aime à l'y retrouver: c'est un monument durable de la force de sa raison, de la sensibilité de son âme, et de la généreuse tendance de ses affections.

Il était jaloux, et cette jalousie, sans qu'il s'en aperçût peut-être, tenait à une grande prévention en sa faveur, à la haute idée qu'il avait de son mérite; idée qui, en fortifiant l'orgueil chez lui, le tint toujours fort au-dessus de la vanité. Cette estime de lui-même ne lui permettait de supporter la rivalité en rien; en amour surtout, elle l'étouffait.

'« Je suis susceptible, inquiet, et surtout ja-
» loux, écrivait-il à la marquise de Monnier, et
» tu dois me pardonner ; oui, je le suis ; et pour-
» quoi ? je l'ignore : c'est sans doute une faiblesse
» inséparable de l'amour. De qui ? d'aucun objet
» déterminé, et de tout. J'ai été presque jaloux
» de mon portrait, que tu pressais contre tes lè-
» vres et ton cœur avec trop d'ardeur. Je l'ai été
» très réellement de tes frères, tant que je les ai
» crus estimables ; je l'ai été d'une femme dont tu
» me parlais dans tes premières lettres, et tu me
» fis grand plaisir lorsque tu m'écrivis sans que
» je t'en eusse parlé : *Elle est de mon sexe, elle*
» *m'inspire un intérêt très tendre, et mes lèvres*
» *ne reçoivent pas les siennes sans répugnance ;*
» *je fuis ses caresses, je crains presque que ce*
» *ne soit un vol fait à l'amour.* » Mirabeau ajoute
ensuite : « Je ne t'ai jamais déguisé toute l'éten-
» due de ma faiblesse en fait de jalousie, parce-
» que c'est tel que je suis, et non pas meilleur
» que je suis, que je veux être aimé. Je n'ai ja-
» mais cherché à la vaincre, parceque je ne la crois
» pas coupable, parceque je suis certain qu'elle
» tient à ma tendresse [1]. »

Tous ceux qui l'ont connu ont attesté qu'il

[1] Lettre à Sophie, 20 février 1779.

était d'une société affectueuse, qu'il savait gagner
le cœur de ceux, qui avaient à traiter avec lui :
voici comme il parle lui-même de cette disposition bienveillante; le portrait peut être flatté,
mais il est ressemblant.

« Ami jusqu'à l'enthousiasme, dit-il, dévoué
» jusqu'à la témérité; sans cesse compromis pour
» les autres, et sans cesse abandonné par ceux
» pour lesquels je me suis compromis; chargé
» des fautes d'autrui, dédaignant d'excuser les
» miennes, parceque la conscience de mes inten-
» tions et de mon droit m'a toujours suffi; in-
» capable de faire mon apologie aux dépens de
» personne, même des pusillanimes, des ingrats,
» des traîtres, je me suis vu continuellement
» jugé sur des faits altérés ou faux, et je n'ai
» jamais changé pour cela de cœur ou de con-
» duite. »

Un trait singulier et remarquable en lui, était
sa confiance dans les remèdes et les composi-
tions pharmaceutiques. Il avait lu beaucoup de
livres de médecine dans ses longs séjours à
Vincennes; cette étude lui plaisait, et par suite
elle le porta à croire aux miracles qu'elle
promet.

Sa correspondance intime avec sa malheureuse
amie offre la preuve la plus complète de cette

croyance. Il lui parle continuellement des remèdes qu'il prend, de ceux qu'il va prendre ; il
conseille, il ordonne à Sophie ceux dont elle
doit faire usage pour elle, ou donner à leur
fille; il en parle en pharmacien, en médecin,
et avec le ton de conviction que n'ont pas toujours ceux-ci. Ce qui peut étonner dans ce
goût particulier, c'est qu'aucun des remèdes
qu'il prit ne le mit à l'abri des incommodités
auxquelles il était sujet, maux de reins, d'yeux,
d'entrailles, qui étaient l'effet du malaise et des
tourments de sa prison.

On s'est beaucoup récrié contre l'immoralité
de Mirabeau ; on en a fait un fantôme pour diminuer le mérite de ses grands moyens et la
supériorité de son génie sur celui de ses rivaux ; les courtisans, les ennemis de la révolution, s'en sont prévalus pour lui nuire dans
l'esprit du roi et des hommes puissants ; et cette
erreur funeste a privé long-temps le trône et la
monarchie de l'appui colossal qu'ils pouvaient
retirer d'un tel homme.

Qu'un pareil reproche lui ait été fait par ceux
qui, trop jeunes ou trop étrangers à la corruption
des cours, n'ont pas connu le débordement de
mœurs qui régnait à celle de l'avant-dernier
roi (Louis XV) ; qu'il soit sorti de la bouche

d'hommes de province, ou de bourgeois pour.
qui le respect du mariage et des liens domestiques sont des devoirs sacrés, on le conçoit :
mais que des courtisans, des écrivains, des ministres qui ont été témoins de l'effrayante immoralité de la cour de Louis XV viennent
nous parler de celle de Mirabeau, qui au moins
la balançait par de grandes et rares qualités ;
qu'ils appellent l'anathème sur la conduite d'une
jeunesse fougueuse et égarée, lorsqu'on a vu un
prince appeler l'adultère sur le trône, l'offrir en
spectacle à l'Europe, se montrer le premier corrupteur de son royaume, et recevoir cependant
les adorations de ses favoris et de sa cour, payés
chèrement des contributions arrachées à ses sujets ; lorsqu'on a vu ce même monarque employer l'autorité sacrée dont il était revêtu à la
violation de l'innocence, et indiquer lui-même
à ses criminels agents les moyens de la faire
tomber dans ses piéges [1]; lorsqu'on a été témoin
de ce cloaque d'impiétés, de scandale et de corruption dans l'asile même du souverain, et
qu'on oppose sérieusement à un homme tel que

---

[1] Voyez, dans les *Mémoires de madame Campan*, les
excès de ce genre qu'offrent les dix dernières années du
règne de Louis XV.

Mirabeau des intrigues avec une cantinière, les
suites d'un amour coupable et malheureux, et
celles d'une rupture fâcheuse avec son épouse,
voilà ce qu'on ne pouvait attendre que des flatteurs, complices de ces excès, ou d'écrivains
achetés par eux.

J'en ai dit assez sur ce point, et si je m'y
suis arrêté, c'est moins pour justifier Mirabeau
de ses égarements que pour faire ressortir
l'étonnante contradiction de ceux qui, en présence d'un pareil tableau, osent bien en excuser
les traits hideux, et s'appesantir sur les fautes
d'un homme qui les rachetait par tant de titres.

Les dettes de Mirabeau ont été un autre sujet
d'accusation; on n'a point tari non plus sur sa
prodigalité et les exactions qu'il exerçait, dit-on,
à l'égard de ceux qui le craignaient et voulaient
le ménager. Je lis dans le Moniteur du 11 décembre 1792 ce récit : « Le buste de Mirabeau a été
» pendu avant-hier par le peuple [1]. Cet homme
» dont les grands talents avaient reconquis l'es-
» time que son immoralité lui avait fait perdre,
» est convaincu aujourd'hui d'avoir reçu de l'ar-

[1] La découverte des papiers contre Mirabeau, trouvés
aux Tuileries, avait été annoncée à l'assemblée législative le 5 décembre 1792.

»gent de la liste civile. Le citoyen Oudart ¹ dé-
» nonce un fait nouveau contre lui. Pendant
» l'hiver de 1790, le même Talon, dont on a
» découvert la complicité, déclara en présence
» de d'Agier et d'un autre témoin, au comité
» de recherches de la municipalité, avoir été
» requis par Mirabeau de lui compter vingt-
» quatre mille francs sur un bon de La Fayette ;
» que lui Talon ne les ayant pas, le renvoya à
» Seneste, qui finança, et prit le reçu ; que
».Mirabeau, mécontent d'avoir été renvoyé par
» Talon à Seneste ², gourmanda La Fayette, et le
» pressa de lui faire trouver encore vingt-quatre
» mille francs par des moyens plus sûrs et plus
» prompts; qu'en conséquence il fut adressé ail-
» leurs, et toucha sur-le-champ la somme dé-
» sirée. »

¹ Oudart, avocat au parlement, était membre de la
commune de 1790 et du *comité des recherches ;* ce comité
avait été créé par arrêté des représentants de la commune,
rendu dans sa séance du 22 octobre 1789. Les membres
qui le composaient étaient MM. d'Agier, Oudart, de Lacretelle (l'aîné), Perron, Brissot de Warville , et Garran de
Coulon.

² Un des agents secrets du roi pour les dépenses particulières. Voici ce que M. Bertrand de Molleville dit de
ces deux hommes : « Je n'affirmerai pas comme un fait
» constant que ces deux hommes aient détourné à leur

Ce bruit, accueilli par la haine et l'animosité, est réfuté par la connaissance qu'on a pu acquérir dans ces Mémoires, de la conduite de Mirabeau et de M. de La Fayette. A quel propos et pour quel motif le premier eût-il mis ainsi à contribution le général de l'armée parisienne ? Ces membres du comité des recherches n'étaient souvent que les échos assez niais des bruits mal fondés que les partis répandaient avec intention les uns contre les autres. Quelle raison aurait eue M. de La Fayette de craindre Mirabeau, à l'époque dont parle le membre du comité, pour s'exécuter sur les vingt-quatre mille francs qu'il demandait ? Le contraire aurait eu plutôt lieu. Le général connaissait les démarches de Mirabeau à Saint-Cloud pendant l'été, et aurait pu le perdre s'il n'avait pas voulu ménager le roi et surtout la reine, si à plaindre dans ces moments critiques. Mirabeau n'a donc pas pu

» profit les fonds qui leur étaient confiés, quoiqu'il ait été » de notoriété publique que, depuis qu'ils en ont été char- » gés, l'un d'eux a fait pour 1 à 1,500,000 fr. d'acquisi- » tions, et l'autre pour 7 à 800,000 francs; mais je n'hé- » site pas à croire et à assurer qu'ils ne peuvent se justifier » d'insigne friponnerie qu'en prouvant qu'ils se sont con- » duits avec une négligence et une maladresse presque » aussi coupables. » *Mémoires*, tom. II, pag. 55.

mettre à contribution un homme qui ne l'aimait pas, et qui n'avait rien à redouter de lui. Cette accusation ressemble donc à toutes celles qu'on fait après coup, lorsqu'on veut, par esprit d'imitation, ou pour flatter le parti dominant, aggraver la situation d'un accusé. Elle ne prouve rien en faveur de ceux qui voudraient en faire un titre contre Mirabeau.

Mourut-il insolvable? Cette question intéresse peu sa mémoire; car, dans une vie aussi orageuse, et lorsque la fortune ne s'était rapprochée de lui que peu avant sa mort, il ne serait pas étonnant qu'il n'eût pu éteindre les nombreuses dettes à sa charge. L'histoire de sa vie montre assez qu'il fut sans retenue à cet égard, et qu'il lui coûtait peu d'emprunter la bourse de ses amis pour suppléer à l'insuffisance de la sienne. Ses nombreuses dépenses, l'achat qu'il fit de la bibliothèque de M. de Buffon, les constructions qu'il faisait faire à Argenteuil, ses générosités, ont dû épuiser et au-delà les sommes qu'il reçut, principalement dans les premiers mois de 1791, époque où le roi voulut que M. de La Porte le traitât convenablement. Il a donc pu mourir insolvable; c'est au moins la déclaration qu'en fit son ami M. Frochot.

«Je viens, dit ce député à la séance du 20 octo-
»bre 1791, laver la mémoire de Mirabeau des
»accusations portées contre lui, et ajouter aux
»éloges qu'il a reçus par ce seul mot, *Il est*
»*mort insolvable*. Exécuteur de ses dernières vo-
»lontés, je demande, au nom de ses créanciers,
»que le trésor public acquitte sa pompe funèbre;
»elle fut digne d'un grand homme, pleuré par
»son pays; elle fut trop grande pour sa fortune,
»et peut-être n'est-il pas juste que des créanciers
»aient à gémir de la célébrité de leur débiteur.»

Ce n'aurait donc été que sur cette dépense
que roulait, au moins en grande partie, l'insol-
vabilité du défunt; cependant sa famille fut
choquée de cette déclaration de M. Frochot,
quelque honorable qu'en ait été le résultat pour
son ami. On vit paraître le surlendemain une
lettre dans le Moniteur, souscrite par madame
la marquise Dusaillant, femme vertueuse, qui
aima constamment son frère, et ne le quitta qu'à
la mort; elle y dit: « Mon frère laisse des dettes,
»et son mobilier sera peut-être insuffisant pour
»les payer; mais tous les scellés ne sont pas en-
»core levés, et l'auteur de la pétition, qui se dit
»l'ami de mon frère, et qui est son exécuteur
»testamentaire, ne devrait pas ignorer que M. de
»Mirabeau a été doté par son contrat de ma-

» riage de plusieurs terres existantes dans leur
» entier lors de sa mort, et d'une valeur bien
» au-delà des dettes. On dirait, à entendre le péti-
» tionnaire, qu'il ne manque plus rien à M. de
» Mirabeau pour être un grand homme que de
» mourir *insolvable*. Je lui demanderais s'il aurait
» osé tenir ce langage à mon frère de son vivant.
» M. Frochot aurait dû garder pour lui ses étran-
» ges idées de morale, respecter davantage les
» devoirs de l'amitié, s'en tenir à sa fonction
» d'exécuteur testamentaire, et surtout se con-
» naître assez en procédés pour ne pas faire une
» démarche aussi importante sans l'aveu de la
» famille de M. de Mirabeau. »

Mais, malgré cette réclamation qui parut le
24 octobre, l'assemblée nationale n'en décréta
pas moins le 3 novembre que les funérailles du défunt seraient payées par le trésor public. On ne
peut au reste que louer cette conduite de madame Dusaillant : tout le monde pensera, comme
elle, que M. Frochot aurait dû consulter la famille avant d'ébruiter une circonstance qui donnait de nouvelles armes contre son frère.

Ce n'est pas seulement comme grand orateur,
homme d'état, habile politique, qu'on peut considérer Mirabeau ; il se présente encore sous les
rapports d'homme de lettres et d'auteur.

Il aima la littérature par goût pour la science et afin de cultiver son esprit. La haine de la tyrannie et l'amour de la liberté lui ont souvent mis la plume à la main ; mais, soit que son esprit ardent et l'exubérance de ses sentiments ne lui laissassent pas le temps d'ordonner ses idées et de soigner la correction de son style, si l'on en excepte quelques morceaux où son génie brille de tout son éclat, le plus grand nombre de ses productions littéraires ne répondent pas à ses discours de tribune, à ses plaidoyers, à ses mémoires judiciaires, si parfaits dans chaque genre de la discussion et de ressources oratoires. Son *Essai sur le despotisme* se ressent de la précipitation avec laquelle il a été écrit; ses *Lettres de cachet* sont incorrectes et manquent d'ordre en plusieurs points. Les matières profondes qu'y traite l'auteur pouvaient l'être avec moins de chaleur et plus de force de raisonnement : l'érudition qu'il y prodigue n'est pas toujours bien choisie; et si ces défauts n'étaient pas rachetés par des passages d'un grand mérite, il s'en faudrait de beaucoup que cet ouvrage méritât la célébrité où on l'a vu parvenir. Son pamphlet contre l'*ordre de Cincinnatus,* moitié traduction, moitié imitation, n'a de mérite que la doctrine libérale qui en fait la base ; mais l'ensemble et les détails ne s'élèvent qu'à peine au-dessus du mérite d'une brochure de circonstance; son *Adresse aux Bataves sur le stathoudérat* a tous les caractères du génie de Mirabeau, elle respire la plus implacable haine du despotisme; mais la véhémence des objurgations qu'elle renferme contre les souverains de la Hollande nuit quelquefois à l'effet du raisonnement et des traits historiques: c'est au reste un livre remarquable.

J'ai déjà donné mon opinion sur *la Monarchie prussienne* : ce grand ouvrage n'était point en harmonie avec le goût et les besoins de Mirabeau ; il lui en fallait qui lui fussent dictés par les circonstances, par l'intérêt du moment, et lui offrissent de promptes ressources dans ses besoins. La Monarchie prussienne est évidemment une spéculation et une mauvaise spéculation de librairie, qui pensa ruiner son libraire. Beaucoup de fatras de statistique, de topographie, de détails locaux, nuisent plus qu'ils ne servent à l'intelligence du sujet. Mirabeau s'y propose de prouver, par l'exemple de la Prusse, les suites fâcheuses pour les peuples d'un mauvais régime politique et financier dans un état. Ce but est grand et bon ; personne n'aurait pu avec du temps y arriver d'une manière plus brillante que lui ; quelques passages, et même en assez grand nombre, répandus dans l'ouvrage, en sont la preuve; il en est de comparables à ce que Montesquieu ou les plus habiles économistes auraient pu dire sur les sujets qui y sont traités.

Je passe sur d'autres productions sorties de sa plume, et dont j'ai d'ailleurs parlé, ainsi que des précédentes, assez au long dans les premiers livres de ces Mémoires, pour en venir à ces inimitables *Lettres à Sophie,* qu'on lit toujours, et qu'on veut toujours relire.

Le plus judicieux de nos critiques, Laharpe, en avait la même idée, je veux rapporter ici ce qu'il en dit dans son *Cours de Littérature :*

« Les lettres du donjon de Vincennes sont » pour la mémoire de Mirabeau une égide terri- » ble, sur laquelle il a gravé les titres irréfraga- » bles qu'il présente au jugement de la posté- » rité; titres d'autant plus sûrs qu'ils n'étaient » pas destinés pour elle. Ce ne sont pas ici des » *mémoires* écrits pour le public, des *confessions* » où l'on peut toujours se montrer tel que l'on » consent à être vu, mettre d'autant plus d'arti- » fice que l'on sait mieux prendre l'air de la vé- » rité, et se faire valoir d'autant mieux qu'on » a plus l'air de s'accuser; non, rien de tout cela. » Ces lettres écrites dans un cachot à une mai- » tresse, et passant par les mains d'un juge, ne

» devaient jamais être vues par d'autres, et sans
» le hasard de la révolution, il est probable
» qu'elles n'eussent jamais vu le jour.

» Dans ces lettres, les forces morales de Mira-
» beau se développent sous tous les rapports
» imaginables. Il y trace déjà toute la théorie
» du gouvernement légal ; il rassemble des résul-
» tats lumineux de ses lectures et de ses ré-
» flexions sur toutes les parties de l'économie
» politique, sur les sciences, sur les arts. Son
» talent pour écrire sur toutes les matières brille
» de tout son éclat dans des lettres minutées avec
» la plus grande rapidité, qui offrent parmi quel-
» ques négligences de diction et quelques fautes
» de goût, une foule de beautés de toute espèce.
» Comme ouvrage de sentiment, c'est le seul qui
» puisse être comparé, pour la vraie chaleur et la
» vraie sensibilité, aux plus belles lettres de la
» *Julie* de Rousseau.

» Mais ces mêmes lettres qui parlent si bien
» au cœur, qu'on dirait que l'auteur n'a été oc-
» cupé qu'à sentir et à aimer, parlent en même
» temps à la raison ; de manière qu'il semble qu'il
» n'ait été occupé qu'à penser. Vous y rencontrez
» à tout moment des vérités fortes, fortement
» énoncées, des expressions de génie, des traits
» de passion, des raisonnements vigoureux, des

» aperçus vastes, des réflexions fines et profon-
» des. Une lettre apologétique qu'il adresse à son
» père, un examen des principes contenus dans
» ses écrits, mis en opposition avec sa conduite,
» un mémoire en forme contre lui, envoyé au
» lieutenant de police, sont autant de chefs-
» d'œuvre en leur genre, et réunissent une dia-
» lectique victorieuse, une ironie amère, et une
» élégance noble, sans jamais passer la mesure
» en rien. »

Laharpe ajoute à ces réflexions une remarque
qui doit trouver place ici : « On cite, dit-il, dans
» les Lettres à Sophie des pensées, des phrases,
» des expressions, des morceaux entiers d'em-
» prunt, et tirés d'ouvrages connus, que l'auteur
» ne cite pas. Il ne faudrait pourtant pas en con-
» clure que c'est un plagiat. D'abord ces lettres
» n'étaient nullement destinées à l'impression ;
» de plus, lisant et écrivant beaucoup et très
» vite, parceque c'était sa seule ressource, il con-
» fondait quelquefois sans y penser ses compo-
» sitions et ses lectures. Celui qui rend ici hom-
» mage à sa mémoire, se glorifie d'être pour
» beaucoup dans ces larcins involontaires. Il y a
» entre autres une douzaine de vers de *Mélanie* ¹,

---

¹ Pièce de théâtre de Laharpe.

» réduits en prose, sans autre retranchement
» que celui de la mesure et de la rime, et d'ail-
» leurs conservés mot pour mot. »

Mirabeau fut homme de lettres par nécessité
et par suite des revers de sa vie ; j'en ai donné
plus d'une preuve. Il trouva dans l'étude, des
consolations, et dans la composition de quoi satisfaire sa haine contre l'autorité despotique, en
même temps que ses productions fournissaient
à ses besoins. Son véritable talent, celui dans
lequel il excella, fut l'art oratoire. Ce sublime
avantage se trouvait en harmonie avec toutes ses
facultés ; la force, l'élévation, l'orgueil, la connaissance des hommes et la chaleur du sentiment.
C'est encore l'opinion de Laharpe, bon juge en
semblable matière, et que je dois encore citer ici.

« Ceux qui aiment à observer, dit-il, les
» moyens et les effets de l'éloquence depuis
» que la révolution l'a mise à portée de jouer le
» premier rôle parmi nous comme chez les an-
» ciens, ont remarqué que ce qui avait générale-
» ment le plus d'effet dans les assemblées, c'était
» la logique et les mouvements : tels sont aussi
» ces deux grands caractères de l'éloquence déli-
» bérative, qui n'existe en France que depuis
» l'époque que nous venons d'indiquer.

» La plupart des hommes n'ont guère que des

» aperçus vagues ; ils sont donc très satisfaits de
» ceux qui leur en donnent de justes et de pré-
» cis. Chez eux, la vérité n'est, pour ainsi dire,
» qu'un germe ; ils savent donc beaucoup de gré
» à celui qui le développe : c'est l'avantage d'une
» logique lumineuse. Mais ce n'est pas tout : la
» plupart des hommes, ou s'intéressent faible-
» ment à la vérité, ou peuvent même avoir un in-
» térêt contraire. La véhémence des mouvements
» et l'énergie des expressions les subjuguent, du
» moins pour un moment, et ce moment suffit ;
» leur assentiment devient une passion, et vous
» leur arrachez quelquefois ce que peut-être un
» moment après ils seront fâchés et surpris d'a-
» voir cédé.

» Tel est à mon gré Mirabeau : il est puissant
» en logique, en mouvements et en expressions ;
» il est vraiment éloquent : c'est l'homme le plus
» capable d'entraîner une grande assemblée.

» Comme écrivain, il pourrait épurer davan-
» tage son style ; mais nous n'avons pas, même
» sur la diction oratoire, l'oreille aussi délicate
» que les Athéniens, ou même les Romains du
» temps de Cicéron ; et nous ne sommes sévères
» sur la correction et le goût que le livre à la
» main.

» Mirabeau ajoutait aux prestiges de l'élo-

»quence à la tribune cette admirable présence
•d'esprit que ·si peu de personnes savent con-
»server dans les grandes assemblées. Il gardait
»son sang-froid et se possédait lorsqu'il animait
»le plus puissamment les autres, rarement lui
»arriva-t-il de donner prise sur lui en passant la
»mesure : en cela, comme dans tout le reste, il
»surpassa ses collègues en force de discours et
»en moyens de persuasion. »

On remarque encore dans Mirabeau un avantage qui ne peut appartenir qu'à un homme né
éloquent, et qui n'a pas échappé à Laharpe :
c'est qu'il l'était sur-le-champ, dans toutes les
circonstances, et presque sur tous les sujets. Ce
n'est cependant pas à dire qu'il pût faire dans
le moment un discours sur une matière importante, épineuse ou étendue, aussi bien que s'il
y eût été préparé. « Non, dit Laharpe, cela n'est
»pas dans la nature, et nulle force de génie ne
»peut suppléer soudainement à ce qui demande
»une forte réflexion ; mais dans les occasions où
»il ne fallait que l'aperçu d'un esprit juste et
»le mouvement d'une âme libre, il s'exprimait
»aussi bien qu'il est possible, et les termes ne
»lui manquaient pas, parcequ'il ne manquait
»lui-même ni de sentiments ni d'idées : de là ces
»paroles mémorables qu'on a retenues de lui,

» et qui sortaient impétueusement de son âme
» quand elle était émue ; de là aussi ces répliques
» victorieuses, ces élans irrésistibles qui empor-
» taient d'emblée la décision quand il réfutait
» ses adversaires. »

C'est donc une opinion générale, que si Mirabeau n'est pas au premier rang parmi les
écrivains contemporains, personne ne peut lui
disputer la place qu'il tient à la tête des plus
grands orateurs.

Cette supériorité ne saurait lui être disputée
à cause de l'usage fréquent qu'il fit de l'art du
sophisme. J'ai déjà remarqué le succès avec lequel il l'employa, mais c'était toujours volontairement et jamais par une fausseté d'esprit ; il
l'avait trop juste pour qu'il fût jamais dupe de
son jugement. Lorsqu'à la place de la raison il
substituait de faux arguments, c'était une ressource désespérée à laquelle il recourait et qui
lui réussit fréquemment ; la preuve en est dans
ses débats relatifs au clergé, dans ses plai-
doiries d'Aix et de Pontarlier. Mais quoique
dans ces productions l'orateur altère, égare,
ou dissimule les raisons de ses adversaires, il
est toujours juste et sévère dans les conséquences des faits ou des principes qu'il établit ; c'est
un des traits de sa dialectique, et celui qui mas-

quait le mieux l'art avec lequel il enlaçait le
jugement de ses adversaires. C'était un moyen
de parvenir à des conclusions où il résumait ses
forces et produisait, sinon toujours la conviction, du moins les plus vives émotions dans
l'âme de ceux qui lui prêtaient attention.

Il ne serait peut-être pas sans quelque intérêt
de rechercher ici lequel des grands orateurs de
son époque pourrait soutenir la comparaison
avec lui. Devant les tribunaux, il égale les plus
éloquents de ceux qui ont illustré le barreau
français. On n'oubliera jamais son brillant plaidoyer à Aix, et l'effet qu'il produisit sur un au-
ditoire nombreux et en présence des archiduc
et archiduchesse de Milan, qui partagèrent avec
le public l'enthousiame et l'admiration qu'inspirait sa riche élocution [1] : les juges, prévenus
contre lui, le public, irrité et livré à des préventions défavorables, furent ébranlés, entraînés par la force de ses raisonnements et de la
persuasion qui sortait de sa bouche. J'ai dit
comment il perdit sa cause, que son éloquence
lui avait gagnée, au milieu des plus vifs applaudissements.

Si dans le barreau on lui trouverait avec peine

[1] 17 juin 1783.

des égaux, ce ne serait pas moins difficile dans
l'assemblée nationale. Celui qui en approche-
rait le plus serait, à mon gré, le marquis de
Cazalès; il avait par son genre d'éloquence quelque chose de l'impétuosité de Mirabeau; sa logique était pressante, ses mouvements naturels
et directs dans leurs effets; comme lui, il improvisait avec facilité, et sa franchise militaire
donnait à ses répliques quelque chose de nerveux et de piquant qui lui conciliait l'attention
générale.

Mais s'il avait de commun avec Mirabeau la
vivacité et la force dans la réplique, il s'en
fallait de-beaucoup qu'il en eût l'instruction et
la profondeur dans la pensée. Ses idées se suc-
cédaient avec trop d'impétuosité, pour qu'il lui
fût possible de traiter par improvisation un
sujet difficile et qui exigeait des raisonnements
suivis; on l'a vu s'embrouiller tellement, pour
avoir voulu faire un pareil essai, qu'il ne lui
arriva jamais plus depuis de le tenter. Mirabeau
au contraire excellait dans les discussions profondes, et ne perdait de vue ni un principe ni
une conséquence, quelle que difficile que fût la
question.

Le marquis de Cazalès parlait avec assurance
et quelque chose de cette supériorité qui allait si

bien à Mirabeau ; il devait cet avantage à la manière dont il avait vécu avant de passer à l'assemblée nationale.

M. de Cazalès avait passé sa vie en province ou dans les garnisons ; il n'avait point contracté, dans les salons de Paris , cette mauvaise honte qui rend timide lorsqu'on a à parler devant une assemblée nombreuse : il se présentait donc au public avec une contenance assurée, que justifiait l'étendue et la fécondité de son esprit.

Mirabeau, né avec plus de hardiesse naturelle, eut aussi le même avantage ; sa jeunesse orageuse, son existence gênée, le tinrent longtemps loin des sociétés de la capitale et des petites habitudes qu'on y contracte ; il resta libre de cette réserve qu'elles donnent au caractère. « J'ai souvent réfléchi, dit à ce sujet le duc » de Lévis, sur la cause de l'embarras que j'ai » éprouvé péniblement moi-même, lorsque j'a- »vais à parler devant l'assemblée, et je suis » porté à croire qu'il tenait en grande partie aux » mœurs actuelles et à l'état de la société en »France. Depuis plus d'un demi-siècle, la con- »versation, loin d'être comme autrefois géné- »rale, se subdivise dans les salons en groupes »de deux ou trois personnes. Il en résulte qu'on »ne parle presque plus qu'à l'oreille ; et ce

» chuchotage continuel, très favorable à la ma-
» lice et à la coquetterie, ne roule presque ja-
» mais sur des sujets sérieux, ou du moins traités
» sérieusement : celui qui élèverait la voix et
» essaierait de fixer l'attention de l'assemblée,
» eût-il tout l'esprit et toute la raison du monde,
» passerait pour un orgueilleux pédant, et le
» persiflage en ferait une prompte justice ; ainsi
» l'on ne s'y expose point, et le ridicule, ce
» fantôme effrayant, dont les grands enfants
» ont tant peur, inspire une telle frayeur que
» personne n'ose le braver. Comment, au milieu
» de cette perpétuelle moquerie acquérir une
» mâle assurance, également éloignée de l'audace
» et de la mauvaise honte? Comment avec des
» amours-propres si craintifs et si irritables,
» prendre le ton libre et ferme d'un homme
» qui se respecte et qui veut être respecté[1]? »

Le marquis de Cazalès, comme Mirabeau,
fut, par sa vie passée, à l'abri de ce désavantage ;
mais, quelque succès qu'il eût à la tribune par
l'aplomb et la force de son élocution, il s'en
faut de beaucoup encore qu'il égalât son éloquent rival, mais c'est déjà un grand mérite
que de pouvoir entrer en comparaison avec lui.

[1] *Souvenirs et portraits*, pag. 231.

Parlerai-je de l'abbé Maury, dont la célébrité tient plus au rôle qu'il joua, au courage de sa constance dans le même parti, qu'à la superiorité des talents et à des succès oratoires ? Son éloquence n'avait rien du caractère de Mirabeau ou de Cazalès ; elle dégénérait souvent en une faconde qui ne produisait ni émotion, ni conviction dans l'âme de l'auditeur. L'orateur semblait toujours parler à des convertis, et ne pensait point qu'il avait à convaincre des incrédules. Ses discours étaient verbeux, et lorsqu'il avait produit quelque effet en commençant, il en perdait tout le fruit dans sa péroraison, peu en harmonie avec ce qui précédait. En un mot, si ce célèbre champion du côté droit eut quelquefois de beaux moments et de vives improvisations, il est resté loin de son vigoureux antagoniste dans les débats qui leur furent communs. *Quand l'abbé Maury raisonne, je le réfute*, disait Mirabeau, *lorsqu'il a tort, je l'écrase*. C'était peindre la lutte qui existait entre eux.

Un adversaire plus redoutable, mais qui n'avait point cette supériorité décidée qu'on retrouve toujours dans Mirabeau, c'est Barnave. Il aimait véritablement la liberté, et les paroles qu'on lui a tant reprochées, et qu'il prononça lorsqu'il fut question de la mort tragique du

prevôt des marchands et du gouverneur de la
Bastille, n'étaient dans sa bouche qu'un jugement sévère qu'il portait en faveur du peuple
contre l'oppression sous laquelle il avait si long-
temps gémi, bien loin que l'on dût y voir un
amour du sang et un caractère atrabilaire. Son
éloquence était abondante, naturelle, chaleu-
reuse; sa logique serrée: l'on en vit une preuve
dans la grande question de la guerre et de la
paix, où Mirabeau, obligé de louer le talent de
son adversaire, s'avoua en quelque sorte vaincu
par la nécessité de faire subir à son opinion les
modifications demandées par Barnave. Mais
n'oublions pas que Mirabeau, forcé ici dans ses
retranchements par la logique de Barnave,
combattait sur un mauvais terrain, masquait
ses vues, pendant que l'autre défendait fran-
chement la cause de la liberté en faisant voir
les dangers qu'elle pouvait courir sous un monarque ambitieux qui jouirait de la plénitude
du droit individuel de déclarer la guerre.

Mirabeau avait le cœur chaud, et tout ce qui
tenait au sentiment était exprimé dans ses discours et ses lettres avec une propriété et une
énergie d'expressions qu'on ne trouve que rarement chez les autres. L'amour, qui avait été pour
lui si long-temps un tourment plutôt qu'une

paisible jouissance, avait encore ajouté à cette disposition naturelle; mais on lui a reproché avec raison d'avoir trop souvent profané cette passion des âmes tendres, par des excès dans les plaisirs sensuels, et de s'être prévalu de la fragilité de quelques femmes pour les perdre dans l'opinion après les avoir sacrifiées à ses goûts.

Mais un sentiment qui paraît avoir été sans mélange chez lui, c'est l'amour paternel; il dominait tous les autres; ce n'était plus un effet de l'organisation et de la force du sang comme l'amour, mais un état de l'âme qui l'absorbait tout entière. Les sens n'agissant plus ici, Mirabeau était entraîné par un mouvement noble qui fit même fléchir en lui l'orgueil de sa naissance. La fille de Sophie, née d'une union adultérine, fut l'objet des soins les plus tendres, il se plaisait à voir en elle son enfant chéri, et jamais l'idée de la méconnaître n'approcha de sa pensée; il la pleura et la pleurait encore long-temps après sa mort. Il en fut de même de son fils, dont il ne parlait jamais qu'avec les regrets d'un cœur profondément touché.

Autant il était affectueux et constant pour ses amis, autant son ressentiment allait loin et était amer, et quelquefois injuste envers ses ennemis

Lightning Source UK Ltd.
Milton Keynes UK
UKHW012234110219

337137UK00006B/1125/P